U0936325

六合红色珍闻

LUHE HONGSE ZHENWEN

★

政协南京市六合区委员会 编

中国文史出版社

图书在版编目（CIP）数据

六合红色珍闻／政协南京市六合区委员会编．—北京：中国文史出版社，2021.6

ISBN 978-7-5205-2970-9

Ⅰ.①六… Ⅱ.①政… Ⅲ.①革命史－六合
Ⅳ.①K295.34

中国版本图书馆 CIP 数据核字（2021）第 088741 号

责任编辑：王文运　　装帧设计：王　琳　程　跃

出版发行：中国文史出版社

社　　址：北京市海淀区西八里庄路 69 号　　邮编：100142

电　　话：010－81136606　81136602　81136603（发行部）

传　　真：010－81136655

印　　装：北京温林源印刷有限公司　　邮编：102445

经　　销：全国新华书店

开　　本：787mm×1092mm　1/16

印　　张：20

字　　数：268 千字

版　　次：2021 年 7 月北京第 1 版

印　　次：2021 年 7 月第 1 次印刷

定　　价：58.00 元

序

习近平总书记在党史学习教育动员大会上指出："党的历史是最生动、最有说服力的教科书。""中国革命历史是最好的营养剂，重温这部伟大历史能够受到党的初心使命、性质宗旨、理想信念的生动教育，必须铭记光辉历史、传承红色基因。"

六合，是金陵门户，江北重镇，自古兵家必争之地。新民主主义革命以来，六合又成为南京城北一片红色沃土。中国共产党人和爱国志士在这里谱写了一首首气壮山河、感天动地的英雄史诗，留下了一篇篇激动人心、波澜壮阔的革命华章。

六合，作为革命老区，这块土地上的红色征程贯穿了整个新民主主义革命时期。丰富的红色文化资源不仅为六合人民提供了丰厚的历史精神财富，也积淀了激励六合人民继续奋斗的精神动力。在庆祝中国共产党成立100周年之际，在这样一个奋进的新时代，更有必要让六合一段段红色史诗走近六合党员干部、社会各界群众的视野里。这就是区政协《六合文史》编委会今年把本书作为六合文史资料着力组织编撰的根本原因。

《六合红色珍闻》一书以珍贵、稀见的历史文献为依据，以史实集萃的形式，全景式详细叙述了这些或激动人心、或感人至深的红色故事，并辅以多张珍贵的图片，图文并茂地还原和重现了六合革命年代许多史实珍闻。

值得注意的是，本书再现的红色珍闻中，与烈士相关联的史实篇幅较重，一半以上篇幅都直接或间接与“牺牲”主题有关联。艰苦的地下斗争里、激烈的战斗中，许多年轻的生命为了革命事业，献身在六合山水之间。他们不惜以生死大义捍卫人民利益，以满腔热血铸就民族之魂，就像一颗颗流星，燃烧了自己，一次又一次照亮着六合静谧的夜空。这些在六合土地上壮烈牺牲的党员干部，以牺牲时惊天动地的举动，诠释了共产党人坚定的理想信念。他们在牺牲之前的奋斗事迹，也同样体现了共产党人严于律己、大公无私、舍己为人的精神。他们的生命尽管十分短暂，但是他们的精神将穿越时空而永远被传承。这些在六合土地上倒下的烈士，像狂风骤雨中的不屈劲草，像惊涛骇浪里的中流砥柱。今天，在我们的心里，既有对革命仁人志士的崇敬，还有对历史的深思：初心，支撑了革命先烈的不屈身躯和壮丽人生；使命，引领着共产党人为党和人民的事业奋斗终身。

习近平总书记指出：“今天，我们比历史上任何时期都更接近中华民族伟大复兴的目标，比历史上任何时期都更有信心、更有能力实现这个目标。”那些在六合这片红色沃土上倒下的烈士，其实在今天并没有远去。六合人民从没有忘记他们，他们也将永远活在我们的记忆里。把红色资源利用好、把红色传统发扬好、把红色基因传承好，是我们这一代人义不容辞的历史责任。区政协委员在区政协四届四次会议上提出“关于挖掘区域红色文化资源，推动红色旅游内涵式发展的建议”的提案后，为让红色基因焕发出夺目光芒，随后区政协又专题安排四届三十九次主席会议议题，组织深度调研，形成《关于六合区红色文化资源保护传承和开发利用的建议案》，得到区委、区政府的高度重视，分别在竹镇、龙袍两个街镇建设六合抗日斗争展览、渡江胜利公园，同时编辑出版《六合红色记忆》《六合红色珍闻》《竹镇市抗日民主政府》等一批红色文化书籍。

百年回望，初心永恒。当前，在红色文化的滋润和洗礼下，六合区正全力推动红色文化资源保护传承和弘扬，提升红色文化内涵，放大红色文化品牌，讲好六合红色故事，发挥红色文化的价值引领和精神激励功能，激发干部群众的爱国之情、奋斗之志，努力为建设“强富美高新六合”凝聚强大精神力量。

愿本书可以成为六合区政协的一份珍贵的礼物，向建党100周年献礼！向英雄前辈和革命烈士致敬！

南京市六合区政协主席　楚琢玉

2021年5月20日

目　录

第二部分　抗日洪流

第三部分 迎接解放

第一部分

火种初燃

六合区是一片有着光荣的革命斗争历史的红色热土。新民主主义革命开端之际，六合人民就以响应五四运动、声援五卅运动的形式自发投入了斗争。而早在 1927 年，六合境内确认已建立了中共党组织，中国共产党人开始了在这片热土上的征程。革命的火种在六合初燃之际，革命烈士周正铭、姚爱兰的鲜血洒在了革命的道路上，激励着后人继续前行。

一、1919年：六合人民响应五四运动

我们看到的这份历史文献，是1919年时国内影响力最大的报纸之一《申报》，对六合人民声援五四运动的新闻报道。而这份史料也是六合人民革命史开端的重要见证。

南京

▲六合教育界之表示　自外交失敗消息傳來六合教育界大爲憤激遂於本月十九日假縣教育會開全體大會是日到會者均係教育界領袖及各校教職員議決進行方法(一)各校學生聯合會負分組演說(一)聯合農商兩會一致行動

徐州

《申报》1919年5月31日的新闻报道

五四运动是新民主主义革命时期的开端。天安门广场雄伟的人民英雄纪念碑上，八块浮雕展示着自鸦片战争以来中华民族为抵御列强侵略，实现国家独立、民族解放而英勇抗争的重大史实瞬间。其中以新民主主义革命的各个重要历史阶段为主题的浮雕里，按时间顺序第一块就是“五四运动”。这块著名的浮雕采用了辐射式的构图方式，中心位置有一男一女两个青年学生。男学生侧着身、握着拳，义愤填膺地振臂向群众疾呼。女学生则带着悲愤的表情，走到群众之中散发宣传单。她的对面一名劳苦工人打扮的群众接过宣传单，正在仔细阅读。余下社会各界人士，在浮雕之中分别呈波浪式依次向左右两边展开。这些栩栩如生、线条流畅的浮雕人物，共同展现了五四运动的历史画卷——知识

人民英雄纪念碑基座上的“五四运动”浮雕

分子大力宣传革命道理，动员社会各界广泛参与到爱国反帝运动之中，共同揭开了新民主主义革命的序幕。

在 100 多年前五四运动的时代大潮席卷而来时，六合县的教育界和青年学子们立即予以响应。全县社会各界也随后受到感召，以多种形式参加到运动之中，以实际行动写下了六合人民在新民主主义革命史上的第一页。

《申报》刊登这份珍贵的新闻报道，就像一份来自历史深处的明证，告诉一代又一代的后人，从新民主主义革命的起始阶段，六合人民就没有缺席。本书即以这段史实作为开篇。

（一）历史背景

追溯六合这片红色沃土上波澜壮阔的革命浪潮，要从 1919 年那个难忘的 5 月开始。

五四运动的直接导火线是中国在巴黎和会上的外交失败[①]。

1918年11月11日，第一次世界大战以协约国一方的最后胜利而宣告结束。这场从1914年7月开始的战争给人类社会带来了空前的浩劫。为了商讨构建国际战后新秩序的有关问题，经美国、英国、法国、意大利和日本等“五大国”发起，1919年1月18日，在巴黎凡尔赛宫召开了有20多个国家代表参加的和平会议。

中国在1917年8月14日对德国、奥匈帝国宣战，并且招募了几十万劳工前往欧洲参战，为协约国阵营作出了自己的贡献。作为“战胜国”之一，中国也应邀派出代表参加了巴黎和会。

中国参加这次和平会议，是期望通过外交努力解决“山东问题”。在第一次世界大战开始后不久的1914年8月，日本借口对同盟国阵营的德国宣战，大举出兵进攻在中国山东胶州湾德国租借地（青岛）和胶济铁路沿线驻扎的德国军队，借机占领了中国山东省的大部分地区。并且，在对德军的战事结束后，日本毫无退兵之意，大有把作为德国势力范围的山东一举划为自己势力范围的企图。

巴黎和会上，规定大国的代表席位是五席，中小国家是一到三席不等。美国、英国、法国、意大利和日本这“五大国”还各派出两名外交官组成“十人会”，作为和平会议的最高决策机构，对一切问题有权初步决定。而中国不仅无权参加和会的最高决策机构，代表席位也仅仅有两席，被视为弱国和会议的陪衬。日本利用作为“五大国”之一的地位，阴谋完整接管德国在中国山东的各项殖民权益。

1919年1月27日，五大国组成的“十人会”在开会讨论处置德国殖民地的办法时，日本代表牧野伸显突然提出临时动议，要求继承德国在中国山东的权益。当天下午，牧野伸显在中国外交官顾维钧、王正廷等人的面前公然宣称：“日本政府认为有正当理由要求德国无条件让予：

① 中共中央党史研究室：《中国共产党的九十年》（新民主主义革命时期），中共党史出版社、党建读物出版社2016年6月版，第17页。

一、胶州租借地、铁路及德国在山东所享有之其他权益；二、德国所占赤道以北的太平洋岛屿”，并认为根据日本对第一次世界大战所作出的贡献，这些要求是“合理和公正的”[①]。而中国的外交官则据理力争，试图挽回这一外交上的危局。

1月28日上午，中国代表团全权委员之一、驻美公使顾维钧就山东问题的发言里从历史、文化、经济、战略诸方面阐述山东是中国不可分割、不容争辩的领土。随后，他义正词严地指出：“中国对德宣战之文，业已显然声明中德间一切约章，全数因宣战地位而消灭。约章既如是而消灭，则中国本为领土之主，德国在山东所享胶州租借地暨他项权利，于法律上已经早归中国矣。”[②]

但是几番外交斗争之后，巴黎和会还是完全拒绝了中国代表团关于山东问题的各项正当要求。4月30日，在没有征求中国外交代表同意的前提下，美国、英国、法国三个大国（意大利此时已退出和会）首脑对山东问题擅自进行最后裁决，接受了日本接管山东权益的无理要求。而日本的无理要求还被写入了随后《凡尔赛和约》第156至158条之中：

> 第一百五十六条　德国将按照1898年3月6日与中国所订条约，及关于山东省之其它文件，所获得之一切权利、所有权及特权，其中关于胶州领土，铁路、矿产及海底电线为尤要，放弃以与日本，所有在青岛至济南铁路之德国权利，其中包含支路，连同无论何种附属财产，车站、工场、铁路设备及车辆、矿产，开矿所用之设备及材料，并一切附属之权利及特权，均为日本获得，并继续为其所有。
>
> 自青岛至上海及自青岛至烟台之德国国有海底电线，连同一切

① 金光耀：《顾维钧传》，河北人民出版社1999年12月版，第57页。

② 军事科学院军事历史研究部：《中国抗日战争史》（上），解放军出版社2005年6月版，第13页。

附属之权利，特权及所有权，亦为日本获得，并继续为其所有，各项负担概行免除。

第一百五十七条　在胶州领土内之德国国有动产及不动产，并关于该领土德国因直接或间接负担费用，实施工程或改良而得以要求之一切权利，均为日本获得，并继续为其所有，各项负担概行免除。

第一百五十八条　德国应将关于胶州领土内之民政、军政、财政、司法或其它各项档案、登记册、地图、地契及各种文件，无论存放何处，自本条约实行起三个月内移交日本。[①]

作为战胜国之一的中国，在巴黎和会上竟然像战败国一样陷入了任人宰割的境地，眼睁睁地丧失了主权和国家利益。至此，中国在山东问题上的外交斗争完全失败。而此时当政的北洋军阀政府屈从了帝国主义列强的压力，随后居然也致电参加巴黎和会的中国代表团可以在和约上签字。中国人民在如此残酷的现实面前，开始迅速清醒过来。以学生斗争为先导的五四爱国运动随之开始了。

5 月 2 日，北京《晨报》发表的《外交警报敬告国人》一文，正式向全国各界揭露了巴黎和会上中国外交已失败的事实。作者林长民以悲愤的语调在文章开头写下："胶州亡矣，山东亡矣，国不国矣。"在结尾又写下了呼吁民众起来继续斗争的语句："国亡无日，愿合四万万民众誓死图之！"一石激起千层浪，社会各界愤慨的同时，北京的进步人士立即行动起来。5 月 3 日，著名报人邵飘萍在《京报》上发表的时评里大声疾呼："山东问题为吾国存亡所系，勿待赘述。我国民亦既有此觉悟而一致奋起矣。"

当晚 7 时，在北京大学法科大礼堂召开了全体学生大会。北京其他

① 胡汶本、田克深编：《五四运动在山东资料选辑》，山东人民出版社 1980 年 8 月版，第 180 页。

12 所中等以上学校代表也前来参加。邵飘萍在大会上回顾了中国代表团在巴黎和会上失败的经过，号召同学们立即起来抗争：“现在民族危机系于一发，如果我们缄默等待，民族就无从挽救而只有灭亡了。”[①] 在这悲壮而激昂的气氛之中，这次大会决定联合各界一致抗争、通电巴黎中国代表团要求拒签和约。并且决定在次日（5 月 4 日）举行学界大示威，轰轰烈烈的五四运动正式拉开帷幕。

5 月 4 日下午，北京 3000 余名学生来到天安门前，号召“外争国权、内惩国贼”，要求“拒绝签字巴黎和约”。学生们在现场散发的宣言里写道：“夫山东北扼燕晋，南控郑宁，当京汉、津浦两路之冲，实南北之咽喉关键。山东亡，是中国亡矣。我同胞处此大地，有此山河，岂能目睹此强暴之欺凌我、压迫我、奴隶我、牛马我，而不作万死一生之呼救乎？”“中国的土地可以征服而不可断送，中国的人民可以杀头而不可以低头。国亡了！同胞们起来啊！”[②] 北洋军阀政府的大批军警进行了镇压，学生有 32 人被捕。但是，学生们要求“拒绝签字巴黎和约”这一时代的最强音随后传遍全国。

（二）新闻报道《六合教育界之表示》记载的重要史实

在汹涌澎湃的五四怒潮之中，全国许多地方的学生纷纷投身到五四运动之中，以实际行动声援北京学界的爱国斗争。而在这风起云涌的全国性爱国运动中，就有江苏省六合县人民群众的身影。

江苏省作为经济文化和教育都比较发达的省份，当时参加爱国运动的市县数目多达 40 多个，在全国名列前茅。南京城区的教育界人士和青年学生早在 5 月上旬已经多次举行集会。而南京北部的六合县也紧随

---

① 刘克选、方明东主编：《北大与清华：中国两所著名高等学府的历史与风格》（上），国家行政学院出版社 2011 年 4 月版，第 61 页。

② 魏宏运主编：《中国现代史资料选编》，黑龙江人民出版社 1981 年 3 月版，第 41 页。

着城区而逐步投入运动之中。

1919 年 5 月 31 日的《申报》，以《六合教育界之表示》刊登的这篇新闻报道，是目前从史料文献之中可以找到的最早一份记述六合人民参加五四运动的历史记载。

报道之中介绍了 5 月 19 日六合教育界召开全体大会，决定在六合境内发动爱国运动的经过。因为当时六合交通不便、消息较为闭塞，在开会后的十多天这一消息才刊登在报纸上。

值得注意的是，这篇报道也是当天《申报》来自南京的唯一有关消息。报道前面专门标注了“南京”二字，表示六合人民参加五四运动的行动，是被新闻界视为南京人民爱国义举的重要组成部分。

依据这篇新闻报道之中的明确记述：自中国在巴黎和会上外交失败消息传来之后，“六合教育界大为愤激”，因此在 5 月 19 日借六合县教育会的办公地召开了六合教育界的全体大会。这一天里参加会议的人士都是教育界的领袖和六合各个学校的教职员。

这次教育界全体大会经过商讨，通过了怎样开展爱国运动的三条决议，分别是：1. 各校学生联合游行街市，抵制日货；2. 组织学生联合会分组演说；3. 联合农、商两会一致行动。

六合县教育会成立于 1908 年，是辅助推行新式教育、团结各个学校教职员的教育界团体。五四运动的消息传来，教育会也再次成为整个六合教育界汇集一堂、共商大事的平台。

通过这篇新闻报道，今天的人们可以知道，六合教育界是以全体大会的形式来决定参加到五四运动之中。因此，教育界面对国耻时表现出了六合从事教育的教师、职员们齐心爱国、同仇敌忾的姿态。

六合教育界全体大会决议采取的各项爱国运动形式，经过对照可以发现，不仅包括了北京乃至各地的形式而组织学生示威、演讲和经济斗争（抵制来自日本侵略者的货物）的形式，还包括了准备联合六合县农会和商会，推动农民和商人一起投入爱国运动之中的新形式。这表明了六合人民参加五四运动时，已经有意识地避免只限于教育界独立参与，而是尽可能动员更多民众一起斗争。

（三）其他历史文献之中对六合人民响应五四运动的记载

六合县教育界的全体大会通过的决议之中有“组织学生联合会”的重要内容，而1919年6月18日的《时事新报》刊登了刚刚成立的“六合学生联合会”宣言书。这份以文言词句写成，充满文采的宣言书的第一部分先使用了“欲扬先抑”的手法：

> 六合一县区也，于中国犹太仓之一粟耳，何必有学生联合会之组织，且也游行街市、布发传单、露天演讲、猥为救国、大有人窃笑于其旁者，曰未免太不自量，岂不是杯水欲熄车薪，螳臂以当车辙乎。

然而，这篇宣言随即又话锋一转，表达了六合虽小，学生虽然只有演讲和文章作为呼吁救国的手段，可是看到北京、上海、南京的青年学子已经进行了如此不屈不挠的斗争，六合县的青年学子作为国民的一分子，也必须担负起自己的使命：

> 惟夜行者自信不为盗，不能使犬为吠。兹国家命运陷于漩涡，存亡呼吸，一发千钧。在上者为虎作伥，摧残正气，无彻底觉悟之希望。肩此重任者，惟一班青年学子，不观夫：幽燕学生开霹雳之先声，沪、宁青年惊风云之变色，作泣泪之演讲，撰哀嚎之报刊，虽或被拘留，或遭殴辱，而犹不折不挠，以壮民气。吾辈亦国民分子，岂可冷眼隔岸观火耶。吾邑之组织学生联合会，无非效洛钟以应蜀山之将崩，凤凰和鸣，伶伦之吹也。区区寸衷，谨此宣告。

这份颇有几分“话虽这样说”风格的宣言书，既深情感叹在帝国主义列强压迫下的祖国“命运陷于漩涡，存亡呼吸，一发千钧”，也勇敢批判了当政的北洋军阀政府“在上者为虎作伥，摧残正气”，充分展现了五四运动时六合青年学子心中忧国忧民的情怀。

笔者注意到，在这篇充满青春朝气的宣言书结尾，还化用了“洛钟东应”[①]和“伶伦作律”[②]这两个古雅而又含义隽永的历史典故，以此表达六合学子在五四运动之中和北京、上海、南京等地学子“同声相求”的志向。这一文字上的细节显现出宣言作者虽然是六合的青年学生，但已拥有不凡的传统文化功底。而宣言之中洋溢着的爱国热情，其实正是传统文化之中知识分子“天下兴亡，匹夫有责”的家国情怀，在新民主主义革命发端之际发展成为“祖国至上”信念的历史投影。

六合学生联合会成立后不久，《时事新报》在 1919 年 6 月 27 日又报道了加入六合学生联合会的六合县代用女子小学学生，组织“女子十人演讲团”的事例：

> 六合市（县）代用女子小学学生，自加入学生联合会后，亦组织女子十人演讲团。每日课后，手持日人虐待高丽惨状图赴人家宅演讲，虽赤日当空，汗流浃背，亦进行不懈。六邑妇女被其感动者，正复不少也。噫，巾帼女子，尚知爱国，彼卖国贼对之，当愧死矣。

---

① 西蜀之地铜山（指岷山）发生山崩时，洛阳的铜钟在东方响应，比喻重大事件之间互相呼应。《阅微草堂笔记》第 13 卷：“铜山西崩，洛钟东应，不以远而阻也。”

② 伶伦，又作“泠伦”或“令伦”，传说是远古黄帝时期的乐官，曾学习凤凰鸣叫的声音而最终创制出了十二音律。《吕氏春秋 · 古乐篇》记载：“昔黄帝令伶伦作为律。伶伦自大夏之西，乃之阮逾之阴，取竹于解峪之谷。以生空窍厚钧者断两节间，其长三寸九分，吹之以为黄钟之宫，吹曰舍少。次制十二筒，阮逾之下听凤凰之鸣，双别十二律。其雄鸣为六，雌鸣亦六，以比黄钟之宫。适合黄钟之宫，皆可以生之。”这里是把北京、上海和南京等地学生的爱国运动比喻为“凤凰和鸣”，间接表达六合学生努力向他们学习的含义。

代用学校是指得到官方认可的私立学校。民国初期女子教育资源极为匮乏，女子学校多是民间私立性质的。作为那个时代极少数可以接受新式教育的女学生，六合县代用女子小学的“女子十人演讲团”同学积极行动起来，手持日本帝国主义在殖民地朝鲜虐待民众的图片，在烈日当空之下向居民进行避免中国沦为殖民地的爱国演讲。这些汗流浃背仍坚持不懈投入爱国宣传的女学生，展现了五四运动时期六合女性也曾勇敢地挺立在时代的潮头。

六合学生联合会成立的同时，一部分在外地读书的六合学生也成立了六合旅外学生联合会。发起人之一汪骥良（原名汪思麒）的回忆，该会的主要管理人员架构是：会长余光中，掌管会务；副会长姚之倬，协助会长处理会务，并为出席省学生联合会代表；总务：汪思麟；庶务兼文书：姚宝琛；宣传：张茜茜（女）；调查：黄治富（李可航、余文伟协助）；戏剧：谈经（陈鹏、姚之光协助）。

汪思麒还曾回忆，六合旅外学生联合会成立之后立即采取了两项爱国行动：

> 一、声援“五四”爱国救亡运动。一方面派代表出席南京、上海学生联合会，一方面印制传单，散发于我县城乡，张贴标语，游行示威，进行街头宣传。女会员俞俊珠、张茜茜在宣传演讲时声泪俱下，哭呼“毋忘国耻”。陈佩娴划破手指写血书，表示誓死不买日货。青年之满腔爱国热情，使邑人深受感动。
>
> 二、抵制日货。首先向商民宣传，不卖日本货，不做亡国奴，进而查封日货。

虽历经了岁月变迁，五四运动已过百年，但上述爱国学生名单之中的若干人物，还可以从史册之中找到部分人生履历的零散记述。例如——

留下这份回忆的汪思麒，1901 年出生，后改名为汪骥良。在后来的五卅运动之中他继续在家乡参加过爱国反帝运动。而在抗日战争时期，他曾作为进步人士之一，“在抗日战争中长期和我党合作共事，团结战斗在一起，和我党建立了‘肝胆相照，荣辱与共’的关系”。六合县抗日民主政府成立后，他曾经在政府中就任科长①，并且还曾经在六合县参议会做过参议员。他还在根据地的重镇——竹镇附近的民主乡担任过乡长②。

副会长姚之倬，在1925年六合人民再次动员起来声援五卅运动时，也曾投身其中成为骨干之一。他后来从事医务工作，长期以治病救人为业，曾经率领巡回医疗队前往安徽水灾灾区进行救治③。

协助承担联合会调查工作的李可航，1919年夏季毕业后到安徽省和县县立第一高等小学任教时，继续率领该校的学生参加爱国运动④。并且曾经在第四届华中运动会担任足球比赛职员⑤，为体育事业作出了贡献。

而在宣传时曾经声泪俱下的女生俞俊珠，1903年出生，别号磊如，江苏六合人。江苏法政大学预科毕业后，辍学参加北伐军总政治部宣传工作。⑥

这些年少时走出家乡六合、到他乡求学的青年学子，不仅在五四运动之中挥洒着自己的爱国之情，在后来的一个或几个时期也曾继续为进步事业作出贡献。

六合人民积极投入五四运动的行动，当时还受到了《南京学生联合

---

① 中共南京市委党史编写领导小组办公室、南京市档案局编:《南京党史资料》第8辑，1984年10月内部出版，第74页。

② 《竹镇镇志》，方志出版社2011年版，第269页。

③ 参见民国文献《1935年安徽民政工作纪要》，1936年编，第281页。

④ 方兆本主编:《安徽文史资料全书：巢湖卷》(上)，安徽人民出版社2007年8月版，第13页。

⑤ 参见民国文献《第四届华中运动会特刊》，1931年1月版，第95页。

⑥ 徐友春主编，王卓丰等编撰:《民国人物大辞典》，河北人民出版社1991年5月版，第609页。

会日刊》的关注。五四运动期间，南京各学校迅速成立了学生联合会，成为当时南京教育界参加五四运动的最重要进步团体之一。后来成为革命家的张闻天当时以大学生身份在该会任职。其出版发行的《南京学生联合会日刊》，更成为南京历史上第一本宣传马克思主义的刊物，具有重大而深远的革命影响。后来各类回顾南京革命史的书籍，都以重要篇幅叙述《南京学生联合会日刊》在五四运动时出版发行的史实。因此，在这一革命刊物之中记载的爱国运动史实具有珍贵的红色历史研究价值。

《南京学生联合会日刊》对六合县人民投身五四运动的关注，始于1919年7月19日的报道《六合商学共订抵制日货条约》：

> 敝邑旅外学生联合会与商会共同订有三条条约：
>
> （一）凡六月（阴历）一日以前，各商店在外地所订的日货，一经装来，完全退还原处（原处皆被订日货商店，下仿此）。
>
> （二）凡六月一日以后，六月四日以前各商店在外地所订的日货，一经装来，焚毁六分之一，余则退还原处。
>
> （三）凡六月四日以后，各商店在外地所订的日货，一经装来完全焚毁。
>
> 这三条条约，由商会转知各商店，咸表赞同。

“提倡国货，抵制洋货”在历史教科书之中被列为近代中国人民进行反帝斗争的内容之一[①]。在当时特定的历史背景下，有必要抵制日本商人利用中国半殖民地半封建社会的劣势而大规模倾销的商品，从而阻止日本帝国主义在不平等的经济往来之中继续获利。同时，因为腐朽无能的北洋政府不敢在外交事务上强硬回击日本帝国主义。中国民间可以

① 《义务教育课程标准实验教科书：中国历史》八年级（上），人民教育出版社2001年12月版，第103页。

通过这样的对货物销售的自发抵制来实现“经济绝交”，从而给予日本官方以压力。并且，在经济领域也频遭列强欺凌，民族工业发展举步维艰的形势下，抵货运动对民族工业的发展也有推动作用。历史学界认为，从清朝末年开始，抵货运动和经济绝交作为和平斗争手段的一种运用，在中外交涉中是商人对外展示实力的最常用的方法，也是事实证明比较有效的方法[①]。“在当时中国国力孱弱，民气不振，无法以强力反抗列强以达到废除不平等条约的情况下，以和平的抵制方法对付强国的凌辱，不失为一种明智的选择”[②]。此前，六合教育界全体大会上决定推动的商界和学界之间的联合，显然也是为了推动商界人士出于民族之心而采取合理的“提倡国货，抵制洋货”方式参加爱国运动。而《南京学生联合会日刊》的上述报道，就是这一决议在六合县正式实施的记录。

运动开始后，六合学界和商界能够及时达成共识，以各商店一起赞同的形式来反对日本帝国主义的货物倾销，本身就是更多社会阶层广泛参加爱国行动的重要表现。前述六合旅外学生联合会的发起人和主要管理人员之一汪思麟，曾回忆在五四运动期间，“商人大多以经售日货为耻，少数欲以日货牟利者，亦慑于群众舆论，有所顾忡。广大群众则受到一次强烈的爱国主义教育。”

六合商界人士以实际行动表达了对抵货运动的自发认同。他们积极响应五四运动的事迹，同样也在当时的史料文献里留下了记录。《南京学生联合会日刊》的记者曾经于 1919 年 8 月 1 日前往六合，现场看到了六合县的商店“提倡国货”的典型事例。该刊物随后在 8 月 11 日刊登了一篇报道《六合县商店学徒推销国货》：

---

① 转引自《清末民初的国民外交运动研究》，吉林人民出版社 2004 年 11 月版，第 179 页。

② 转引自《清末民初的国民外交运动研究》，吉林人民出版社 2004 年 11 月版，第 184 页。

> 记者前赴六合一次，于八月一号晚八时，有一六合西乡人某甲至京货店（系东门街），欲购丝光手巾一条，该店伙道：此系日本货，尔乃中国人，何必用此日本货呢？我们此处现在有家中所制抽丝手巾，先生可购一条用用，看此货一则光彩美丽，二则布纱坚固，先生不购亦可，但敝店誓不卖仇货，请先生至他店购买可也。某甲无答，遂购一条，计洋八分。记者谓我中国人，苟人人皆若此用心，则国货虽劣，安得不行销哉。

又如，《南京学生联合会日刊》1919 年 8 月 28 日再以《六合县林永茂号卖国货》为题，报道了六合各界称赞商店“提倡国货”的一个事例：

> 六合东门外八百桥镇林永茂号（京广杂货店），在昔所售之货，均非国货。自五九抵制日货后，该地陈君书、唐君伯华首先提倡国货，伊店主林玉成自谓吾数年来出进之货（东洋货），约四五千银元之多，自今以后，誓不再进日货。该将此情形告以妻，遂将底货皆陈列于市，减价而售，闻今所售之货，皆国货，间有西洋货者。而六合诸同胞咸皆称颂不置，并谓可以为商界之模范云。

而违背了诺言，继续勾结日本商人倾销货物的商店，六合的社会各界也与其进行了多次斗争。这样的斗争同样引起了南京学生联合会的关注。例如，《南京学生联合会日刊》1919 年 7 月 21 日就曾有过这样较长篇幅的报道：

> 不过二日，某纸号由镇江装来有光纸数百刀，实在是日本货，他把那纸上的商标撕去，假充西洋纸，以遮饰调查员的耳目。调查员已证实是日本货，定要焚毁，该店主谓在原处，是认西洋货买的，既然是东洋货，请停几天再焚毁，以便请原处派人来亲看焚

毁，则损失在原处，不在我了。当时旅外学生联合会因纸上没有商标，虽说是证实，在情理上不能断定，且又体恤商艰，只得俯如所请了。停了几天，一等亦不来，二等亦不来，不得已宣布焚毁。同时某布庄又装来三十六匹日本的洋布，是六月三日所订的，根据条件应焚毁六分之一，当焚毁的时候，观者较前次更多，拍掌的、喝彩的声动全城，这是敝邑焚毁日货的第二次。

当焚毁日货的时候，事前事后学生界经过许多的困难，始克有这番痛快的举动。有些不顾大义的商家，未烧日货以前宣言说，如学生再调查货物，定以武力对待，并且以罢市相要挟，学生界听闻这一番话，知道是恐吓的手段，公推代表见县知事，大致谓此次学生界的举动，纯粹出于爱国的热忱，毫无一点权利的思想。近闻商界有武力对待，罢市要挟之传闻。万一发生事实，学生等不负责任，若以武力，学生等定组织敢死队以与此恶魔战，宁愿牺牲少数的学生，以保全吾邑三十万人民的人格，不愿留三数奸商，受无耻之数人的骂名。县知事听了这一番话，吓得魂不附体，当即饬警察所妥加防卫，并疏通商会，劝说各商店勿作无此意识之举，方才没有闹出旁的笑话来。

又如，《南京学生联合会日刊》1919 年 8 月 28 日再一次报道了六合县“商学联合之组织”的行动：

（一）保泰丰店主之劣行：保泰丰店主吴选三自六合旅外学生联合会成立后，遂有商学联合之组织，该店对于调查日货一层异常抵抗，遂有拒绝签字之说。惟布业已先组织十人团，预备抵制学生调查之举，实则心存盗卖，将日货商标撤去，希图影戳主义[①]。兹

① 原文如此。

姑不论其是否属实，惟于八月八号（夏历七月十三日），该保泰丰新运到绸布一船，于八号早晨至埠，于是旅外学生调查员至码头口调查，该店主预先提防，遂邀四百余人抗阻学生，不许调查，将数十人围学生一人，及学生六人均为所困，所有船中货物私行强运入店。迨货搬完，众人遂一哄而散，学生始能自由行动。由此观之，彼奸商吴选三等此种狡猾手段，实出人意料之外，而行时犹宣告学生，最后决以武力对待云云。

（二）学生之手段：本月八号上午十一时，六合旅外学生联合会中调查员经彼奸商用种种痛苦之手段，并以武力对待等等言词，于是全赴西门教育会开紧急大会，议决整队前往，至保泰丰门首。下午一时至门首，并呼店主速用武力手段对待我辈。店主无词，遂罢市以此威吓学生，并以算盘作打学生状，又以残茶泼学生。时学生皆谓尔等奸商，即用刀刺我身，我亦不惧，况用茶泼乎。时奸商吴选三无法，遂告之六合县知事，申明学生种种无理情形。时知事郑君耀烈命学生派代表至县署辨明。而诸会员遂使会长姚君之倬，及余君光中等至县署讨论。先知事亦威吓学生，后闻代表所云保泰丰店种种之劣行，遂谓吾必使人调停，若晚无消息，明日再至保泰丰门首与该奸商吴选三另起交涉亦可，今新撤队等等言词。后代表将斯言告知众会员，迨六时始整队还时，沿途诸同胞皆谓奸商保泰丰若再稍有阻止学生进行处，必开公民大会驱逐奸商出境云云。

（三）保泰丰之结果：九号早晨五小时，诸会员再至保泰美门首（系八号晚无消息），见已开市，而诸会员遂列成横队坐于门首时，会员黄君遂大书奸商售日货五大字贴于电杆上，时人皆知吴选三售日货。迨十二时，文昌宫警佐陈君见诸学生对于社会义务异常热心，遂与保泰丰调处，谓至下午二时，必使保泰丰承认签字等项，时诸会员仍返教育会。迨下时〔午〕一时许，口君果至会场，申明保泰丰承认签字，及道歉等等，而会长会员等均皆满意。然记者以上所云，皆保泰丰之实事也，望布业诸同胞共图抵制之策，不使金钱外溢，自此后国自强，而民自富，姑志之。

南京学生联合会派出记者对六合人民在五四运动之中的表现予以上述及时报道，显示了当时在南京城区进步人士的心中，也将六合的爱国行动视为南京整个爱国行动的重要组成部分。在南京革命史开篇之中有着重要地位的《南京学生联合会日刊》多次及时报道五四运动之中六合人民的事迹，彰显了这一时期六合人民和南京城区人民是肩并肩站在同一个斗争行列里。

而更为重要的是，这一次五四怒潮开启新民主主义革命时期的同时，也提升了六合人民的思想觉悟、增长了六合人民的爱国热忱。六合社会各界在五四运动之中的爱国行动，在六合人民革命斗争史册上写下了第一篇浓墨重彩的序章，更在六合人民心中埋下了第一颗红色的种子。

从此以后直到新中国成立时，江苏广袤土地上多次的革命浪潮涌动之际，六合人民都以自己的行动作出着坚定而响亮的回应。

二、1925年：声援五卅运动

1925年夏季，五卅怒潮席卷全国各地的时候，六合社会各界群众再次站了出来，以实际行动声援上海人民反对帝国主义的爱国斗争。1925年6月，同期出版的上海《申报》“江浙各界对沪惨案之援助”专栏对此进行了一系列报道。

（一）历史背景

20世纪20年代初，帝国主义对中国的资本输出已经严重阻碍了中国的经济发展。此前在晚清时期，中国已经被捆绑在帝国主义的产业链低端，已经形成了以沿海开放口岸为枢纽的商业流动模式。列强出口的工业品从经过口岸向中国内地倾销；原材料从内地经过口岸被低价掠夺走。在这种仅仅作为产品倾销地和原料产地的不合理“分工”之中，中国经济的封建性在逐步减弱，而殖民地经济特征则是越来越强。但帝国主义却依然没有满足。中日《马关条约》首次出现了允许外国人在中国通商口岸开设工厂的条款。这个条款适应了列强对华进行资本输出的迫切需要。共享了这项新的特权后，帝国主义国家纷纷在中国直接投资办厂，利用这里丰富的自然资源和廉价的劳动力进行生产。通过这种直接输出资本的形式，帝国主义把经济侵略的魔爪伸入中国各经济部门，依靠政治特权抢占市场。就这样，列强们在榨取了巨额利润的同时，又控制了中国的国计民生，排挤了中国自己的民族工业。

因为有政治特权的庇护，在华开办工厂的各列强资本家们，就地掠夺原料和就地推销产品的同时也大肆剥削压迫中国的劳苦工人。他们用中国工人血汗换取的财富，不断打造可以在中国的土地上作威作福的“金元帝国”。

1921 年中国共产党成立后不久，立即在上海、青岛等多个列强资本输出较为集中的城市，领导受到重重压迫的工人采取罢工、怠工等多种斗争形式，反抗帝国主义对中国工人的压榨。这样的交锋让列强的资本家们闻风丧胆，他们开始实施各种阴谋和暴行，企图以武力镇压团结起来斗争的工人们。

1925 年 5 月 15 日，在日本内外棉株式会社设在上海的第七厂里发生了共产党员顾正红被杀害的惨案。内外棉株式会社 1887 年在日本大阪创立。刚设立时，只是以买卖棉花为业，至 1903 年、1905 年在日本国内分别购买两家纺织工厂。1908 年，日本棉纺业国内竞争激烈，产品出口受阻，企业发生了危机。内外棉株式会社为了自身生存的需要，试图避开国内激烈的竞争。该企业看到作为半殖民地的中国具有“丰富的原料、低廉的劳动力、无限的销路”，决定赴华投资建造纺织工厂。1909 年，内外棉株式会社第四次定期股东大会正式通过《在清国上海设置纺织工厂的文件》的决议，开始直接对华资本输出。

1909 年下半年，内外棉会社购入上海沪西苏州河畔小沙渡地区 47 亩多土地，开始建设厂房、仓库和宿舍。随后利用各种残酷手段剥削中国工人而攫取的暴利，不断扩建和增设工厂，迅速成为日本在华最大的纺织企业。惨案发生的内外棉第七厂是 1918 年 10 月成立的，以“四君子”为商标生产直贡呢、哔叽、府绸等产品。此前，这里的工人在党组织的领导下，多次与日本资本家进行斗争。工人运动让日本资本家恐慌不已，决定不惜以缩减生产的代价向工人进行反扑。1925 年 5 月，日本资本家利用生产淡季，企业压缩生产的时机，突然采取“关厂停工”阴谋向工人发起了经济进攻。5 月 15 日下午，夜班工人进厂上工时，

五卅惨案发生前，聚集在上海南京路上的民众

上海市南京路步行街上的五卅惨案发生地标识

日本资本家关闭厂门宣布停工。愤怒的工人在共产党员顾正红的带领下，坚决要求上工和发放工资。为了镇压工人的正义斗争，日本职员竟然取出手枪，向手无寸铁的工人肆意开枪射击，十余名工人被击伤。顾正红因为是这个纺织厂里工人运动的积极参与者，受到了日本资本家的仇视，竟被连续打中了四枪，于一天之后伤重不治身亡。这就是成为五卅运动导火线的“顾正红事件”。

事件发生之后，党组织号召社会各界掀起反帝爱国运动。工人进行了对日的罢工斗争。上海学生响应党的号召，走上街头进行反对帝国主义暴行和支援受难工人的宣传活动。经过几天斗争，社会影响日渐扩大。党组织决定 5 月 30 日（这一天是星期六）在租界举行大规模的反帝宣传活动。

第二天——1925 年 5 月 30 日——以“五卅”之名载入了革命史的史册。当天，上海大、中学校学生与部分工人群众数千人，一起在公共租界的马路上进行爱国演讲、散发传单。租界南京路上的英国巡捕先以殴打、抓捕的方式进行干涉，然后突然开枪射击。

后经确认，共有学生 3 人、职工 9 人、商人 1 人被英国巡捕开枪杀害。这 13 名“五卅”殉难者分别是上海大学学生何秉彝、同济大学学生尹景伊、南洋附中学生陈虞钦、华洋电话局接线生唐良生、东亚旅馆厨工陈兆长、洋务职工朱和尚、新世界职工邬金华、电器公司工程部主任石松盛、包车行车匠陈光发、琴行漆工姚顺庆、裁缝王纪福、味香居门馆伙友谈金福、商贩徐落逢。

上海大学学生何秉彝中弹倒下时，口中仍呼喊：“打倒帝国主义！”“中华民族解放万岁！”遇难的工人唐良生临终时留下了“学生是国民，我也是国民，不得不表爱国的同情。我因爱国而死，何痛之有？国将没有，哪里有家呢？”的遗言……

爱国志士们的鲜血，极大激起了上海工商学各界的民族义愤。五卅惨案发生后，各校学生随即开始罢课，商界也实现了全面罢市。1925 年 5 月 31 日晚，中国共产党领导下的上海总工会公开成立。次日，刚刚成立的上海总工会向社会各界发布宣言。这份宣言开篇即指出：“外国帝国主义，压迫我国，横行无忌，视我如殖民地，视我们如亡国奴：最近残暴的行为，更日甚一日”。为此，宣言里下达了“总同盟罢工”的命令：“我们上海全体工人，几十年在帝国主义压迫之下，现在已忍无可忍了！我们于 6 月 2 日起，宣布总同盟罢工！”

随后，反对帝国主义的运动浪潮，以汹涌澎湃之势席卷全国，激荡起了千万人心底的热血，形成了一场全国规模的反帝运动。这次运动继五四运动之后，进一步唤醒了中国人民的反帝精神。全国范围的大革命高潮，随之揭开了序幕。

6 月上旬起，全国多地人民在爱国热忱之下，开始紧随着上海人民而走向了斗争的最前列。六合人民就是在这时登上了五卅运动的历史舞台。

（二）六合各界决心参与斗争

依据《申报》留下的翔实历史记录，我们可以还原六合人民以实际行动声援五卅运动的诸多细节——

五卅惨案的消息传到六合之后，“此间自得上海惨杀学生及工商人等噩耗后，莫不愤恨异常”。当时，六合各界在义愤之中立即分别召开了以下几次重要会议：

首先召开会议的团体是六合县社会教育协进会。会议上经过商讨之后，协进会的会员们决定“联络各团体，一致援助，流动演讲，以唤醒人民，印刷传单，为文字之宣传，劝募款项，资助工人。”

六合县教育会、教育局，各校校长随后在教育局召开了临时会议，“一致主张，决用教育会、教育局、新闻记者联欢会、社会教育协进会四团体名义，邀集各团体，联席会议，讨论办法。”

就在教育工作者们在教育局开会的同时，六合县学生联合会也在县通俗教育馆召开了紧急会议。会议上，首先由六合在外地读书的学生李华庭、黄履柏发言，报告南京各界对于沪案议决各办法。经过一番讨论之后，学生联合会决定“星期一（八日）游行，刷印传单一万张，请机关一致援助，会内用费，由各校担任。”

1925 年 6 月 5 日下午 4 时，六合县教育会、教育局、社会教育协进会、新闻记者联欢会又在教育局办公地召开了一次联席会议。邀请六合县各团体、各学校前来参加。六合县学生联合会、六合县商会等各团体以及各学校 40 余人，这次联席会议报告了开会宗旨之后，社会教育协进会的代表王逸，学生联合会的代表达皋分别发言，报告各自团体在昨天开会商议的以实际行动声援上海人民的各项办法。

随后，经过一番讨论，联席会议通过了三项办法：

▲六合　學生聯合會、對上海慘案、一致援助、各校學生分頭進行、如縣立第一小學校學生、擔任演講募捐、已到瓜埠、大英集、雷集演講、並在集上、募到捐款五六十元、給與學生會收據、昨又到竹鎮講募、市立小學學生、亦在八工橋募有捐款若干、一俟集有成數、彙齊滙寄、又上海慘案後援會、根據日前大會議決案、通告各商家、自十六日起、一概不購英日貨、如在十六日以前、所購貨物、以一星期爲止、又社會教育協進會、此次募捐、頗具熱忱、現正結束捐事、一俟清楚、仍從演講進行、以期喚起民衆同情、

▲六合　昨日(五日)午後四時、此間教育會·教育局·社會教育協進會、新聞記者聯歡會、爲上海慘殺學生事、邀集各團體各學校於教育局開聯席會議、屆時到學生會商會等各團體·各學校四十餘人、由朱振宇主席、報告開會宗旨、社會教育協進會代表王遒、學生會代表達阜、報告昨日(四日)商會籌議援助各辦法、當經大衆議決辦法三項、㈠由本日到會各團體、公電京滬各處、請嚴中峯起草、㈡籌款由各界分別勸募、俟星期日再行會議、㈢組織後援會、以到會各團體爲會員、公推主辦一人、(余復光)幹事五人、(王仰羲·陳推之·陸杼鳴·孫冠民·顧瑞貽)

▲六合　此間自得上海慘殺學生及工商人等噩耗後、莫不憤恨異常、各團體之開緊急會議者、(一)爲社會教育協進會、於上午十一時開會、議決聯絡各團體、一致援助、流動演講、以喚醒人民、印刷傳單、爲文字之宣傳、勸募款項、資助工人、(二)午後三時、教育會·教育局·各校校長、在教育局開臨時會、一致主張、快用教育會·教育局·新聞記者聯歡會·社會教育協進會、四團體名義、邀集各團體、聯席會議、討論辦法、(三)同時學生聯合會在通俗教育館、開緊急會議、着由六合旅外學生李華庭·黃履柏·報告南京各界對於滬案議決各辦法、以資討論、當經議決星期一(八日)游行、刷印傳單一萬張、請各機關一致援助、會內用費、由各校担任、

▲六合　昨日(十二)下午四時、慘案後援會、召集大會、計到各團體四十餘人、坐辦余復光主席、首由商會長李浦約、報告學生會、函致商會、主張查貨、請衆討論、當經王仲堅·陳繼禹·董惟又·汪一芍等、發表意見、表決辦法、(一)由後援會發出通告、警勸商家、自通告以後、自動的不進兩國貨物、實行經濟絕交、(二)函託上海總商會、調查該兩國貨物商標、以資考鏡、(三)函請縣、一致主張、大隊推行、議後援會經費、應由各團體共同擔任、經衆認可、隨收會費六元、次社會教育協進會員王遒等、報告募捐經過情形、交到竹質捐筒二十個、捐簿五本、當衆擊開竹筒、計共捐款大洋四百三十六元、小洋五十元零七角、銅元九十一千一百八十文、演講時散捐、收入小洋四角、錢一千二百六十文、尚有已認捐款二十餘元、未曾收入、自十二日起、宣告截止、當由後援會坐辦余復光等、將捐款存入義康錢莊、俟彙齊滙寄上海、

▲六合　各界上海慘案後援會、於昨日(二十)下午四時許、開幹事員會、全體到十人、議決事件、㈠組織檢査股、聯絡各團體、一致進行、先推王仰羲·姚之偉、與學生會接洽、㈡加推朱威甫爲本會幹事員、㈢擬以本會名義、發表時局宣言、通電全國、議畢散會、時已六時許矣、

▲六合　六日午後商會開緊急會議、由副會長朱友忠、報告滬上慘劇情形後、公推各商、分段募捐、南城口至文昌宮、由陳仲菘·王壽椿·王谷等六人担任、文廟起板門口止、由逵殿三·黃致中·王維城等八人担任、文昌宮起、北城門口、由朱勵子·夏駿稱等六人担任、南城外、由常國儒等担任、又社會教育協進會、昨晚開臨時會議、組織募捐演講團、於七日出發、由各會員分股担任、佩帶符號、每組小旗幟兩方、捐筒一個、(俟各界彙寄款時、當衆開拆)、又學生聯合會、開會選舉職員、結果、當選正會長逵白羊、副會長劉家鑫、書記林裔生、會計王拯、編輯縣立學生、幹事董如忠王鳳英李卿張文義、議決八日上午九時、齊集會內、出發遊行演講、各校所捐款項、由本會彙寄南京、又各界三十餘團體、公電京滬、請求嚴重交涉、

▲六合　此間自滬案發生後、由十八團體、組織六合各界慘案後援會、昨日通電全國國民、請各界聯袂奮起、本匹夫有責之義、誓死力爭、不達目的不止、又社會教育協進會會員、担任後援會募捐事宜、業經勸募數日、約計得洋三百餘元、捐募手續、尚有一日、即可竣事、當衆剖筒、又學生聯合會、於前日(八日)游行後、仍於逐日課後演講不懈、喚醒國民注意、一致反抗英日、以維主權、

▲六合　日前六合各界上海慘案後援會、將社會教育協進會、代募援助上海罷工工人捐款、於昨日(十九)彙寄上海總商會、電請發放、俾資救濟、文云、上海總商會鑒、敝會募捐股股員、(係推定社會教育協進會會員、)於本月七日起、至十一日止、在城區勸募、現已募得大洋四百五十五元、小洋五百二十二角、錢九十一千四百四十文、交由敝會轉託義康錢莊、化合大洋五百二十五元一角四分一釐、茲由郵局滙寄貴會、請煩査收、懇代發放罷工工人、以資救濟、并附上捐簿一册、希將諸上姓名、代爲宣布報端、用昭大信、再後募之欵、一俟彙齊、仍應繼續寄上、合併聲明、六合各界上海慘案後援會叩皓、

上海《申报》1925 年 6 月系列报道

（一）由本日到会各团体，公电京沪各处，请严中峰起草；

（二）筹款由各界分别劝募，俟星期日再行会议；

（三）组织后援会，以到会各团体为会员，公推坐办一人（余复光），干事五人（王仰羲、陈推之、陆杼鸣、孙冠民、顾瑞贻）。

6月6日午后，六合县商会又召开了紧急会议。这次会议上，首先由商会副会长朱友忠向大家报告上海五卅惨案的情形。随后，大家决定在六合街道上分段进行募捐，号召社会各界为上海受害的同胞捐款。分段募捐的分工是：

南城门口至文昌宫，由陈仲彝、王寿椿、王谷等六人担任；文庙起，板门口止，由达殿三、黄致中、王维城等八人担任，文昌宫起北城门口止，由朱励予、夏骥称等六人担任；南城外由童国儒等担任。

六合县社会教育协进会，也在6月6日晚上再次召开了临时会议。会员们决定“组织募捐演讲团，于七日出发，由各会员分股担任，佩带符号。每组小旗帜两方、捐筒一个（俟各界汇寄款时，当众开拆）。”

六合县学生联合会则为了准备参加重大活动而开会重新选举了职员：“正会长达白羊、副会长刘家鑫、书记林乔生、会计王哲……”这些选出的职员们随即决定“八日上午九时，齐集会内，出发游行演讲。各校所捐款项，由本会汇寄南京”。

而六合县各界30余团体也公开致电北京和上海，针对帝国主义屠杀上海人民的这一惨案，“请求严重交涉”。

在祖国的利益、民族的尊严面前，六合人民继五四运动之后又一次决心展开大规模的爱国斗争。

（三）五卅怒潮中的六合

6 月 8 日上午，六合县展开了一次爱国反帝大游行。《申报》对此的报道是：

> 昨日（八日）午前，县小、市小、益智、光明、县代用、市初小各校学生，到有五百余人，在通俗教育馆集合，出发游行，各人臂缠黑纱，手执小旗，散发传单，高喊英日经济绝交，废除不平等条约各口号。午后，各校学生，分段演讲，慷慨淋漓。

在学生联合会的主导和组织下，6 月 8 日的这次爱国游行后，六合的中小学生代表每一天下课后仍不懈地向六合各界进行演讲，以此“唤醒国民注意，一致反抗英日，以维主权。”

6 月 5 日的联席会议上通过的决议之中包括一条“组织后援会”。这里的后援会是指五卅惨案之后全国多地纷纷成立的“惨案后援会”。在 6 月 8 日的爱国游行之后，下午 4 时，六合县 18 个团体共同组成的六合各界上海惨案后援会，在教育局办公地召开了成立后的第一次会议。参加这次会议的会员有 30 余人。

六合各界上海惨案后援会的第一次会议经过商讨之后，通过一份决议，计划立即采取“捐款”和“通电”这两项措施来支援正在进行斗争的上海工人——“各团经募捐款，交由后援会汇寄”；“以后援会名义通电全国，一致援助”。这两项举措分别对应了经济上的支持和精神上的支持。

“通电全国”的举措是在 6 月 10 日（电报韵目代日为“蒸”，表示日期是 10 日）这一天实施的。当天，六合人民以“六合各界上海惨案后援会”的名义向全国国民发出一封呼吁“各界联袂奋起，誓死力争”

的通电：

上海各报馆转全国国民公鉴：

自上海五卅惨案发生后，本邑人士莫不愤恨填膺，爰由各界联合，组织六合沪案后援会，分总务、募捐、宣传三股，进行一切，并当场推定社会教育协进会会员及商会会员，担任募捐职务。惟此种惨案，关系国家存亡，尚乞各界联袂奋起，誓死力争，不达目的不止。

六合各界上海惨案后援会叩

募集捐款在六合县境内展开后，社会各界人士纷纷慷慨解囊。因为六合人民知道以总罢工形式坚持抗议的上海工人，当时亟待经济上的援助。

五卅运动开始后，20余万出于爱国热忱而罢工的工人陷入了经济上的困境。时人对此曾有评论："工人恃日常工作以为生，今悲愤所激不惜牺牲，罢业期内赡蓄无资，生活无定，其情可念，其事可怜。"[①] 罢工的工人们的生活来源主要依靠来自上海乃至全国的捐款来维持。能否救济罢工工人，是罢工斗争能否长期坚持的关键。为此，中国共产党领导下的上海总工会专门成立了救济委员会。在工人经济来源遭遇危机紧急关头，救济委员会迅速担负起了募款和发放给工人的使命。

五卅运动之中的很多捐款来源于上海的民族资本家。上海总工会的代表曾经多次专门赶赴上海总商会，洽谈如何救济失业工人的事宜。但帝国主义为了阻止工人长期罢工，随后突然切断了华商工厂的电力供应，企图以此实现一石双鸟的结果：一是通过工厂停业把更多工人推到失业的境地，使上海总工会必须投入更大代价保证工人的生活；二是以

① 《申报》1925年6月26日。

彻底停电的方式，恐吓威胁中国的民族资本家停止资助罢工工人。随着众多中国工厂的电力被切断，导致上海的失业工人立即陡增了 5 万之多。

在这样的历史背景下，来自全国各地的捐款源源不断地化为了上海罢工工人反对帝国主义的“后勤补给”。六合人民通过踊跃捐款的形式，与全国各地的爱国民众一起投入这次争取民族尊严的正义斗争之中。

募捐开始后，六合县商会安排代表在县城的街道上分段募捐的第一天，就收到了捐款“共大洋九十九元，角洋四十元零九角，铜元九十八千①八百八十文”。其中的角洋②四十元零九角交给六合县旅外学生李华庭、黄履柏等人，让他们转交给南京城区的后援会。这一历史细节，表现了六合社会各界是主动将自己声援上海人民的行动融入到了南京的爱国反帝运动之中。这也是继五四运动之后，六合人民的正义之举再次成为整个南京爱国运动的重要组成部分。

而六合县社会教育协进会开始实施募捐之后，最初两天之中就收到捐款 130 余元。随后的几天里，捐款继续与日俱增。到 6 月 11 日收到的捐款已经达到了大洋 300 余元。而最后一天里更是一下又收到了上百元大洋的捐款。而该会使用多个“竹质捐筒”作为这次募捐收款箱。最后是采取了“当众剖筒”的形式展示完整的捐款数额，以显示这次在六合境内的大规模募捐是公开而透明的。

6 月 12 日下午 4 时，六合各界上海惨案后援会再次展开会议。这一天是募捐截止的日期。在会议的现场进行了“剖筒”的环节：

> 社会教育协进会员王逸等，报告募捐经过情形，交到竹质捐筒二十个，捐簿五本，当众凿开竹筒，计共捐款大洋四百三十六元，

---

① 原文如此。

② 当时货币的主币为银元，俗称大洋，辅币为角银，俗称小洋或角洋。

小洋五十元零七角，铜元九十一千[1]一百八十文；演讲时散捐、收入小洋四角，钱一千二百六十文；自十二日起，宣告截止。

6 月 19 日（电报韵目代日为“皓”，表示日期是 19 日），六合各界上海惨案后援会致电上海总商会，请将这些汇款发放给各工厂的工人们作为救济金：

上海总商会鉴：

敝会募捐股股员（系推定社会教育协进会会员）于本月七日起，至十一日止，在城区劝募，现已募得大洋四百五十五元，小洋五百二十二角，钱九十一千四百四十文，交由敝会转托义康钱庄，化合大洋五百二十五元一角四分一厘，兹由邮局汇寄贵会，请烦查收，恳代发放罢工工人，以资救济，并附上捐簿一册，希将簿上姓名，代为宣布报端，用昭大信。再后募之款，一俟汇齐，仍应继续寄上，合并声明。

六合各界上海惨案后援会叩

同日，六合各界上海惨案后援会将社会教育协进会代为募集到的援助上海罢工工人捐款，采用邮局汇款的形式寄给上海总商会。六合人民的心意随着这份多达“大洋五百二十五元一角四分一厘”的捐款，汇入了当时全国各地爱国民众对上海工人的关爱之中。而六合县社会教育协进会看到此次募捐之中社会各界都表现出了爱国热忱，也受到了激励。在捐款结束之后，该会仍然对社会各界进行爱国演讲，期望以此能够继续唤起六合民众对上海人民的同情。

这一份捐款通过邮局汇到上海之后，六合人民还在继续从经济上支

---

① 原文如此。

持上海人民的反帝爱国斗争。六合县学生联合会还在继续募集援助上海工人的捐款。联合会当时发动了各校学生分头进行募捐工作。例如，六合县立第一小学校的学生，以爱国演讲的形式进行现场募捐。同学们曾经到六合县城周边的瓜埠、大英集[①]、雷集等地进行演讲，并在现场募集到听众们的捐款达大洋五六十元。随后该小学还组织学生前往竹镇继续募集。

当时还有小学前往八百桥募集到了捐款若干。后来在抗日战争期间成为六合敌后抗日根据地核心区域的竹镇、八百桥人民，在五卅运动的时候，就通过少年学子的演讲，受到了反帝爱国运动的熏陶。

募捐还不仅限于本地的组织者。设立在镇江的江苏省立第九师范学校，曾经有学生时虞、康石（名）豫[②]、王星等 7 人，也乘船前来六合进行“劝募捐款，援助罢工工友”的工作。

尤其值得注意的是，在这次五卅斗争之中，六合社会各界和之前在五四运动之中的斗争一样，再次采取了经济上的斗争形式。当时，六合各界上海惨案后援会根据此前开会的决议而号召本地各家商店，自 6 月 16 日起，英帝国主义和日本帝国主义的各类货物，店铺一概不再进货。

北洋军阀统治时期，军阀们为了得到帝国主义列强的支持而在主权问题上卑躬屈膝。列强们依靠武力作为后盾，利用种种不平等的经济地位对华大肆倾销货物。民间采取的抵货运动，既是从经济上回击了帝国主义的嚣张气焰，也从“国民外交”来实现“经济绝交”。这样可以让列强们从商业的角度，为了考虑经济利润而不得不稍有所收敛。因此，这种以社会各界自愿为主的经济斗争，在当时的历史背景下是反帝正义斗争的重要组成部分。六合各界上海惨案后援会在发起了抵货运动之后，还组织检查团督促各个商店坚持经济斗争。当时组成六合各界上海惨案后援会的 18 个团体，六合县商会和六合县学生联合会各推举 8 名

① 今属安徽来安县。

② 康名豫，后入读暨南大学教育学系，曾发表教育学文章《儿童中心教育》。

人员，其他每一个团体推举 2 名人员，一起组成检查团，从 6 月 24 日开始进行督促工作。

史料文献之中记载的六合人民参与五卅运动的记录，是在端午节的时候结束的。六合各界上海惨案后援会还经过开会商讨而决定，提议在 6 月 25 日（当天农历五月初五）端午节当天，六合商界总罢市一天，以示对在五卅惨案里遇难同胞的哀悼。六合县商会接受了这一提议，转而通知全县各家商店一起参加哀悼活动。端午节当天，六合各家商店下半旗和罢市。而六合县各个学校的学生们，也选择在端午节当天分组面向民众举行了爱国演讲，以期用自己的努力继续唤醒六合民众。

1926 年，时任中共中央委员的著名革命家瞿秋白曾指出："五四到五卅，这六七年确是中国历史上的一个时期，有重大的政治上、文化上的意义。"① 继五四运动之后，中华儿女的爱国热忱，在 1925 年的夏季汇集成一道又一道向帝国主义势力发起回击的五卅怒潮。六合人民也在这次五卅运动接受了更大的教育，受到了更多的启迪。在五卅运动之中表现出的激昂民族精神的鼓舞下，爱国主义的信念也从此更深地在六合社会各界心底扎下了根。

① 瞿秋白：《国民革命运动中之阶级分化：国民党右派与国家主义派之分析》，《瞿秋白文集》（政治理论编）第 3 卷，人民出版社 1985 年版，第 460 页。

三、1926 年：三一八烈士周正铭

我们看到的这两份记载六合籍烈士周正铭的史料，来自民国时期有重要影响力的报纸《申报》和《新闻报》，分别是 1926 年 3 月 30 日《申报》的新闻报道《芜湖民众对京惨案之愤激》和 1926 年 4 月 3 日《新闻报》的新闻报道《惨案被难最幼学生周正铭略历》。

报道写到的这位三一八爱国运动之中殉难的学生周正铭，是六合区年龄最小的一位革命烈士，也是六合区有姓名可考的新民主主义革命时期最早的一位烈士。1994 年 8 月，中共六合县委党史办公室、六合县民政局编印的以牺牲年份为序的《六合革命烈士传》，开头第一篇就是

蕪湖民衆對京慘案之憤激

▲開市民大會游行　▲請王普表示態度

蕪湖通信、北京民衆、爲憤爭不平等條約、被慘殺多命、噩耗傳播、舉國震驚、而死者中之年幼學生周正銘、前曾在蕪湖淳縣公學畢業、是以蕪埠各界、更爲悲憤痛惜、本月廿五日、由中等學校聯合會發起、召集各界聯席會議、遂成立京案後援會、並定廿七日舉行大游行、開市民大會、是日全埠各商店門首、均貼「北京慘殺愛國同胞」「國民同憤一致反對」紙條、並多懸掛紙旗、上午九時、各中校學生暨工商界、在東門外鐵路集合出發、衆約八千餘人、軍警除於各領事館暨外人商店房戶站崗保護外、並派大隊、荷槍隨同游行、維持彈壓、羣衆沿途散發宣言、並大呼口號、至在京被難之周正銘母校淳縣公學、則由童子軍抬周之遺像及前在校所作之「工商皆本於農」論文一篇、隨衆游行、口號則呼喚殺同學、救濟死者家屬、觀者對周像有淚下者、至午後十二時許、行抵十三道門、機關市民大會、各男女小學生暨各界、多先在此守候、連同游行羣衆、約有一萬數千人、該處本臨搭一臺、是日長川講演、當經吹號開會、公推宮嶠岩爲主席、將周正銘之遺像及遺文、均置臺上、主席除報告京案肇禍之原因暨經過情形外、並略述周之履歷、略謂周係安徽天長縣人、父已死、其母周陳文芩君、現在蕪湖省立第二女子師範充圖書管理、周前年曾在本埠淳縣公學畢業、品學兼優、且極孝順、自父殁後、即往京依其伯父（現任國務院僉事、弟年僅十一、現仍在淳校肄業、肇禍之日、彈適中周頭部、腦漿炸裂、亦云慘矣、身後母稚弟幼、生活極感困難云云、報告畢、全體脫帽靜默三分鐘誌哀、旋經推定之男女主講者演講畢、即討論提案、㈠電請國民政府興兵北伐、㈡推舉總商會副會長吳正庵·會董姜少廷·女界鮑毓華·各中校校長爲代表、定二十八日謁見王普、要求對京案表示態度、至一時十五分、始三呼打倒帝國主義、懲辦殺人罪魁、實行國民革命口號而散、（三月二十七日）

《申报》1926 年 3 月 30 日新闻报道

慘案被難最幼學生周正銘略歷

（朱宣民）

《新闻报》1926 年 4 月 3 日新闻报道

《少年英烈周正铭》。而由中共中央党史研究室组织编写的《中国共产党革命英烈大典》之中，南京市籍贯的革命英烈按照牺牲年月为序，排在第一位的也是周正铭。

周正铭（1911—1926），南京市六合区冶山街道人。周正铭的父亲去世后，由其在北京工作的叔父[①]周鸿熙领养。因此，他在年少时就在北京参加了爱国反帝运动。

位于北京圆明园公园中的“九州清晏”遗址处，矗立着一座 1929 年 5 月 24 日建成完工的三一八烈士纪念塔。这座 8.98 米高的六角形汉白玉纪念塔上，刻着当时可以考证到的 1926 年三一八惨案里牺牲的 39 位烈士英名。而在镌刻于塔身的英名录之中，可以看到一位年仅 15 岁的少年烈士姓名——周正铭。

历史上，在三一八惨案后的 1926 年 3 月 20 日，中国共产党中央执行委员会发布了《中国共产党为段祺瑞屠杀人民告全国民众》，指出：“爱国同胞死于帝国主义者之手，已足使人愤不欲生；今爱国同胞为爱国示威而死于自称中国执政之手，全国民众又将何如?！段祺瑞早已不是中国人民的执政，现在又变成彰明较著的卖国凶犯。全国的民众！我们能不为这些死者复仇么？我们能不讨伐这个杀人的卖国凶犯么？”并且为包括周正铭在内的 40 多位爱国志士被军阀段祺瑞杀害而发出四项号召：“打倒惨杀爱国同胞的段祺瑞！肃清一切卖国军阀！取消辛丑条约，以雪最后通牒之耻！建立人民政府谋全国真正和平！”

① 此前一些介绍周正铭生平事迹的文章，说周鸿熙是周正铭的大伯。经笔者多方考证确认，周鸿熙是周正铭父亲周鸿文的胞弟，因此他们是叔侄关系。

鲁迅先生的著名文章《纪念刘和珍君》曾被收入中学语文课本，让一代又一代的学子们知道了三一八惨案，知道了三一八烈士。鲁迅先生曾经在1926年的文章中指出，这一天是“民国以来最黑暗的一天”。而在《纪念刘和珍君》的文中，鲁迅先生写下了“四十多个青年的血，洋溢在我的周围，使我艰于呼吸视听”的哀痛语句，也写下了呼吁后来者继承烈士遗志的号召：“真的猛士，敢于直面惨淡的人生，敢于正视淋漓的鲜血……真的猛士，将更奋然而前行！”

周正铭，就是与刘和珍一起在惨案之中牺牲的战友。他为了祖国而流淌的鲜血，也是鲁迅先生笔下这“四十多个青年的血”之中的一分子。

周正铭烈士的家乡在今天南京市六合区冶山街道的东王社区（原属安徽天长）。他早已成了家乡人民的骄傲。

现在，就让我们通过近期发掘整理的史料文献，走近三一八爱国运

庄严肃穆的三一八烈士纪念塔

动时期那一段让人难忘的岁月，讲述年少时就为国牺牲的六合烈士周正铭的故事。

（一）历史背景

1926 年 3 月中旬的三一八爱国运动，追本溯源是因抗议日本帝国主义侵犯中国主权的天津大沽口事件而起。

当时，由于北方党组织和作为中共北方区执行委员会书记的李大钊的正确领导，整个北方地区的革命运动也同全国一样，正在日益高涨[①]。1926 年初，冯玉祥麾下的国民军，正为了呼应南方的革命力量而在与盘踞北方的各路军阀作战。帝国主义列强担心中国的革命形势将会让他们的权益受损，唆使奉系军阀张作霖和直系军阀吴佩孚组成所谓的“讨赤联军”，联合直鲁联军首领张宗昌于 1926 年 1 月初向国民军发起了三面夹击。

在京津一带抗击军阀的军事行动之中，国民军为阻止奉系军阀的军舰从水路进入天津，封锁了有“京津门户、海陆咽喉”之称的大沽口。

当时，奉系军阀将领毕庶澄在 3 月初的时候曾率多艘军舰，装运军阀部队数千人，由青岛出发，企图在天津登陆之后配合陆地上的军阀部队袭击天津。国民军挫败这一阴谋之后，为了进行自卫计，对大沽口进行了暂时封锁。并规定：“（一）外轮通过海口时必须有引水船为之前驱，此引水船行近炮台时，须吹哨为号，向国民军示意；（二）外轮出入必须悬挂其本国国旗，不可混乱；（三）入口外轮中之华人经国民军一度检查方许通过。”

帝国主义列强借口这一规定违反《辛丑条约》，阻碍了条约之中规定的“京师至海通道”的水路通行，要求立即开放大沽口。

---

① 中国中共党史人物研究会编：《中共党史人物传 · 英烈与模范卷》（上），中共党史出版社 2010 年 4 月版，第 429 页。

日本海军以此为借口，将枞型驱逐舰之中的“藤”号、“薄”号、“荻”号和“茑”号等 4 艘驱逐舰（枞型驱逐舰均以草木命名）调集到渤海海域，编成第 1 遣外舰队第 15 驱逐队，在交涉的同时公开进行武力恫吓。

炮舰外交是一个著名的国际政治术语，指霸权主义国家以武力逼迫他国接受其要求的外交政策。日本在早期侵华行动之中，经常以吨位合适驶入内河的军舰作为炫耀武力的工具。1926 年 3 月 12 日的大沽口事件，就是一次日本帝国主义实施“炮舰外交”的产物。

1918 年起，日本为了增强海军远洋作战的实力，开始建设可以伴随主力舰只发动攻击的大型驱逐舰——峰风型一等驱逐舰，同时开始筹划峰风型的“小型版”——枞型二等驱逐舰。1919 年 12 月 27 日该型驱逐舰的第一艘“枞”号竣工，至 1923 年 3 月 31 日日本共建造了 21 艘该型驱逐舰。与峰风型的远洋作战用途不同，枞型驱逐舰几乎全部都曾被用于控制中国沿海和长江流域，在中国的内河上肆意执行所谓的对华“警戒”任务。

设计标准排水量为 770 吨、舰身长 83.82 米的枞型驱逐舰，装备有 120 毫米口径舰炮 3 座、6.5 毫米口径机枪 2 挺，成为在华舰队里介于巡洋舰和内河炮舰之间的中型舰只。将该型舰投入驻华舰队，既可以弥补日军巡洋舰吨位过大，难以深入内河的缺陷，也可以弥补内河炮舰战斗力的不足。

1926 年 3 月 12 日，国民军在列强的压力下被迫重新开放大沽口。日本海军第 15 驱逐队当天即派遣了军舰驶入海河。日军这次出动的是“藤”号和“薄”号驱逐舰，但两舰与大沽口炮台守军约定的驶入时间、方式都不符，炮台附近堤坝的守军即鸣放信号枪要求停船检查。日舰却随即以机枪、步枪扫射堤坝上的中国军人。国民军以步枪自卫，与日舰展开了对射。激战中，中国军队抵抗侵略的枪弹成功击中了日军的军舰，很可惜的是大沽口炮台却一炮未发，并没有进行真正意义上的还

挑起大沽口事件的日本海军“藤”号驱逐舰

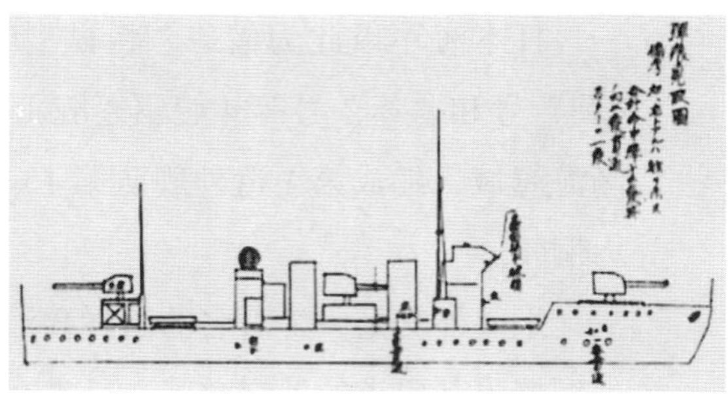
日军绘制的“藤”号驱逐舰弹痕图

击。不久天色渐晚，日舰担心退潮搁浅，不得不从大沽口内撤了出来。

这次事件之中，大沽口炮台的中国军队以步枪为武器与日军驱逐舰展开了战斗。这次实力悬殊的战斗虽没有给予日军军舰实质性的打击，但是击伤了日本海军的官兵，也是民国时期中国军队第一次以武力行动阻击闯入中国领海的日本军舰。

日军档案记录，“薄”号驱逐舰射出了 120 发机枪弹，“藤”号驱逐舰射出了机枪弹和步枪弹各 38 发。在和日舰的激战中，中国军队阵亡排长一名、司务长一名、士兵两名。

但侵犯中国内水的两艘驱逐舰庞大的舰身上也都留下 10 余处步枪弹痕。其中，日军“藤”号驱逐舰的舰身在冲突里被步枪子弹击中多处，并且被打穿了两处。

该舰是枞型驱逐舰定型之后生产的第 13 艘军舰，1921 年 5 月 31 日由藤永田造船厂建造完成。与其他同型舰多在建成后即派往中国不同，该舰最初是作为水雷学校练习舰使用。但为了进一步围堵中国海岸，建成仅五年后，该舰也作为增援舰只来到了中国领海。

中国军人的步枪子弹虽没有有效击伤该舰，但也让其付出了应有的代价。“藤”号驱逐舰上的水兵在双方对射之中轻重伤各一人。在该舰上的日本海军第十五驱逐队司令蒲田静三中佐脚上也受了轻微伤。

日军虽未遭受大的打击，但这却是其军舰在甲午海战之后首次被中国军队击中。于是这微小的损失也让日军恼羞成怒。事后，日本帝国主义非但不接受中国方面的抗议，反而要求中国方面向日本政府谢罪，赔偿损失，保证以后不再发生此类事件，并公然宣称以上要求如得不到圆满答复，日本将采取实力手段等①。

3月15日，英、美、法、意等国驻天津的海军司令官在英舰“福克斯”号上开会。他们决定各国海军联合提出警告，限国民军24小时内撤出大沽口，拆除大沽口炮台之防备，并且还要求大沽口海口由各国军舰分区域占领。帝国主义列强的海军司令最后竟然要求这一侵占中国海港的“换防”部署必须于16日上午9时前完成，否则各国海军就要采取他们认为必要的军事行动②。

此时，北京军阀皖系首领段祺瑞担任中华民国临时执政。3月16日下午4时，不平等条约《辛丑条约》的“关系国”英、日、法、美、意、荷、比、西等八国公使，以中国军队破坏了所谓《辛丑条约》为借口，就大沽口事件向段祺瑞“临时执政府”的外交总长颜惠庆递交了一份最后通牒。列强以维护《辛丑条约》为名，向中国政府提出五项无理要求：

（1）由大沽沙洲至天津之航道，须停止战斗行为。

（2）应除却水雷、地雷及一切其他障碍物。

（3）恢复所有航路标志，保证以后不再发生任何妨碍行为。

（4）对外国船舶不加任何干涉。

（5）停止对外国船只的一切检查。

---

① 中共北京市委党史研究室编:《中国共产党北京历史》第1卷，北京出版社2011年6月版，第156页。

② 中共北京市委党史研究室著:《中国共产党北京历史》第1卷，北京出版社2011年6月版，第132页。

列强们还威胁以上各项条款限3月18日正午前答复。若是得不到满意答复则各国列强“决采所认为必要之手段，以除去其阻碍天津及海滨间之航海自由及安全上一切障碍。”这样赤裸裸不加掩饰的武力恫吓，无疑引起了中国人民的极大愤慨。

3月14日，北京各界召开“北京国民反日侵略直隶[①]大会”，就大沽口事件而对日方提出维护中国主权的以下正义要求：“立刻撤退津沽一带日本军舰；日本军舰未经中国允许，永远不准在中国境内停泊及行驶；立刻撤退在中国境内的一切外国军警，永远不准复设；日本政府须向中国政府及人民道歉，并撤换驻华公使，严厉惩办炮击大沽口之军舰官兵；赔偿中国大沽口此次所受损失。”在中国共产党的领导下已经确立反帝反封建方向的全国学生联合总会，也在同一天为天津大沽口事件而通电全国：

全国各界同胞钧鉴：

帝国主义藉不平等条约为护符，横行妄为，肆无忌惮，每当我国内乱之际，辄藉口保护侨商，派遣军舰，驻泊各埠口岸，以为扶植卖国军阀延长内乱之武装保障。前此日本之出兵满洲，英人之封锁粤港，马夫暗助军械等等事实，其用心所在，皆出一辙。遂使卖国军阀，残喘苟延，全国民众，更于水深火热之中，而莫可振拔，乃当此奉系军阀进攻天津，日本兵轮又强迫行驶大沽，不受检查，开炮轰击驻军，此关系日本帝国主义援助奉系军阀，延长我国内乱，以逞其侵略阴谋之表现。乃复援引不平等条约封锁粤港，用意正同，而尤过之。本会痛帝国主义之横行，爰本匹夫有责之大义，作誓死救亡之呼号。除另电北京政府促其坚持抗争以彰国威外，特此通电，翘盼全国同胞，一致奋起，具与汝偕亡之决心，作大规模

① 河北省原名直隶省。

之反日运动，国家前途，庶其有豸[①]。

全国学生联合总会的这份通电，后来还刊登在中华全国总工会的革命刊物《工人之路》上，向国内的工人阶级宣布了进步学生的立场和呼吁，产生了较大的社会反响。

帝国主义的步步压迫、全国学联的强烈呼吁，迅速让包括周正铭在内的每一位爱国学子心底的民族情怀被激荡了起来。随后，在中国共产党北方区委发动的三一八爱国运动之中，北京各学校的青年进步学生又一次走在了最前列。

而就在北京悄然涌动着爱国浪潮之际，掌握政权的段祺瑞的临时执政府在外交上软弱无能，仍然在和列强的交涉之中一味妥协退让，因而受到爱国民众的一致唾弃。

段祺瑞以"中华民国临时执政"的名义而组建的所谓"临时执政府"，是在1925年底成立的。段祺瑞1925年11月25日颁布的《中华民国临时政府制》规定"中华民国临时政府以临时执政总揽军民政务，统帅海陆军。临时执政对于外国为中华民国之代表。"[②]在军阀的角逐之中，段祺瑞以这样含糊的"临时执政"方式继续独揽大权，进行军阀统治。这也决定了其为了求得帝国主义的继续支持，不可能放弃卖国立场。当时，临时执政府对帝国主义的最后通牒，明明是知道"各国驻津海军司令官所采取之态度，本国政府视为超越辛丑和约之范围，不能认为适当"，竟然还是卑躬屈膝地表示"正在竭力设法，消弭此项障碍"。当时，执政府甚至还回答说"该通牒所开条款"已经"饬由地方军事长官妥酌办理"。事实上，段祺瑞的临时执政府为了所谓"亲睦之邦交"，接受了列强各国武力胁迫的最后通牒。

这一丧权辱国的行径，更激起了北京各界爱国人士心底的义愤。在

① 江长仁编：《三一八惨案资料汇编》，北京出版社1985年5月版，第15页。

② 《政府公报》，1924年11月25日。

中国共产党的领导下，五卅运动的次年，又一场大规模爱国反帝运动在北京很快拉开了帷幕。

（二）周正铭所参加的三一八爱国运动

中国共产党创始人之一的李大钊，他的名字和三一八爱国运动是紧密联系在一起的。1925 年 1 月，在中国共产党第四次全国代表大会上，李大钊当选为中央执行委员会委员并担任中共北方区委书记，负责领导北京、直隶（今河北）、山西和东北三省党的组织和革命斗争。1926 年 3 月大沽口事件发生之后，李大钊同志直接领导和组织这场著名的爱国运动，让北京迅速掀起了抗议斗争的热潮。

李大钊

1926 年 3 月 16 日下午，李大钊指示中共北京地方执行委员会在北京大学第一院召开了党的活动分子会议，全市 100 余名共产党员到会。李大钊亲自出席了这次会议。他在报告中指出：英、日、法、美等八国以维护《辛丑条约》为名，向中国北京政府提出八国通牒，实质就是第二次八国联军入侵的先声。党的任务就是发动各界群众，行动起来，与政客、官僚、军阀政府斗争到底，与帝国主义列强斗争到底[①]。会议还决定次日组织召开北京各团体的联席会议。

3 月 17 日下午 3 时，北京 200 余个团体[②]在北京大学第三院召开反

① 沙健孙主编:《中国共产党通史》第 2 卷《在大革命的洪流中》，湖南教育出版社 1996 年 12 月版，第 291 页。

② 包括国民党市党部也来参加。当时正值第一次国共合作时期，国民党左派曾经积极参加中国共产党发起的爱国运动。

对八国通牒联席会议。通过了以下决议："一、即日严重驳复通牒；二、不许日舰携带奉舰入口；三、驱逐八公使出京；四、请国民军改变作战目的，为废除不平等条约而战；五、定于十八日上午十时在天安门开国民大会。"

联席会议结束后，与会代表分为两组，分别奔赴段祺瑞执政府的国务院和外交部，要求立即驳复八国最后通牒。李大钊之子李葆华回忆："1926年三一八惨案发生的前一天，群众包围段政府[①]，要求段政府公开表示态度，抵抗帝国主义的强盗行径。这次行动是党组织统一布置的，我也参加了。"[②]

但是，代表们的努力在军阀政客的敷衍之下均无功而返。而前往国务院的代表们还有多人被卫队士兵用刺刀和枪托刺伤、打伤。卫兵们甚至对一名代表嚣张地宣称："看你们还做共产党不，明天再来，杀得你们一个不留。"这一流血事件为次日的三一八惨案埋下了伏笔。

3月18日清晨，中共北方区委和北京地委在李大钊的主持下召开紧急会议。会议分析了近日来群众的革命斗争情绪和段祺瑞执政府对八国通牒的态度，对18日当天在天安门前的国民大会及会后的游行示威进行了具体安排。会后，李大钊和中共北方区委宣传部部长赵世炎、组织部部长陈乔年等党组织的领导成员前往天安门前，参加组织当天的"反对八国通牒国民大会"。

当天，一份来自北京80多个团体的《反对八国通牒国民大会紧急启事》在爱国市民之中传阅着：

> 英日等八国，为大沽航行问题，竟向我国提出极无理之最后通牒，限四十八小时内（即今日正午）答复；而国贼段祺瑞，复于昨日枪伤我力争外交之爱国同胞，演成流血惨剧，有二人且有生命危

① 指段祺瑞以"中华民国临时执政"名义而临时执政府。

② 政协乐亭县委员会编：《乐亭文史资料》第8辑《回忆父亲李大钊》，1999年10月内部资料，第9页。

> 险。本日（十八）上午十时，北京各界，特在天安门开国民大会，誓死反对此帝国主义第二次八国联军之暴行。爱国同胞，亡国在即，其速奋起，齐来参加。[1]

上午 10 时，北京 80 余所大中学校的学生和数十个团体的各界人士共一万余人来到天安门广场，举行声势浩大的国民大会。而这其中就包括周正铭的母校——京师[2]公立第二中学的 150 余名爱国师生们。

公立第二中学的前身是清末宣统二年（1910 年）二月在史家胡同设立的左翼八旗子弟中学堂。只招收属于八旗左翼的镶黄、正白、镶白、正蓝四旗子弟入学[3]。辛亥革命以后，教育总长、著名教育家蔡元培，于 1912 年 8 月 9 日要求京师学务局将八旗高等与左右翼中学堂依次分别更名为京师第一、第二、第三中学。当月学校立即进行了改组，

今天的北京市第二中学校门

① 孙建军、朱志敏主编：《中国共产党九十年历程：合作北伐》，吉林人民出版社 2011 年 5 月版，第 577 页。

② 民国初年袁世凯改以北京为首都之后，将这里称为“京师”。

③ 方彪：《北京简史》，北京燕山出版社 1995 年 1 月版，第 432 页。

左翼中学堂因此改为京师第二中学校，并于 8 月 21 日开学[①]。从此，这一学校从封建学堂走向了新生。学生在社会上择优录取，各民族子弟均可入学。学校的办学特色上也开始渐渐带有社会责任感。例如：该校曾经附设公众补习学校一所，招收北京一些 16 岁至 45 岁失学者入学，共招五班，每天授课两小时[②]。1919 年五四运动的时候，该校学生曾经参加爱国运动，从学校之中“外出讲演”[③]。而到了 1926 年三一八运动时，公立第二中学又一次投身到反对帝国主义的斗争之中。

按照前述中共中央党史研究室组织编写的《中国共产党革命英烈大典》的有关记述，周正铭到北京生活之后不久，“进入北京第二中学就读。这时他所在的学校里已有中共党的组织，一些党员和教师利用课堂和个别接触，向学生灌输马列主义，宣传共产党的主张，使他耳濡目染，受益匪浅。后来，他又直接受到中共北方区委书记李大钊等同志的思想影响，就和一些进步师生一道参加了革命组织活动”[④]。而这次在三一八爱国运动之中，毅然选择参加李大钊等共产党人发起筹划的国民大会，也是周正铭接受进步思想的重要表现。

1926 年 3 月 18 日上午，北京社会各界在参加国民大会时，主席台的周围挂有“废除不平等条约”“驳复列强通牒”“驱逐署名最后通牒的各国公使”等爱国标语，表达了进步人士共同的心声。而在爱国标语之下，周正铭和他的老师同学们也排着队从学校前来，汇入了这次国民大会的人群之中。

大会进行到最后，通过了一份字里行间充满爱国民众期盼和希冀的议决案：

---

① 李铁虎编著：《民国北京大中学校沿革》，北京燕山出版社 2007 年 12 月版，第 122 页。

② 耿申等编：《北京近代教育纪事》，北京教育出版社 1991 年 2 月版，第 69 页。

③ 北京市档案馆编：《档案中的北京五四》，新华出版社 2009 年 11 月版，第 78 页。

④ 中共中央党史研究室科研管理部编：《中国共产党革命英烈大典》（上），红旗出版社 2001 年 6 月版，第 415 页。

（一）通电全国民众，一致反对八国通牒。

（二）通电全世界被压迫民众，一致反对八国政府进攻中国。

（三）督促北京政府，严重驳复八国通牒。

（四）驱逐署名最后通牒之八国公使出境。

（五）宣布辛丑条约无效。

（六）驳复八国通牒最后之要求。其条款如下：

1. 废除辛丑条约，及一切不平等条约。

2. 立刻撤退驻在京津之外兵外舰，及各地之外兵外舰。

3. 惩办大沽口肇事祸首。

4. 抚恤大沽国民军伤亡将士及其家属。

5. 为死亡将士建立纪念碑。

6. 在被害将士出殡日，八国驻华各机关，均下半旗志哀。

7. 由各国政府向中国道歉。

（七）严惩昨日执政府卫队枪伤各团体代表之祸首。

（八）电勉国民军为反帝国主义而战。①

周正铭和自己的老师、同学们也在现场一起见证了这份决议案的诞生。群情激奋之中，每个人的鲜血都好像是沸腾了。

国民大会还向列强各国的外交官提交了一份以事实为依据，有理有节的抗议书：

公使团领袖，及署名大沽事件最后通牒各国公使鉴：

我们看见了公使团体关于大沽事件最后通牒，异常愤慨！大沽口为我国北方门户，我们有守备防御之绝对权利，况当群盗袭击之时，所以日舰炮击大沽炮台，为绝对侵犯中国主权。贵公使团根据

① 江长仁编：《三一八惨案资料汇编》，北京出版社 1985 年 5 月版，第 38 页。

辛丑条约之权利，提出最后通牒，真是无理取闹！我们最后向你们提出抗议。

辛丑条约，在我们中国国民，认定这是满清帝国时代的条约，在民国以来，是绝对否认为有效的，就是在你们帝国主义者一方面，也是默认为无效，有三点可以证明：第一点，就辛丑条约说，该约原定在天津三十里之内，中外各国，不得驻兵，但是去年国奉二军作战，李景林用天津做根据地，在天津附近作战许久，毫不听到你们提出什么抗议。第二点，辛丑条约指定不能驻兵的地点，是包括山海关与秦皇岛在内，现在张作霖正利用那些地方作战，你们帝国主义者也不见提出抗议。第三点，张作霖的海军来攻大沽口，你们许久都不向张作霖提出抗议。有此三点，就是你们帝国主义者自己，认定辛丑条约是无效的，现在你们偏要在这个时候来抗议，这证明你们就是帮助张作霖，延长我国的内乱，侵犯我国的主权！如果你们不能立时撤退各国战舰与最后通牒，则请各国下旗归国，立即出境，否则我们当努力驱逐！此问公安。

反抗列强最后通牒国民大会启①

抗议书从中国爱国民众的视角，义正词严地驳斥了帝国主义列强各国最后通牒里的种种借口，否认不平等的《辛丑条约》在华继续有效力。并且，一针见血地揭露了列强们以《辛丑条约》作为幌子实施侵略时故意偏向北洋军阀军队，以“双重标准”来掩饰其“延长我国的内乱，侵犯我国的主权”的阴谋。这份酣畅淋漓的抗议书，与段祺瑞执政府面对列强时的畏葸姿态和卖国行为，形成了鲜明的对比。

国民大会结束后，民众大部分返回。留有2000余人又举行了“反对八国最后通牒大示威”。在共产党人李大钊、赵世炎、陈乔年的亲自

① 《京报》1926年3月19日。

段祺瑞执政府旧址

率领下[①]，浩浩荡荡的爱国民众队伍，从天安门出发后，按预定路线经东长安街、东单牌楼、米市大街、东四牌楼前进。李大钊在请愿队伍从天安门出发的时候，亲自打起一面大旗走在队伍的最前面[②]。紧跟着李大钊而奋然前行的队伍之中，就有 15 岁的少年周正铭。

示威队伍最后排着长队有序来到位于铁狮子胡同的段祺瑞执政府门前，秩序井然地表达民众的呼声。而在这次斗争中，李大钊等党的领导人当时也始终和人民群众站在一起。赵世炎的夫人夏之栩当时也在北京从事革命斗争，她回忆当天就知道“大钊同志和党委同志们都到铁狮子胡同去了”[③]。

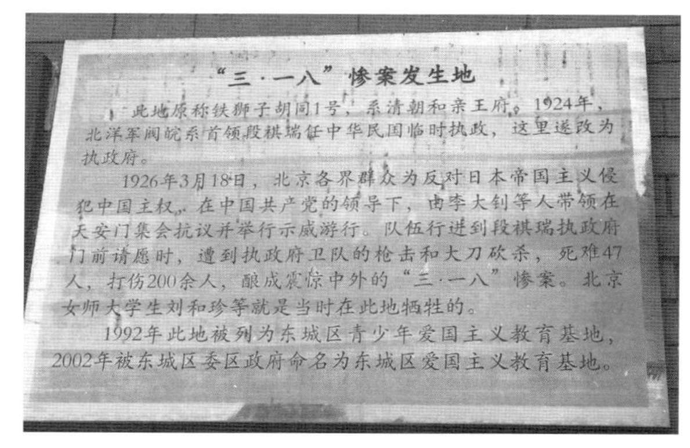

三一八惨案发生地纪念铭牌

---

① 中国中共党史人物研究会编：《中共党史人物传·英烈与模范卷》（上），中共党史出版社 2010 年 4 月版，第 430 页。

② 董宝瑞：《李大钊评传》，燕山大学出版社 2017 年 9 月版，第 478 页。

③ 中共酉阳土家族苗族自治县委党史研究室编：《缅怀赵世炎》，中央文献出版社 2001 年版，第 219 页。

（三）血染的三月十八日

在 1926 年 3 月 18 日的上午，周正铭穿着自己母校的“青布操服”（青色的运动衣），为学校手持着旗帜[①]，也奔走在国民大会和示威游行的人群之中。当队伍在执政府门口表达民意，要求当政者维护国家主权的时候，“打倒帝国主义”的口号声和《国民革命歌》的嘹亮歌声曾经响彻云霄。这让周正铭和每一位参加者的热血，都为祖国的利益而沸腾着。

此时，这座设立在原清朝“和亲王府”的执政府戒备森严。面对着民众们的爱国呼声，执政府的卫队士兵们突然冲出，惨无人道地向正在为国家利益而呐喊的和平请愿民众开枪射击。枪声大作之后，铁狮子胡同以及附近的街道上，手无寸铁的各界爱国人士纷纷倒在血泊之中。据当时在社会上有重要影响力的时政刊物《国闻周报》发布的报道，卫队从执政府冲出来之后，“群众惊奔不已，则兵士之枪，已向人丛轰击。一时中弹倒地之男女甚众，满地皆血，哭声震天”。

三一八惨案发生时，李大钊、陈乔年等党组织的领导人立即指挥群众退却。李大钊的头部和双手都受了伤。而直到枪声响过半小时后，李大钊才随着最后一批群众撤出广场，表现了共产党人进攻在前、退却在后的高尚品格[②]。而正当陈乔年全力指挥群众转移时，一个敌人突然挥刀向他刺来。他躲闪不及，胸前被刺伤，鲜血染红了衣衫。他忍着剧痛，继续指挥群众撤退，直到大家散去，他才带伤回到区委机关[③]。

民国时期全国影响力最大的报纸之一《申报》，后来专门发出报道，

---

① 《民国日报》1926 年 3 月 27 日的回顾报道里记述周正铭身穿“青布操服”，在执政府前为学校“执旗”。

② 董宝瑞：《李大钊评传》，燕山大学出版社 2017 年 9 月版，第 478–479 页。

③ 王性初主编：《为革命献身的湖北省委书记》，湖北人民出版社 2001 年版，第 60 页。

以沉痛的笔调记述了这次惨案结束时的情景：

> 卫兵枪弹，向群众继续轰击，至十余分钟之久。枪声震耳、浓烟如雾。当时有弹中要害立毙者，亦有中弹后狂奔至院东门外而死者。一时国务院门前及东门口外，血花飞溅，陈尸累累，景象极惨，见者酸鼻……当卫队开枪时，东城一带居民，皆隐约可闻开枪声。事起仓卒，众皆惊愕，不知所自。而自东四牌楼至灯市口一带商店，尤为惊惶，纷纷闭门，自门隙窥察动静。时电车已不能通行，电话局亦因叫号者太多，应接不暇，因而电话亦不灵通。自开枪时起，至晚间犹未恢复原状。而不悉内容者，更街谈巷议恍然如大变将至……①

据事后的调查，在军阀的枪弹之下殉难者多达 47 人，其中包括周正铭。他在北京的叔父周鸿熙和周鸿钧，听说惨案发生之后，“随即前往查找，往东至四牌楼地方，见一人力车拉有一具尸身，当即唤住查看，见系我胞侄周正铭被伤身死”。

《申报》还在报道之中转述的评论里，专门提到了当时统计殉难者里年龄最小的人是周正铭：“京中各报论惨案责任，谓政府枪杀平民数十，且有十三岁之小学生周正铭。若不严办责任者，犹逞威嫁责于共产党及民众，则革命之祸将难遏止，世界亦将不以人类待中国。”

而更为令人发指的是，军阀的卫队士兵在杀害爱国民众的同时，还肆意抢劫财物。当时的报纸对此也有报道：

> 又闻当日府卫队开枪，不仅残杀民众，且公然在国务院前行劫。被劫者，至少在三百人以上。所劫之物，为帽、眼镜、手表、

---

① 《申报》，1926 年 3 月 26 日。

挂表及现金等件。师大教授邱椿、写真新闻馆主任陆世益等数十人，均被损失。①

而放纵卫队杀人抢劫的段祺瑞执政府，事后竟又以“倒打一耙”的无耻方式妄图开脱罪责。三一八惨案发生的当天，国务院发布通电，宣布三一八爱国运动是“本日午前以共产党执行委员会名义，假抗争外交为词，在天安门召集开会，散布共产传单，昌言不讳，并指挥议决，有解散执政府卫队，逼段执政下野，驱逐八国公使出国等种种谬妄条件。正拟查明禁止……”随后，军阀势力为了掩饰罪行而公然歪曲事实、掩盖真相，甚至污蔑和平示威请愿的爱国民众“突于午后一时二十分，率领暴徒数百人手执枪棍，闯袭国务院，高呼敢死队前进，并有抛掷炸弹，泼灌火油等举动”②，进而竟又荒谬地宣称执政府的卫兵“正当防卫”。

面对着反动军阀的颠倒黑白，鲁迅先生在文章之中写下了“墨写的谎言，决掩不住血写的事实”的句子。爱国志士也立即从不同角度予以驳斥。

积极参加三一八爱国运动的燕京大学，其校刊《燕大周刊》专门登载了一份《三一八惨案现场示意图》，并且写下注解：“观此图则可知卫队兵有意屠杀，四面及门口皆有卫兵射击，民众几无可以逃生之地，死伤者以小马号及东辕门一带为最多。显系民众向外逃走之证，焉可诬为聚众扰乱，携械反攻？”燕京大学的师生以这样图文并茂的形式揭穿了军阀们的谎言。

当时担任共青团北方区委宣传部部长的杨善南则撰写了文章，明确指出惨案是反动势力蓄谋镇压的结果：“此次惨案之发生，全系段政

① 《民国日报》，1926年3月27日。

② 江长仁编：《三一八惨案资料汇编》，北京出版社1985年5月版，第38页。

请愿民众与执政府卫队

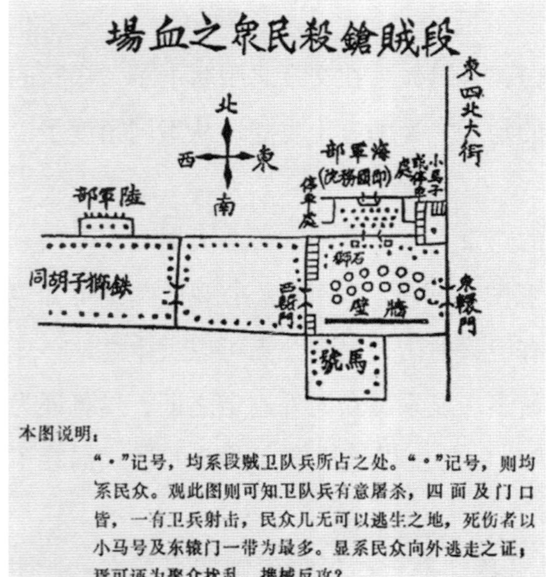

《燕大周刊》登载的《三一八惨案现场示意图》

府及安福系[1]诸爪牙，乘此帝国主义与反动军阀交互夹攻，反动潮流高涨之际，向爱国民众施行报复，以泄其年来受民众咒骂之余愤。故此次之残杀，段政府事前已下了决心”。并且，他在这篇文章里以连续的反问句，有力揭穿了军阀喉舌们的无耻谰言：

观于卫队若非事前已得有可靠之密令，何致与

① 北洋皖系军阀操纵的官僚政客集团，1918 年皖系政客徐树铮、王揖唐等在北京安福胡同成立俱乐部而得名。

群众未经冲突竟敢开枪？何致开枪竟历数十分钟之久而不倦？何致四地堵塞群众而枪击之？何致枪杀群众后，似仍不能出其心头之气而加以毒打？①

当时的报纸上还揭露了此前有阴谋人士“献策”段祺瑞执政府怎样应对“共产分子”：“近年学风嚣张，均系少数共产分子鼓动，须一面对学生加以惩创，一面设法使各共产分子不能在京立足，夫然后学风可望整顿，当局亦可安然行使职权。”②

至此，血腥镇压参加革命运动的爱国民众的段祺瑞执政府，其狰狞面目已经暴露无遗。

而牺牲在三一八爱国运动之中的周正铭，则和其他各位烈士一样受到了人民群众的缅怀和纪念。本篇文章开头写到的两份史料，就产生在惨案之后的纪念之中。

（四）史料文献里复现的周正铭部分生平细节

1926年3月30日《申报》的新闻报道《芜湖民众对京惨案之愤激》里，记载了周正铭的母亲当时在安徽芜湖工作，周正铭在到北京之前曾随母亲在芜湖生活。这篇报道之中，记载了周正铭被军阀杀害时的惨状——“弹适中周头部，脑尽炸裂，亦云惨矣”。周正铭曾在芜湖就读小学。芜湖人民接到从北京传来的噩耗之后，满含义愤，召集市民大会。

3月27日这一天，芜湖城区各商店的门首均贴上了“北京惨杀爱国同胞，国民同愤，一致反对”的标语。当天上午9时，芜湖各学校的学生和工商界的代表8000余人，在东门外铁路旁集合出发。爱国民众

① 江长仁编：《三一八惨案资料汇编》，北京出版社1985年5月版，第44页。

② 《京报》，1926年4月9日。

周正铭烈士像

沿途散发宣言书，并呼喊爱国反帝口号。

当人群来到周正铭的母校泾县公学时，该校的学生童子军抬着周正铭的遗像，以及周正铭在小学毕业之前曾写的一篇题为《工商皆本于农》的作文，跟随大众一起示威游行。大家呼喊的口号随即还增加了“救济死者家属”的内容。《申报》的记者还注意到，围观的群众之中有人对着周正铭的遗像流下了眼泪。

当天中午 12 时许，芜湖召开市民大会，参加人数增加到万余人。现场预先搭起了演讲台，将周正铭的遗像和遗作都放置在台上。

市民大会上有专人讲述了周正铭的生平。当时的新闻报道给后人留下了回溯周正铭人生履历的资料：

> 略谓周系安徽天长县人，父已死，其母周陈文荃君，现在芜湖省立第二女子师范充图书管理。周前年曾在本埠泾县公学毕业，品学兼优，且极孝顺。自父殁后，即往京依其伯父（现任国务院佥事），弟年仅十一，现仍在泾校肄业……

按照这份史料的记录，周正铭的母亲名字是周陈文荃[①]，是校址设在芜湖的安徽省立第二女子师范学校的图书管理员。周正铭则随母亲在芜湖读过书，1924 年在芜湖的泾县公学读完小学。他还有个弟弟也在泾县公学读书。

1907 年在芜湖的泾县公馆里开设的泾县公学“是芜湖最早的学堂

① 原名陈文荃，结婚之后冠以夫姓。

之一”[①]，今为芜湖市罗家闸小学。因为周正铭曾经在芜湖学习过，而周正铭的母亲当时还在芜湖工作生活，知道儿子殉难的消息之后“日昏绝（厥）数次”，因此，“芜埠各界，更为悲愤痛惜”。3 月 27 日中午，市民大会上大家听完周正铭的生平之后，全体参加人员脱帽默哀三分钟，以表达心底的悲痛之情。

这份历史文献还记录了周正铭“品学兼优，且极孝顺”。透过岁月的尘埃再从史料之中看到这句对周正铭的评语，无疑更会让人心痛。90 多年前的三一八爱国运动之中，这位从六合土地上走出来的少年，不仅将自己的优秀品质化为忧国忧民的使命感，更将自己的孝顺化为对祖国的“大孝”，为着民族的利益而流尽了最后一滴血。

1926 年 4 月 3 日《新闻报》的新闻报道《惨案被难最幼学生周正铭略历》，则与前述《申报》的报道互为补充：

惨案被难最幼学生周正铭略历

朱宣民

怦然数声，国务院前，断送了几十青年。凡有血性，谁不为之惋惜痛恨。而其中尤为可惨可惜者，莫如十五龄之幼童周正铭：

周君安徽天长县人，早丧父。母陈氏，孀居有年，现执教于本县省立第二女师。共有二子，正铭居长，其弟正磐，方七岁，现尚肄业本埠泾县初小。正铭亦曾在该校初小毕业，品学优异，师友莫不爱之。

其母年前携之北上，就养于伯父家。继就（读）北京私立第二中学，今年暑假即将毕业初中。讵此次北京事变起，周君竟亦横遭惨死，哀哉！

噩耗传来，其母哀痛几绝，每日必晕去数次。女师学生，莫不

① 石琼：《最后的芜湖古城》，安徽师范大学出版社 2017 年 2 月版，第 292 页。

陪泪。二十七日，芜湖市民游行，前导以周君放大之遗像，见者莫不太息。捧周君遗容者，即其幼弟正磐也。正磐年虽幼小，面亦泪珠盈盈。嗟夫死者已矣，生者何堪。

报道之中再次确认周正铭是一名“品学优异”的少年。这样一位在泾县公学读书时，让老师和同学们每个人都很喜欢的少年学子，因为参加爱国运动而被北洋军阀杀害。他的母亲每天都在哀痛之中晕倒；他的弟弟在芜湖市民大会上手捧哥哥的遗像，泪流满面。这样的历史场景让人更为扼腕叹息。

除了上述两份历史文献，随着一些新的史料的发现，也继续澄清和还原了一些周正铭的家庭背景问题。这同样是今天研究周正铭事迹的同时应该予以注意的。例如，此前一些文章普遍记述周正铭父亲名字是周鸿钧，领养周正铭的周鸿熙是他的大伯。实际上，依据当时北洋政府“京师警察厅”的档案，在北京做律师的周鸿钧是周鸿熙的弟弟，但是并不是周正铭的父亲。领养他的叔父周鸿熙作为北洋政府的高官，曾经以“达官贵人”的狭隘心理，指责学校的校长和教师裹挟了自己的侄子参加斗争，并且提起了控告。在“京师警察厅”的档案之中可以看到周鸿熙在控告文书里，称“我有胞侄周正铭（是已故我胞兄鸿文之子）”。据此可知，周正铭父亲的名字应该是周鸿文。周鸿文有两个弟弟：在北洋政府任职的周鸿熙，在北京做律师的周鸿钧。他们二人都是周正铭的叔父。

而前述《新闻报》的报道之中记述了周正铭还有一位弟弟名字叫周正磐。综合以上记述可以知道，年幼的弟弟周正磐随同母亲在安徽芜湖生活，继续读小学；而周正铭小学毕业之后，被在北京做官的叔父周鸿熙领养，到北京公立第二中学读初中，和周鸿熙、周鸿钧这两个叔叔一起生活。

而周正铭的名字在一些记录之中往往被写成了“周正明”。在“京师警察厅”的档案《内左四区警察署长段世澄关于认领尸身情况给京师警察厅的报告》的“附表”中，也是这样填写的：

尸身姓名	年岁	籍贯	某校	经领人	运送地点
周正明	十四	安徽	京师公立第二中学	周威伯	三义庙

在这份家属前来认领尸身的历史文献之中，周正铭的名字就被写成了“周正明”。这显示了周正铭确有可能又名“周正明”。而值得注意的是，这份表格里还记载的尸身“经领人”是周威伯。“威伯”就是周鸿熙的字。

此前有记述周正铭生平的文章，按照家乡方言的谐音将周鸿熙的字误记录成了“畏白”。其实，周鸿熙后来成为北京的高等警官学校校长。辽宁档案馆馆藏一封奉系军阀著名将领杨宇霆给周鸿熙的信件，开头即称呼他为“威伯仁兄”。而从后来能够和军阀名将称兄道弟的这一细节，后人可以看出，周正铭被叔父领养之后实际上是在有权有势的北洋政府官宦之家生活了。清朝末年内阁印铸局编《宣统三年冬季职官录》之中，曾记录了天长县人[①]周鸿熙是清朝末年的举人。史料文献里进一步显示，早在北洋军阀窃取辛亥革命胜利果实后的1913年，前清举人周鸿熙又摇身一变，被北洋政府任命为内政部主事，次年8月成为内政部警政司[②]第一科科员。而在袁世凯倒行逆施，公然称帝的所谓“洪宪元年”（1916年）1月14日，周鸿熙就已经通过袁世凯的批准而成为内政部佥事[③]，至此成为北洋军阀统治时期中央官署中的中级官员。1919年五四运动时，担任了北洋政府内政部佥事兼警政司第三科科长的周鸿

① 周正铭的家乡东王原属安徽天长。

② 北洋军阀统治时期，警察归内政部管理。

③ 骆宝善、刘路生主编:《袁世凯全集》第34卷，河南大学出版社2013年7月版，第125页。

熙，还曾前往天津侦查民众的爱国运动。在北洋政府内务部档案之中还可以看到周鸿熙自报侦查行动的话语：

> 敬陈者：窃鸿熙于本月二十日奉司长面谕：因天津开国民大会，并有罢市风说，已陈明总、次长，拟命鸿熙前往调查真相等因。遵于是晚，由京乘开往奉天通车赴津，连日分至各处严控调查，得悉一切，谨分别摘要录呈钧鉴……

在这一时期，周鸿熙在内政部警政司之中还因贪污而被写入《北京官僚罪恶史》，曾受到了社会舆论的指责：

> 该司主持开办之东省警察训练处，创办之始，大事铺张，不数月耗去七万余元。嗣因故终止，余款四五百元，缴回该部，闻为主管科长周鸿熙提去，不知该司又将作何种报销也。①

但这样一个贪污官员周鸿熙，因对北洋政府有功劳，1920 年又成为警政司外事警察纲要编纂委员会主任委员，开始有条件承担政府警政施政纲要的编写工作。到了 1922 年 11 月，周鸿熙又被北洋政府授予了一等五星警察奖章。

以上这些史料文献，显示寄养到已成为高官的叔叔家里的周正铭，肯定有优越的生活条件。并且，今后可以依靠叔父的权势而走上人生的坦途。但是在这样一个寄养的官宦家庭之中，有优异品行的周正铭还是做到了“出污泥而不染”，没有和叔父同流合污，而是继续秉持着为国为民奋斗之心，最后光荣牺牲。

---

① 荣孟源、章伯锋主编：《近代稗海》第 3 辑，四川人民出版社 1985 年 7 月版，第 473 页。

（五）史料文献之中确认的光荣事迹

而在史料文献里，还可以确认周正铭烈士牺牲之前是自愿参加爱国反帝斗争的。前文已经述及，周正铭的叔父周鸿熙作为北洋政府的高官，曾经指责公立第二中学的校长和教师裹挟了自己的侄子参加爱国斗争，甚至为此提起了控告。

公立第二中学校长黄德滋，教员段竝人、屈凌汉、王虞传作为回应的以下四份证词[①]，共同揭示了周正铭确实是自动前往参加反对八国通牒的国民大会：

> 黄德滋供：我系任邱县人，年四十六岁，在史家胡同第二中学当校长。这段竝人、屈凌汉、王虞传均是本校教员。今于三月十八日本校学生接得北京学生总会通知，令本校学生于今日午后一时赴天安门开国民大会，等情。本校学生当即举行学生会议，议决届时前往，本校早晨仍照常上课，午后各生随即纷纷前往天安门开会，本校教员段竝人、屈凌汉、王虞传等三人，因学生并未上课，遂以个人国民资格亦赴天安门大会，并随同该会前往国务院请愿，嗣即回归。据说学生至国务院请愿致与卫兵冲突开枪伤人情事，今经巡警带同这周鸿熙等[②]将我与教员段竝人等传案，始知本校学生周正铭亦因随同前往国务院请愿被枪伤身死，等情蒙讯。本校学生此次加入天安门大会，原系由学生自动的前往，本校并非教员带领参加。所供是实。

> 段竝人供：我系蠡县人，年二十八岁，在史家胡同第二中学充

① 证词均引自《北京档案史料》1990 年第 1 期。

② 原文如此，下同。

教员。今于三月十八日，本校学生接得北京学生总会通知，令本校学生等于今日赴天安门开国民大会，等情。当经本校学生开会议决届时前往，早晨照常上课。至午后各学生纷纷前往天安门开会，我与教员屈凌汉、王虞传等，因未上课，随以个人国民资格前赴天安门大会，并随同前往国务院请愿，甫至该院即有卫兵开枪，我即返回校内。今经巡警带同这周鸿钧将我与本校校长黄德滋并教员屈凌汉等控告蒙讯，此次本校加入天安门大会，原系由于学生自动的前往，并非教员率领参加。所供是实。

屈凌汉供：我系定县人，年二十九岁，在史家胡同第二中学充教员。今于三月十八日本校学生接得北京学生总会通知，令本校学生等于今日赴天安门开国民大会，等情。当经本校学生开会议决届时前往，早晨照常上课，至午后各学生纷纷前往天安门开会。我与教员段竝人、王虞传等因未上课，随以个人国民资格前赴天安门大会并随同前往国务院请愿，甫至该院即有卫兵开枪，我即返回校内。今经巡警带同这周鸿钧将我与本校校长黄德滋并教员王虞传等控告蒙讯。此次本校学生加入天安门大会，原系由于学生自动的前往，并非教员率领参加。所供是实。

王虞传供：我系饶阳县人，年三十岁，在史家胡同第二中学充教员。今于三月十八日本校学生接得北京学生总会通知，令本校学生等于今日赴天安门开国民大会，等情。当经本校开会议决学生届时前往，早晨照常上课，至午后一时余各学生纷纷前往天安门开会，我与教员屈凌汉、段竝人等因未上课，以个人国民资格前赴天安门大会，并随同前往国务院请愿，甫至该院即有卫兵开枪，我即返回校内。今经巡警带同这周鸿钧将我与本校校长黄德滋并教员屈凌汉等控告蒙讯。此次本校学生加入天安门大会，原系由于学生自动的前往，并非教员率领参加。所供是实。

上述记述的内容高度一致，共同展示了在时代风云激荡的历史关头，年少的周正铭确实是自己选择以祖国为念、以民族为念，毅然决然参加了中国共产党领导下的斗争运动。

（六）永远的怀念

三一八惨案发生之后，北洋军阀曾继续污蔑李大钊和其他进步人士“借共产学说、啸聚群众、屡肇事端”[①]。但是，三一八运动之中成千上万有着民族心的人民群众，在中国共产党的领导下英勇斗争、不惧牺牲的事迹，终不会被掩盖和磨灭。

周正铭等三一八烈士殉难五天之后的1926年3月23日，北京市各界在北京大学第三院举行了隆重的“三一八死难烈士追悼大会”。当时的《京报》对北京大学校园之中的追悼会场布置有如下叙述：

> 北大三院门前扎彩牌楼一方，横书“三一八死难烈士追悼大会”，左书“先烈之血”，右书“革命之花”等字。直入大礼堂及其操场等处，沿途左右墙壁石山之上，均挂有挽联诗词花圈，此种物件，不下二万余启。操场之西，以席搭台一座，上围青布一副，用白布横写“三一八死难烈士追悼大会”。
>
> 台上桌中，置各烈士生前死后之遗像及其花圈血衣等多件。台前用白布写明殉难烈士李家珍、谢戡、黄克仁、唐耀昆、张仲超、李闽学、范士荣、周正铭、胡葆彝、宋昭长、陈燮、韦杰三、江禹烈、李行健、杨德群、赵钟钰、刘和珍、姚宗贤、魏士毅、张梦

---

① 吕岗编著：《100位为新中国成立作出突出贡献的英雄模范人物——李大钊》，吉林文史出版社2011年4月版，第100–101页。

> 庚、陈桂深、胡锡爵、刘炳、谭季缄、石尝福、朱良钧、王庆余、李廉桢、刘家骥、陈明芬、周希龄、张汝春、彭廷珪、张良君、宋朝云，及今日因伤致死之徐子文、张川联等三十七人名字，并注明此外尚死于国务院门前之无名烈士四名，死于协和医院无名烈士四名，及孕妇一名之调查录……

从报道之中，我们可以看到周正铭的名字和其他各位当时能考证到姓名的烈士名字一起被写在台前，供人们敬仰和缅怀。

追悼大会开始后，全体参加人员曾为烈士们默哀五分钟。这一天在写有殉难者英名的白布前，“在场者无不泪下”。而现场宣读的祭文之中，先叹息“济济英才，死于枪炮”，随即就立下北京人民的誓言“诸君已死复何言，遗志未终我辈肩。准备满腔鲜热血，洗尽人间不白冤。”也有人在现场写下了壮怀激烈的告慰文章，以继承遗志者的口气与包括周正铭在内的各位三一八烈士进行对话——“诸君志在革命，与斯世强暴，原不并存，遭国贼之戕杀，乃势之必然者。夫复何憾”。随后又继续以对话形式宣告八一三烈士的鲜血，必将鼓励后来人继承遗志，踊跃参加革命斗争——“对诸君之残酷枪杀，适足激励革命潮流之高涨。此后，蹈殷红之血迹而前进者，必将愈为踊跃愈为悲壮。诸君之志斯得矣”。这样的豪迈话语，正是当时北京各界人民群众的心声。

后来，燕京大学为该校在三一八惨案之中殉难的女学生魏士毅烈士写下一段碑铭：

> 国有巨蠹政不纲，
> 城狐社鼠学跳梁，
> 公门喋血歼我良。
> 牺牲小己终取尝，
> 北斗无酒南箕扬，

民心向背关兴亡。

愿后死者长勿忘。

这句感人至深的文字“愿后死者长勿忘”，其实也是写给每一位在三一八惨案之中已经先为国牺牲的英烈。文中愤怒抨击了军阀首领是“巨蠹”，军阀爪牙是“城狐社鼠”，又赞颂了烈士的殉难是决定了“民心向背”的行为，从而号召继续为了祖国而奋斗的“后死者”们永远不要忘记三一八爱国运动中的英雄们。

周正铭的母校北京第二中学也同样永远缅怀着自己校园走出的英烈。1926 年 3 月 27 日，学校的全体师生单独为周正铭举行了追悼大会。“到会男女来宾一千五百余人，各界送挽联花圈甚多”。现场还有参加追悼会不住地痛骂杀害周正铭的执政府卫队。

而新中国成立后的各类校史回顾之中，周正铭这个光辉的名字，都一次又一次作为学校革命史开篇中最重要的内容被母校提起。到 20 世纪 90 年代初，《北京二中校庆纪念册》之中的纪念文章《北京二中革命历史回顾》还在开头部分专门写到了周正铭烈士：

> 二中从建校时起到一九四九年解放，四十年的时光都是在动荡的年代里度过的。一九二六年，皖系军阀段祺瑞执政时期，政局混乱，政治黑暗，为了抗议帝国主义侵略和军阀卖国，北京的学校和群众团体在李大钊同志领导下于三月十八日集会游行，赴国务院请愿。段祺瑞竟命令卫队开枪，打死刘和珍等四十七人。二中学生周正铭（十五岁，安徽天长人）的鲜血也洒在执政府门前，成为报效祖国、争取民主的烈士。当时参加执政府门前请愿的二中学生约有一百五十人。[①]

---

① 中共北京市东城区党史研究室编:《东城地方革命史话》，1992 年，第 195 页。

东王三烈士墓（东王“三杰”纪念碑）

而如同周正铭烈士的母校没有忘记他一样，他的家乡也没有忘记他。据《六合县志》的记载，1995 年之际，因为“周正铭、姚爱兰是六合县牺牲最早、年龄最轻、影响最大的两位革命烈士。是年初，县委、县政府作出《关于为周正铭等革命烈士立纪念碑的决定》。”就在 1995 年 3 月 18 日，周正铭在三一八惨案之中殉难 69 周年之际，家乡人民建造了“东王三烈士墓”（《六合县志》又称之为东王“三杰”纪念碑），从而终于将周正铭烈士的纪念碑树立在了家乡的土地上，以此表达对这位少年英烈的一份永远的缅怀之情：

> 3 月 18 日，县委、县政府在东王乡隆重举行纪念周正铭牺牲 69 周年暨周正铭、姚爱兰、应伯衡三烈士纪念碑揭碑仪式。各乡镇、各部门组织干部群众学习三位烈士反对外国列强，同国民党反动派作斗争的英勇壮举，深入开展爱国主义和集体主义教育激发爱国热情和拼搏斗志，加快六合“进百强、达小康”奋斗目标的早日实现。[①]

① 南京市六合区地方志编纂委员会编:《六合县志（1988—2002）》，方志出版社 2013 年 12 月版，第 609 页。

四、1927—1929 年：六合早期党组织活动

六合这片红色热土上的党旗，到底是从什么时候开始飘扬的呢？此前六合本地的党史和方志书籍只有笼统的叙述。出现这样的状况是因为历史上地下党组织遭遇过严酷的斗争，在敌人的白色恐怖之中，档案资料往往难以保存下来。

在这里，笔者借助现有的历史文献，试图对六合早期党组织成立情况作一考订。

（一）六合独立支部

迄今为止在中央档案馆权威发布的党史档案之中，最早一份记录六合县有党组织的历史文献是 1927 年 10 月初形成的《江苏省委关于各县党的组织及工作概况》。这份报告之中的附表之一《江苏省所辖县数目与有组织区域数量比较》之中，记录了全省当时建立了独立支部的 11 个县，六合县就是其中之一。

1927 年 4 月 12 日蒋介石发动四一二反革命政变后，“江苏陷入一片白色恐怖之中。国共合作的局面不复存在，国民党反动派通过‘分共’‘清党’，残酷迫害共产党人和坚持国共合作的国民党左派。江苏的共产党组织统统处于非法地位，被迫转入地下秘密活动”[①]。

① 中共江苏省委党史工作办公室：《中共江苏地方史》第 1 卷，江苏人民出版社 1996 年版，第 137 页。

表一　江苏省所辖县数目与有组织区域数量比较

A. 江苏省共有六十县

B. 有组织者三十县

1、已允准成立县委者八县(南京、无锡、苏州、常州、如皋、宜兴、江阴、徐州。)

2、独支十一县：(丹阳、金坛、六合、青浦、松江、金山、扬州、镇江、南通、靖江、吴江。)

3、特派员九〔八〕县(崇明、海门、东台、兴化、盐城、淮安、淮阴、泰州。)

4、上海特别市：(包括宝山县在内。)

表二　有组织、有工作已与省委发生关系的各县表

南京、无锡、丹阳、苏州、常州、如皋、宜兴、江阴、青浦、扬州、镇江、徐州、崇明、海门、盐城、淮安、上海、宝山、奉贤(19)。

表三　有组织而未与省委发生关系之各县表

徐州、金坛、六合、松江、南通、常熟、靖江、吴江、泰兴、东台、兴化、淮阴、泰州(13)。

表四　已找着同志可以组织之各县表

川沙、南汇、昆山、太仓、嘉定、宿迁、阜宁(7)。

表五　C·Y·组织之各县。

表六　毫无关系的各县。

高邮、句容(2)

表七　九月内曾经有人来上海接洽之各县。

表八　九月内各县同志之统计

南京317(?)	苏州130	宜兴39
无锡600(?)	常州14	江阴100
如皋24	青浦27	金山10
镇江30	崇明70	扬州7
〈海〉门	东台	兴化
盐城	淮安	六合
徐州100	金坛	松江8
南通10	常〈熟〉	靖江3
吴江	淮阴	泰州
川沙	泰兴10	太仓
昆山10	阜宁	宿迁
嘉定		

《江苏省委关于各县党的组织及工作概况》的附表

中共江苏省委正是在90余年前革命处于低潮的这一历史时期成立的。1927年6月上旬，中共江苏省委在上海北四川路施高塔路恒丰里104号（今山阴路恒丰里90号）成立。成立后不久，在白色恐怖的血雨腥风之中，中共江苏省委于1927年6月下旬遭受了第一次大破坏。陈延年、黄竞西、郭伯和等多位烈士在破坏之中壮烈牺牲。随后，江苏省委在很短时间里又经历了敌人的破坏。

1927年8月，中国共产党最早的党员之一邓中夏，临危受命担任了江苏省委书记，开始着手在江苏全省恢复各级党组织。而这份中央档案馆馆藏的历史文献里，就是记录了江苏省委“在八月下旬开始注意外县工作”之后，统计到的江苏省各县在1927年10月初的时候党组织分布情况[①]（见附图表一内容）。

① 中央档案馆编：《江苏革命历史文件汇集　省委文件　1927年6月—12月》，江苏省档案馆1984年4月版，第190页。

江苏省委报告里记述的中共六合县独立支部，是迄今为止可以从史料文献里确认的六合地区范围内最早出现的党组织。独立支部和基层党支部是有区别的。在尚未建立县委的一个县境内，独立支部可以领导各个支部，进而管理全县基层党员。在大革命时期，很多县一级首次建立的地方党组织都是独立支部。六合县当时存在独立支部，意味着在县境内已经不止存在一个基层党支部。

然而，殊为可惜的是，当时正值南京以及周边白色恐怖十分严重的时期。按照《江苏省委关于各县党的组织及工作概况》的附表之三里《有组织而未与省委发生关系之各县表》的记录，中共六合县独立支部建立后，未能成功与江苏省委建立组织关系（见附图表三内容）。

而《江苏省委关于各县党的组织及工作概况》的附表之八《九月内各县同志之统计》，六合被作为有党组织的县而列入表格，但是因未能和江苏省委建立组织关系而没有党员人数的统计。因此，中共六合独立支部的准确成立时间是几月几日，党组织的负责人是谁，领导的基层党支部有哪些，当时六合全县共有多少党员？以上各个问题迄今为止在史料文献里都没有找到详细记载。但依据1927年的南京革命史史实来判断，中共六合独立支部很有可能是在1927年上半年建立的。1927年4月10日的四一〇反革命事件之中，“定都”南京的蒋介石安排爪牙对中共南京地委进行了第一次破坏。1927年6月初，中共江浙区委派黄国材为中共南京地委书记，重建中共南京地委。黄国材到南京任职后，迅速恢复了南京地区的多个党组织。但是在7月5日，地委成员黄国材、姚家让、谢德生以及地委交通员车道明等5人当场被捕，接着又有10余名党员被捕，这是南京市级党组织第二次被破坏。1927年八七会议之后，江苏省委派遣干部来南京逐步恢复党组织。六合的党组织如果是在1927年下半年随着市级党组织的恢复而成立，不可能和江苏省委没有建立组织关系。那么，唯有是在南京市级党组织第一次或者第二次被破坏之前成立，才有可能因为市级党组织被破坏而中断了与上级党组织的联系。

中共六合独立支部最终的历史下落，迄今也尚未在史料文献之中被发现。因为南京是国民党的统治中心，周边地区的革命活动的镇压始终都很残酷。在国民党反动派的侦缉和追捕下，南京市级党组织都先后八次被破坏。六合的这个独立支部很有可能同样是在后来某一次的白色恐怖之中不幸被破坏。但是，六合境内首次明确记录有党组织的存在，是六合人民革命斗争史上一件具有重要历史意义的大事。这堪称是六合人民在漫漫黑夜中，为了迎接黎明的曙光而举起的第一盏明灯。

（二）扬州特委在六合建立党组织的努力

六合独立支部在历史文献之中出现的次年，土地革命时期，扬州党组织曾经分管过六合县的工作。在中央档案馆馆藏的党史文献之中，可以找到 1928 年 11 月 1 日中共扬州特委在其关于环境、各种斗争及党的工作的《工作报告》。报告里曾记述到六合县的一段重要情况：

> 六合一个县党部委员告诉一个同志说，国庆日六合有 C. P.[①] 署名的传单发现，散发时他们破坏电线，电灯有十分钟不亮。这是奇怪极了！我们在想办法找。

这一记录显示，和江苏省委未能建立组织关系的六合独立支部，其党员同志很可能还在坚持斗争。而在与国民党统治中心南京仅有一江之隔，是敌人着重防范地区之一的六合县，地下党员们在 10 月 10 日国民党的国庆时敢于破坏敌人的电线，散发标明了是中国共产党组织印制的传单，这显示了六合的共产党人有着英勇的斗争精神。

① 中国共产党的英文名称缩写。

而在 1928 年下半年，扬州的市一级党组织也曾经试图在六合县开展革命活动。1928 年 12 月 12 日，扬州特委在给江苏省省委的当年 11 月份的《工作报告》之中，则记载了扬州特委派遣了一名同志，打入国民党六合县党部之中“当干事去”，当时认为这单独一名地下党员“或可有发展”。前述 10 月 10 日共产党人在六合破坏电线和散发传单的斗争事迹，就是这名被派遣打入敌人内部的地下党员秘密传递给特委的消息。可见，地下党员在六合至少起到了收集情报的作用。

但可惜的是，扬州特委在六合境内建立党组织的努力最后未能成功。1929 年 4 月 19 日江苏省委《关于外县党部的概括报告》之中记述了扬州特委管辖的区域包括：“扬州、泰州、宝应、高邮、兴化、六合等。”但是在这份报告里的扬州特委党员统计之中没有六合已发展过党员的记录。

不过，六合早期党组织的历史还在延续。南京的市一级党组织，在 1929 年 2 月之前又曾经在六合县境内建立过基层党组织。

（三）葛塘集党支部

1929 年 2 月 20 日中共南京市委《关于总的现象及组织、宣传工作的报告》之中，出现了一个地名——葛汤节。

这份报告产生的历史背景是 1928 年夏季南京市级党组织遭受了第三次破坏之后，市委新的领导向上级党组织汇报“南京二个月的恢复组织，建立支部工作”情况。在详细叙述南京市党组织这一阶段的“组织工作情形”时，为了向上级党组织详细报告南京市的“支部组织状况”，专门列了一份《全市支部状况列表》。

在这份表格里，南京市的党支部分布被对应分成了三大区域：下关区、城中区和江浦区。其中，江浦区是对应了南京城区在江北对岸的大片区域。当时，下关区有 3 个党支部；城中区有 10 个党支部；江浦

甲表一　下关区支部状况表

名称	组数	人数	离组	发展	总数	作用	能否开会	能否	其它
沪宁	1	4	20	?	4	1人	尚未	尚未	
和记	2	9	?	3	9	2/3			
车夫	2	10	?		10	1/3			
总计	5	23	?20	3	23				

甲表二　江浦区支部状况表

名称	组数	人数	离组	发展	总数	作用	开会	收费	其它
津浦	6	26							
码头	1	4							
九步洲	1	2							
葛汤节	2	10							
茅为	1	1							
总计	11	43							

甲表三　城中区支部状况表

名称	组数	人数	离组	发展	总数	作用	开会	收费	其它
中大	1	2	1请假		2	?	?	?	
自由业	1	5	2		5	?	?	尚未能	
中央报	3	15			15	1/2能	能	能	
京报	1	4			4	1/2	6	能	
东方	1	3	2		3	1/2	6	能	
夫子庙	1	9	1		9	1/2	6	尚未	
汉西门	1	5	2		5	1/4	6	尚未	
军校	8	29			29	1/4	6	能	
南中	1	6	2		6	1/2	能	能	
宪兵	3	11			11	能	未	未	
总计	21	89			89				

乙表一

区域	支部数	小组数	人数	离组	开会支
下关区	3	7	23	20	2
江浦区	5	11	43		2
城中区	10	2	89	10	7
市委	1	1	5		
总计	19	38①	160	30	9②

① 统计应为21

② 统计应为11

南京市1929年2月《全市支部状况列表》

区的党支部共有5个，分别是津浦、码头、九步洲、葛汤节和茅为。这5个党支部之中，津浦支部主要是由津浦铁路在南京江北段的铁路工人党员组成的，下辖6个党小组，有26名党员；码头支部是浦口码头工人党员组成的，下辖1个党小组，有4名党员。而九步洲、葛汤节和茅为3个支部都是农村党支部。当时南京市委领导下的党支部大多都在市区。九步洲、葛汤节和茅为这3个党支部是仅有的农村支部。

九步洲即今天的南京市浦口区的“九洑洲”，茅为则是浦口地名“毛圩”的谐音。这两个地方当时属于江浦县。其中九步洲是南京郊区较早建立党组织的农村区域之一。1928年3月时担任南京市委书记的孙津川十分重视开展农民运动。他深入农村进行宣传和发动，领导郊区农民开展了反对反动地主勾结“黄枪会”剥削、压迫农民的斗争。他还指派浦口工人党员胥光亮到江浦县九步洲开展工作，在那里建立了第一个农民支部[①]。但是，1928 年 7 月，孙津川不幸被捕。南京市级党组织随后遭受了第三次破坏。记载郊区农村党组织进一步发展的很多细节的档案文献都随之被毁。到 1929 年 2 月 20 日的市委《关于总的现象及组织、宣传工作的报告》撰写时，南京郊区的农村党组织已经从江浦县发展到今天六合区的境内。

党史学界经过辨识后确认，“葛汤节”就是六合地名“葛塘集”的方言谐音。实际上，“葛塘集”地名的形成过程本身就是一个谐音变化的过程。清朝初年作为商业区的市、墟、集兴起，此处为定期商品交换场所，且有一大水塘称葛塘，故名。民间传太平天国时，因此处为闹市，经常有犯人在此行刑，人们称此集为割头集[②]。而这一较为恐怖的地名是通过“近音讹变”的方式演变而成的。本地亦认为割头地名“因此处有一大塘，便谐音讹为葛塘”[③]。因此，这一因为谐音而产生的地名在演变过程之中，以其他类似谐音形式被记载下来是完全合理的。

南京市委的这份《关于总的现象及组织、宣传工作的报告》的结尾还另附有一份《南京市委关于南京组织统计表》。这一表格之中再次记录了葛塘集有中共党支部。虽然“葛汤节”之中的“汤”字在这份表格之中被误写为“传”字。但是结合对支部所在区域和党员人数等细节可以确认，这份表格里记录的“葛传节”其实就是前一份表格里的“葛汤节”。

值得注意的是，《全市支部状况列表》和《南京市委关于南京组织

---

① 中共江苏省委先进性教育活动办公室、中共江苏省委党史工作办公室编：《飘扬的旗帜：江苏优秀共产党人风采录》，中央文献出版社 2005 年 6 月版，第 37 页。

② 《南京地名大全》，南京出版社 2012 年 6 月版，第 883 页。

③ 南京沿江工业开发区管理委员会办公室编：《大厂区志》，方志出版社 2006 年 7 月版，第 935 页。

统计表》这两份党组织情况的统计表格之中，对各支部党员人数有详细记录。两份表格都显示在3个农村党支部之中，九洑洲只有2名党员，毛圩只有1名党员，这2个支部因党员人数过少，都只有1个党小组。而葛塘集党支部当时已经有10名党员，支部下辖有2个党小组。可见，在当时南京郊区农村的党组织之中，六合葛塘集党支部是党员人数最多，组织最为完善的一个党支部。

中共江苏省委的历史档案里，有一份"1929年3月8日"的《中共江苏省组织状况一览表》。在这份表格里记载了"六合县委"的名称，并且，在备注之中写到了"已有线索可寻"。这显示六合葛塘集党支部存在的时候，1929年3月初之前六合县很可能也有省委试图寻找的县级党组织。但是未有更多史料留存下来。

1929年3月28日形成的另一份历史文献之中，再次出现了葛汤节（葛塘集）的地名。这份标注着"南京市委代表起草，省委修改"的《南京工作计划》之中，对农民工作有这样的构想：

> 加紧农民的组织工作。在九步洲、葛汤节、茅为等处须于最短时间组织农民委员会，当然要了解农民实际生活状态，找到他们的迫切要求以发动斗争，在斗争中去注意组织问题。①

在这份报告之中还记述了"这三个地方已有路线，责成津浦路工人去执行。但农民组织的中心基础，建筑在雇农、佃农、贫农上面，绝对排斥豪绅、地主和反动的富农加入农民委员会"。

从这一记录可以看出，在建有农村党支部的九洑洲、葛塘集和毛圩这三个地方，是津浦铁路的工人党员来把农民发动起来的。今天六合区葛塘街道一带区域，也是津浦铁路经过的地段。适合铁路工人党员走入

① 中央档案馆等编:《江苏革命历史文件汇集：特委县委文件（1925年2月—1934年7月）》，1991年4月内部出版，第154页。

农民大众之中开展地下工作。因此，六合葛塘集党支部的建立，显然也是走了一条工农结合的道路。

在前期工作的基础上，南京市委计划逐步建立农民委员会。这是南京党史上开辟农村工作的又一历史里程碑。葛塘作为当时南京郊区农民党员最多的地方，显然在这一计划之中要担负更大的使命。但是，这份经过中共江苏省委修改的《南京工作计划》形成仅仅一个多月后，即1929 年 5 月，南京市级党组织第四次被破坏。不仅农村工作的构想未能完全实施，南京各个基层党组织也在这次破坏之中受到了较大损失。六合葛塘集党支部此后再未出现在历史文献之中，很可能也是在白色恐怖之中遭受了破坏。

虽然最后也是遭受了破坏，然而中共六合葛塘集支部是继中共六合独立支部之后，在历史文献之中可以确认名称的第二个六合党组织。并且，与没有留下任何历史细节记载的六合独立支部不同，六合葛塘集支部的党员人数和党小组情况都留下了记载。这是六合革命史上保存下来的极为珍贵的又一条历史细节，更显示了在极端残酷的白色恐怖之中，共产党人曾经勇敢地继续战斗在六合境内。

五、1930 年：雨花英烈姚爱兰

姚爱兰烈士

今天，当人们走进雨花台烈士纪念馆时，可以在陈列展览之中看到土地革命时期“晓庄十烈士”的专版。其中有一位来自六合的女烈士——姚爱兰。

姚爱兰，又名蔼兰，聪明秀丽，1912 年出生在一个富裕农民家庭，因为是家里的独生女，她不仅被父亲视为掌上明珠，也深得祖父的疼爱。和三一八烈士周正铭一样，晓庄十烈士之一的姚爱兰也是一位学生身份的英烈，并且她的家乡也在六合区冶山街道的东王社区。

（一）入读晓庄

1927 年 3 月，陶行知在南京创办了晓庄师范学校，其先进的办学理念吸引了一大批来自全国各地的有志向、有理想的爱国青年来校学习，这其中就包括了姚爱兰。姚爱兰的父亲思想保守，只准她上私塾。而她的祖父深受新思想的影响，比较开明，执意要她上新式学堂。由于家庭意见不统一，无形中荒废了姚爱兰的学业。直到 1928 年春，祖父带着姚爱兰，来到了著名的晓庄试验乡村师范学校，她顺利通过了考试，开始在该校设立的晓庄中心小学读书。

晓庄师范学校的全名为晓庄试验乡村师范学校，该校充分实践了陶行知先生创造的全新教育模式，是其“生活教育学说”第一次融入学校的完整学制之中。因此，晓庄师范学校的诞生，在国内立即产生了重要影响，也引起了社会各界的普遍关注。作为教育领域的一个全新事物，社会名人纷纷慕名而来，对校园进行参观访问，并且予以高度评价。这里甚至还吸引了欧美人士的注意。美国名校哥伦比亚大学的克伯屈就在1929年10月下旬访问了晓庄师范学校。而参观之后，他赞叹之余留下了预言“过一百年以后，大家要回过头来，纪念晓庄！欣赏晓庄！”[①]

更为重要的是，晓庄师范学校开了风气之先，在教育领域直接推动了中国乡村师范教育的发展。在该校成立之后，全国很多地方陆续增设一批乡村师范学校，有力地推动了中国教育事业的发展。因此，陶行知创办的晓庄师范，不仅当时在民国教育界已有一席之地，在中国近现代教育史上也书写了浓墨重彩的一笔。

而晓庄师范作为一所带有试验性质的乡村师范学校，之所以有这么大的魅力，在于其办学理念是为中国农村的劳苦大众服务的。教育模式契合乡村特色。例如：该校招生的时候看重农事经验，其培养目标是要劳力和劳心，身体、精神和艺术都充分照顾到，既有全面性，又独具特色，奠定了为乡村培养全面教师的基础。它的课程具有生活性，实行“教学做合一”，“强调书本、教材都是像斧头、锄头一样的工具。”[②]在晓庄师范学校的校园里，课程更多是陶行知推崇的生活课程。即不分课内和课外，是以实际生活为指南的，是“生活即教育”思想的实践。

而晓庄师范学校的制度也具有创造性。与当时国内其他各类师范学校比起来，该校的制度创新体现在改革教育实习体制和评价体制。例如：如果学生学业成绩合格，发给修业证书，服务半年后，经过考查，

---

① 北京市陶行知教育思想研究会:《陶行知研究》，湖南教育出版社1987年版，第449-451页。

② 周志平:《当代教育科学》，2019年第4期。

晓庄师范特约中心小学——燕子矶小学外景

晓庄师范在燕子矶设立的民众图书馆

师生在田间劳动

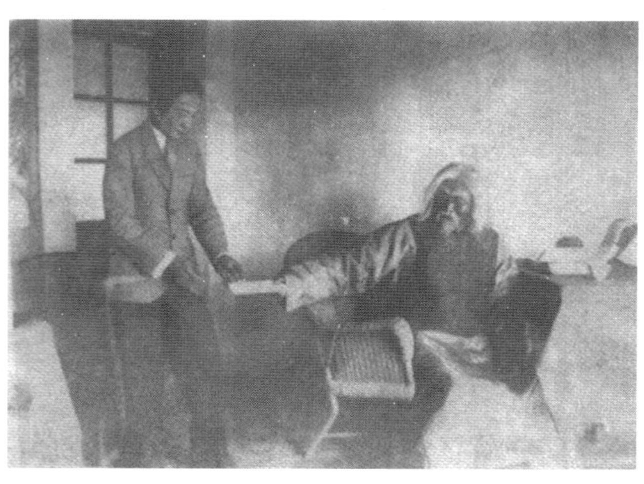

晓庄剧社演出剧照

冯玉祥到晓庄师范学校参观

晓庄学生在学习科普知识

晓庄联村自卫团

真能按照生活教育原理和晓庄师范精神办学者，才发给毕业证书。按入学程度，证书分为初小教师证书、高小教师证书、师范学校教师证书。有特殊才能之表现的，增加颁发各级校长及乡村教育辅导员证书。这种毕业评价机制，打破了当时国内各个学校在学生培育模式上“一次成品”的陈旧做法。

除此之外，晓庄师范学校的魅力还体现在其办学上的开放性。陶行知在教育思想上主张“社会即学校”。他反复要求晓庄师范的各名学生都应当注重与校园附近的村民广泛联系，熟悉他们的生活，了解他们的疾苦。学校还专门设置了一些为村民服务的活动课程，如开展联村自治，举办民众教育，推广合作组织，深入乡村调查和融入农民娱乐教学做。因此，晓庄师范在办学过程之中可以打破学校的围墙，师生开展“联村”生活，这在当时不仅是一个创举，在今天也是对绝大多数学校有启发意义的。

后来在纪念晓庄师范创办三周年之际，陶行知先生写下的《晓庄三岁敬告同志书》里，这样阐述了晓庄师范学校“现出各人本来之美，以构成晓庄之美”，培育人才为中国农村的劳苦大众而奋斗的深刻教育思想：

> 晓庄不是别的，只是一个“人园”，和花园有相类的意义。我们愿意在这里面的人都能各得其所，现出各人本来之美，以构成晓庄之美。如果要找一个人中模范教一切人都学成和他一样，无异于教桃花、榴花拜荷花做模范。我们当教师的实在需要园丁的智慧。晓庄不但是不要把个个学生造成一模一样，并且也不愿他们出去照样画葫芦。晓庄同志无论到什么地方去，如果只能办成晓庄一样的学校，便算本领没有学到家，便算失败。没有两个环境是相同的，怎能同样的办？晓庄同志要创造和晓庄大不同的学校才算是和晓庄同，才算是第一流的贡献，才算是有些成功。

同志们！记牢了我们的使命是教导乡下阿斗做中华民国的主人。乡下阿斗没有出头之先，我们休想出头。乡下阿斗没有享福之先，我们休想享福。我们若是赶在农人前面去出头享福，只此一念便是变相的土豪劣绅。与农人同甘苦，共休戚，才能得到光明，探出生路。我们大家唱首《劳山歌》，为中华民国的主人努力吧！

老山劳；
小庄晓[①]：
俺锄头，
起来了。
老山劳；
小庄晓：
新时代，
推动了。[②]

在这样一个拥有先进理念的校园之中，姚爱兰很快成长起来。据研究陶行知教育思想的学者记载，“姚爱兰在家没有进过学校，到晓庄经两年的学习达到小学高年级程度”[③]，从记载中我们不仅可以看出晓庄师范学校办学水平的优秀，更能体会到姚爱兰天资聪颖，勤奋好学的品质。

（二）光荣入团

当时，在晓庄小学任教的大多数是师范部的进步学生。1928 年夏，就在姚爱兰入学之际，晓庄师范学校地下党支部成立了，随后不久共青

① 晓庄师范学校校址所在地原名“小庄”，陶行知先生将其改名为“晓庄”。
② 董宝良主编：《陶行知教育论著选》，人民教育出版社 2015 年 7 月版，第 280 页。
③ 李春芳：《生活教育精义》，中国矿业大学出版社 2012 年 7 月版，第 87 页。

团支部也成立了。从此以后，晓庄师范既是南京进步青年的重要聚集地，也是南京革命斗争和爱国运动的策源地之一。在晓庄师范这一革命熔炉之中，聪颖早慧的姚爱兰作为踊跃参加革命活动的积极分子，逐渐成长为一个具有无产阶级意识、乐于奉献青春的一代新青年。并且，姚爱兰在与她年龄接近的老师郭凤韶（晓庄十烈士之一）的启发教育下，自身的思想逐渐得到解放，学校还给姚爱兰提供了经常阅读革命书报的机会，让她的学识得到丰富，眼界也变得开阔。在这个红色校园之中，姚爱兰渐渐接受了革命思想，作为一名进步青年而迅速走上了为革命奋斗的道路。其中，参加“晓庄剧社”、参演进步戏剧，就是她在校园里追求进步的重要表现之一。

1928 年末至次年初，著名的上海南国剧社在田汉率领下到南京演出。陶行知热情邀请他们到晓庄师范学校公演。这次演出引起晓庄师生对话剧的极大兴趣。陶行知随后领头组织了“晓庄剧社”。作为国内较早的学生剧社，晓庄剧社和国内绝大部分戏剧团体对比，最不同的地方就是其以进步思想的宣传作为奋斗目标。陶行知认为当时的晓庄学校所进行的教育是革命的教育，而他领导的晓庄剧社演出的内容主要集中在农民的生活方面，其目的主要是教育当地农民，向农民宣传进步思想[①]。晓庄师范学校的地下党组织也认为剧社是宣传发动群众的很好方式。据记载，后来成为晓庄十烈士的石俊、叶刚、郭凤韶、谢伟棨、姚爱兰等进步青年都成了剧社的积极分子[②]。《中华青年英烈辞典》之中还记述姚爱兰在校园之中加入晓庄剧社之后，“常到苏州、无锡、常州、上海和杭州等地及乡下巡回演出进步剧目。”[③] 姚爱兰在剧社之中以自己

① 板俊荣:《陶行知音乐教育活动研究》，东北师范大学出版社 2007 年 2 月版，第 67 页。

② 政协南京市栖霞区委员会文史委员会:《栖霞文史》第 3 辑，1997 年 9 月内部出版，第 33 页。

③ 刘洪安、王生炳主编:《中华青年英烈辞典》，湖北人民出版社 1991 年 9 月版，第 211 页。

的努力，一次次给观看演出的社会大众传递着进步思想。

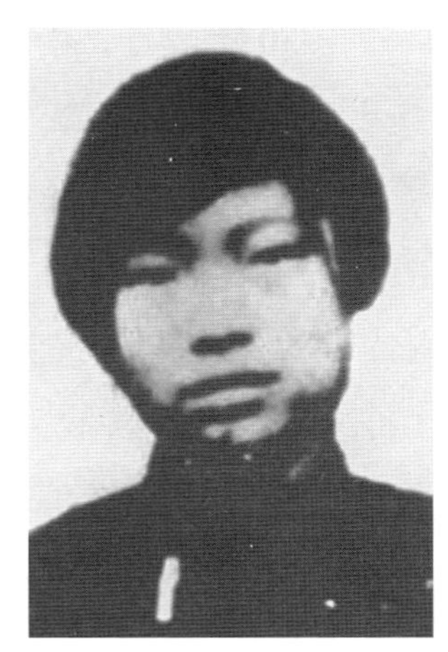
在学校发展姚爱兰入团的郭凤韶

姚爱兰的进步表现引起了学校党团员的注意，团组织很快将她列为培养对象。那么，姚爱兰是什么时候光荣加入团组织的呢？

据先后担任晓庄师范学校党支部书记的刘季平、徐明清曾经写下的共同回忆文章记载，在晓庄师范学校读书期间入党的学生郭凤韶，1930 年初在晓庄中心小学任实习教师时，“培养学生姚爱兰参加共青团”。刘季平、徐明清二人还回忆到姚爱兰入团之后的事迹：

> 姚爱兰是晓庄小学的高年级学生，安徽六合县人，当时她仅十四岁。她参加共青团后，在晓庄团支部及凤韶老师的辅导下，进步很快，参加晓庄的各种革命斗争也很英勇。[①]

而姚爱兰加入共青团、走上革命道路之后，很快就成了校园革命活动的骨干之一。1930 年 3 月初，晓庄师范学校学生和晓庄小学学生 60 余人，曾经在南京和平门车站冲上了开往上海方向的客车。在列车到达栖霞山车站之前，他们在车厢里散发传单、进行演说，开展革命宣传。姚爱兰就是这次革命宣传的领导者之一。后来，陶行知校长在壁报上写了首诗来赞扬这次行动：“生来不自由，生来要自由。谁是革命者，首推小朋友。”

就在姚爱兰加入共青团之后不久，晓庄师范学校的党团员们参加了南京革命史上一场重要的革命斗争。

---

① 政协浙江省临海县委员会文史资料组：《临海文史资料特辑》第 1 辑，1984 年 7 月内部出版，第 12 页。

1930年2月，南京英资和记蛋厂的赤色工会领导全厂工人向资方提出“增加工资，减少工时，负担工人医药费用，用人要由工会介绍”等项正义要求。在遭到资方的蛮横拒绝后，工人们团结起来举行罢工。罢工斗争持续到4月1日，由于生产已至旺季，厂方被迫答应工人要求，但暗中却与国民党反动当局勾结，阴谋开除罢工的骨干及积极分子100多人，并准备武力镇压工人反抗。罢工工人获悉这一消息后，也积极准备下一步的斗争。4月3日，和记工厂英国资本家动用英国水兵、军警、流氓、打手镇压罢工工人，当场打伤数十人，并杀害工人一名，这就是南京“四三”惨案[①]。惨案发生后，晓庄师范学校的共产党员和共青团员立即带领各校学生代表赶到厂区慰问受伤工人，并了解事实真相。4月5日，在地下党的领导下，城区各校学生600余人在中央大学操场会合，由晓庄师范学校党支部书记刘季平担任总指挥，带领着大家向下关方向进发。这时，晓庄师范的师生100余人也从和平门经兴中门前往下关。沿途社会各界群众也自愿加入游行队伍。他们一起冲开了被军警封锁的兴中门，与和记洋行罢工工人实现了会师，一起愤怒声讨英国资本家对南京工人犯下的罪行。这次示威游行使国民党政府大为恐慌，蒋介石指责晓庄师范是这次风潮的领头者[②]。随后，国民党政府开始对学校下手了。

（三）英勇牺牲

1930年4月12日，恰是蒋介石1927年发动四一二反革命政变三周年之际，南京警备司令部贴出布告宣布解散晓庄师范学校：

---

① 《工会工作手册》，工人出版社1986年3月版，第161–162页。

② 中共南京市委党史工作办公室编：《南京人民革命史党员干部读本》，中共党史出版社2011年6月版，第27页。

照得晓庄师范学校违背三民主义，散发反动传单，勾引反动军阀，企图破坏京沪交通，本部为维护首都治安计，曾饬令暂时停办，以维整理，并商同教育部查照办理在案：此乃爱护学校之至意，原冀该校员生等悔悟前非，静候教育部办理。乃迭据报告，该校师生等执迷不悟，于教育部接受整理之际，竟敢非法组织委员会，发布宣言，四处诱惑，希图扩大反动风潮，实行破坏京沪交通，扰乱社会秩序，似此目无法纪，充满反革命思想与行为，实属不可救药。兹奉明令将该校勒令解散，并查拿首要反革命分子，以肃法纪而遏乱萌，除饬军警遵照执行外，合行布告周知。[①]

就在同一天，蒋介石以国民政府名义对陶行知发出了通缉令：“为晓庄师范学校校长陶行知勾结叛逆，阴谋不轨，查有密布党羽，冀图暴动情事，仰京内外各军警、各机关，一律严缉，务获究办。此令！”

晓庄师范学校被国民党封闭之后，陶行知先生随后曾以这样动人的笔调写下了《护校宣言》：

（一）晓庄是同志的结合，不是少数几个人的私有品。拘捕几个人，不能叫他根本摇动。

（二）晓庄的门可封，他的嘴不可封，他的笔不可封，他的爱人类和中华民族的心不可封。

（三）晓庄以社会为学校，小而言之，他是和平门外四十里周围的乡村；大而言之，便是整个的世界。他本来没有门，封条贴在哪里？倘若社会可封，则晓庄可封。

……

晓庄的同志，晓庄的朋友，大家一致起来爱护晓庄，爱护人

① 童富勇、胡国枢:《陶行知传》，教育科学出版社 1991 年 5 月版，第 184 页。

权，爱护百折不回的和平奋斗，爱护教人做主人的革命教育，爱护向前上进之时代革命，爱护自由平等的中华民国之创造，爱护人人有工做、人人有饭吃、人人有水仙花看的理想社会之实现。[①]

晓庄学子们也积极响应校长的号召，参加护校斗争。姚爱兰当时留在晓庄参加了学校党团支部组织的护校团。她也因此成了敌人的“眼中钉”。在地方档案馆的档案之中，记载了姚爱兰从护校斗争到被捕的经历。新中国成立后，六合县人民政府后来在有关烈士生平的公函之中写到这样的史实：

姚爱兰，女，六合县四合区，学生，遗骸厝葬雨花台西北首山的半腰间。

十五岁在南京晓庄读书至十八岁，该学校即解散，但无人敢教，而姚即代理教书，但姚的父亲叫他（她）回来，他（她）说他（她）的手续无人交代，不肯回来，后该姚烈士的外公接她，她方回来，并将所有的东西，交把[②]群众保存。回来半个月的样子，即出事了。出事的原因是这样的，姚爱兰回来时对南京邮局说：假如有他（她）的信，叫转郑集交东旺庙收即可。后被人知道，就破获了……后带到南京卫戍司令部一个月，即在南京雨花台枪杀了。

上述档案记载的背景是姚爱兰回到家乡之后，十分焦急，写信给在校的同学打听情况。不料，同学的来信被敌人截获，落入国民党特务手中。敌人如获至宝，立即按信上的地址到六合缉拿姚爱兰。

年少的姚爱兰在被捕时表现出了革命者的大无畏精神，面对特务奸诈的嘴脸，她不惊不惧，表现了革命者的高贵气节。雨花台馆藏的档案

① 董宝良主编：《陶行知教育论著选》，人民教育出版社 2015 年 7 月版，第 292 页。

② 原文如此。

里还记述，据姚爱兰烈士的弟弟姚长荣 1951 年 11 月的回忆：“霭兰烈士被捕时，态度从容，毫无惧色，此事乡里咸知。”而烈士亲属韩向荣也回忆：“爱兰临行时，高唱国际歌。”

1930 年 8 月 4 日，在敌人把姚爱兰押上六合前往南京城区的长江渡轮时，姚爱兰曾经趁着敌人不备跳入长江之中，这是她被捕后大义凛然、誓死不屈、英勇斗争的表现。次日，国民党的《中央日报》报道了姚爱兰“投江自尽”的消息：

> 六合通信：南京卫戍司令部派探在张家集（天六交界地方）拘捕获女共党嫌疑[①]姚爱兰一名（年十六、晓庄师范学生），于四日押乘京六班小轮解京。讵该轮驶至黄天荡附近，姚忽趁人不备，跳入江中，自尽身死。

但这份报道之中记载姚爱兰投江“身死”是不确消息。当小火轮行驶到黄天荡附近，姚爱兰用借口骗开了手铐，毅然跃入江中。船上的敌人慌了手脚，拿起撑船的长竹篙先将她打昏，再将她钩上船，重新给她戴上手铐，并增加了一副脚镣。[②]因投江失败，姚爱兰遭受了非人的对待，身上多处受伤，鲜血直流，让人不忍直视。

随后，她又在敌人的监牢之中坚持斗争。中共中央党史研究室编写的《中国共产党革命英烈大典》之中有这样的记载：姚爱兰被关进监狱后，敌人施尽种种酷刑，给她上“老虎凳”、灌辣椒水，逼她招供，她始终回答：“我是共青团员，可惜还没有成为共产党员；但是，我要像共产党员那样英勇去死！”[③]

---

① 原文如此。

② 晏星辰：《晓庄黄莺绽芳华——姚爱兰》，载《世纪风采》2017 年第 5 期。

③ 中共中央党史研究室科研管理部编：《中国共产党革命英烈大典》（上），红旗出版社 2001 年 6 月版，第 416 页。

首都衛戍司令部
槍決共黨四名
▲三個男的一個女的

首都衛戍司令部、簽提共黨袁慶吾等四名口、綁乘大卡車、赴中華門外雨花台刑場執行槍決、茲將佈告原文錄下、

宣佈罪狀事、案准首都警察廳函解共黨袁慶吾、王育仁二名、及本部查獲之姚愛蘭、何文濤二名、迭經訊據、均稱加入共黨、担任工作不諱、應即一併處以死刑、除簽提該犯、驗明正身、綁赴刑場、執行槍決外、合亟宣佈、俾衆週知、此佈、計開、袁慶吾、一名袁咨相、年十八歲、貴州赤水人、王育仁、一名王大獻、年十九歲、遂甯人、何文濤、一名寨鶯、年二十三歲、江蘇武進人、姚愛蘭、一名姚鶯蘭、（女性）年十八歲、江蘇六合人、

1930 年 9 月 18 日，南京《民生报》报道的枪杀姚爱兰等人的消息

姚爱兰虽然年龄很小，但在参加狱中斗争时意志无比坚定。无论遭受怎样的严刑拷打，都不曾出卖同志，更不曾泄露任何党组织、团组织的秘密。敌人无可奈何，最终还是将她押到雨花台杀害。

1930 年 9 月 17 日，姚爱兰在雨花台英勇就义。家人至死都没能再见她一面，年仅 18 岁的姚爱兰为了祖国献出了她年轻而宝贵的生命。有关档案部门馆藏的档案文献还显示，和姚爱兰等革命志士关押在同一个狱中的犯人谢执中，后来回忆亲眼看到敌人杀害烈士之前，姚爱兰毫无畏惧“骂的不绝口”。他当时受到震撼，觉得姚爱兰和其他烈士们“这种为国亡身大无畏的精神，真可以与日月同光，永远不朽”。

作为土地革命时期牺牲的六合英烈，姚爱兰为着革命理想而勇于牺牲自我的精神，和牺牲之前那一句“我要像共产党员那样英勇去死”的豪迈誓言，穿越历史时空，将永远激励着家乡人民紧紧跟着党继续前进。

第二部分

抗日洪流

全民族抗战爆发后，1937 年 12 月，侵华日军进犯六合县，肆意屠杀，成为沦陷区的六合土地上哀鸿遍野。就在这危急之际，1939 年，东进抗日的新四军开辟了六合境内的敌后抗日根据地。从此以后直至 1945 年 8 月 15 日日本帝国主义宣布无条件投降，中国共产党领导下的六合军民一直挺立在南京的近郊，通过一次又一次胜利沉重地打击了敌人，直接威胁着日伪势力在华统治中心，让侵略者心惊胆战。在浩荡的抗日洪流之中，这片红色热土见证了抗战胜利的荣光。

一、1939 年：新四军初进六合的前前后后

1939 年夏季，东进抗日的新四军部队陆续进入六合境内。这是六合革命史上具有里程碑意义的又一重大事件。正是从这一时期起，六合终于又恢复了中断多年的党组织活动。而从此开始直至十年后的 1949 年 4 月六合全境解放，六合境内屹立的红旗始终不倒。无论形势怎么变化，党组织一直都活动在六合这片土地上。

全民族抗战开始后，六合人民是在深重的战争灾难之中，盼来了人民的军队。回顾这段史实，要从六合沦陷的史实说起——

（一）六合沦陷　深重灾难

1937 年 7 月 7 日，日本侵略者挑起七七事变，悍然发动全面侵华战争，中国全民族抗战由此开始。1937 年八一三淞沪抗战又宣告华东地区逐步成为抵抗日军的战场（当时被称为“东战场”，以此与华北地区的“北战场”区分和并列）。

从 8 月 13 日至 12 月 13 日这四个月的时间里，华东地区正面战场的国民党军队虽然进行了节节抵抗，但是上海、苏南地区和南京还是先后沦陷于敌手。

在南京沦陷之前，深重的战争灾难已经开始降临到六合人民的头上。侵华日军为了瓦解中国军民的斗志和士气，反复出动航空兵对南京市和周边持续进行不区分军事目标和民用目标的无差别轰炸。六合作为

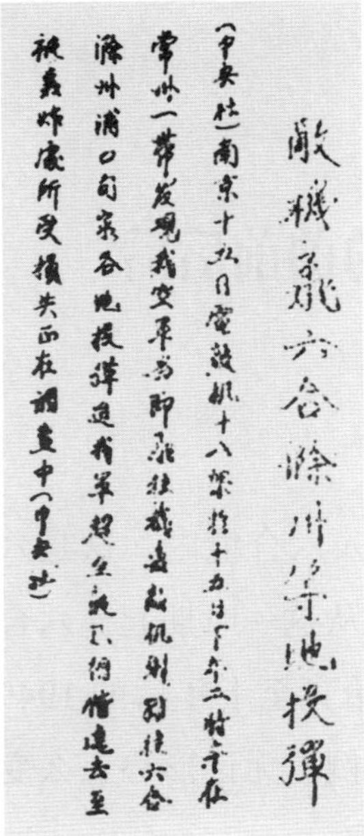

敌机飞六合滁州等地投弹

敵機飛六合偵炸

【南京二十七日下午一時發專電】今晨十一時敵機十餘架、飛六合偵炸、投彈二枚、此間戒備甚嚴、敵機未來、旋於十二時解除警報、

敌机飞六合侦炸

敵機十二架又圖襲首都

今晨三時被我逐出

僅被投下三流磺彈

在六合縣境擊落二架

敵轟炸機十二架、於昨（二十六）晚十二時餘、由東西南北四方前先後來京、企圖夜襲、我空軍聞報、當即派機前往截住、分別予以痛擊、遺至今（二十七）晨三時、將敵完全驅去、并追至六合縣、擊落敵機二架、一架落地起火、一架正在搜查中、其餘敵機倶紛逃、事後調查、敵機在城郊投流磺彈數枚、除有三處民居起火、旋由消防隊撲滅外、并無重大損失。

圖襲南昌未逞

▲中央社南昌二十六日電 二十

敌机十二架又图袭首都

南京北部的门户，也多次受到日军飞机的空袭。在南京沦陷前形成的历史文献之中，多次记录了六合遭受空袭的情况。

而到了 1937 年 12 月中旬，侵华日军在攻入当时中国首都南京的同时，试图将入侵范围扩大到江苏省的长江以北区域。与南京市区隔江相望的六合县，地理位置十分重要，水陆交通条件优越，被誉为南京的“江北第一重门户”，随即成为敌人觊觎的目标。

1937 年 12 月 13 日，南京沦陷的同时，侵华日军第 13 师团主力在南京城区以东渡江北犯。

随后，六合是在没有正规军抵抗的情况下沦陷的。日本解密的二战时期作战档案显示，12 月 16 日，日军第 13 师团一部已经“最先到达六合东边”。并且，日军记载在六合县城“没有发现敌军”，但在“六合城内发现了原住民”。

大敌当前的局面下，国民党的六合县政府却抛弃六合人民提前从县

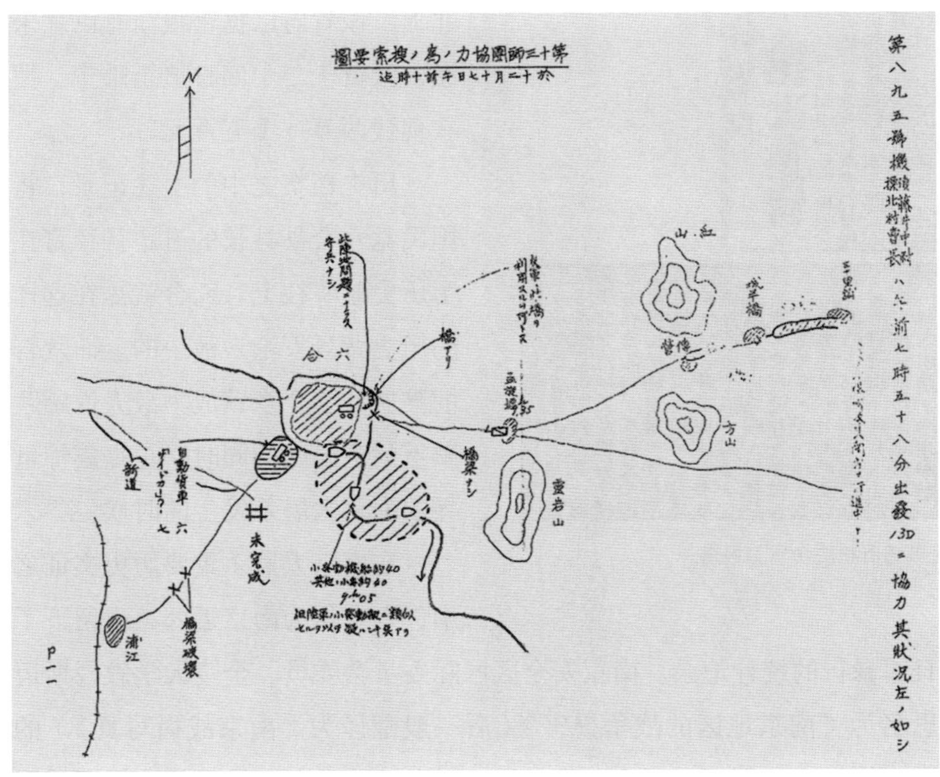

侵华日军作战档案之中绘制的侵入六合路线图

城逃走。据中方档案文献记载，六合“政府官吏早经[①]出走……商市精华被焚大半，全城居民无一幸免，地方混乱以（已）达极点”。[②]这显示当时国民党在六合的官员并未组织民众撤退，就从六合独自撤离。并且，当时的江苏省政府留下的记录显示，国民党的六合县县长，还藏匿公款潜逃，企图贪污六合人民的民脂民膏最后被枪毙的事。在国民党中央社的报道中，六合县失陷后，国民党的六合县县长是 1937 年 12 月 20 日到省府驻地[③]，“二十三日往省府呈缴库款两万元。翌日上午离省

① 原文如此。

② 参见中国第二历史档案馆馆藏卷号 2101—307 档案。

③ 国民党江苏省省会镇江沦陷后，省政府短暂撤到一江之隔的扬州，随后继续往苏北转移。

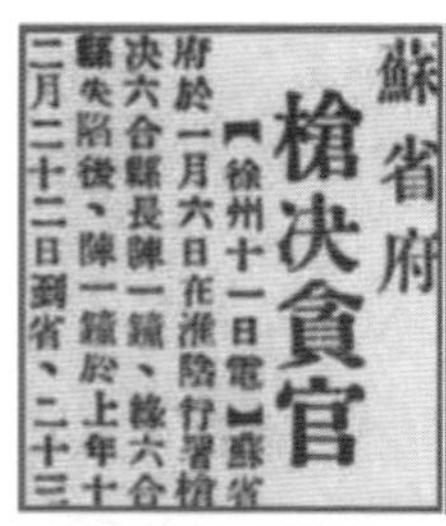

蘇省府
槍決貪官

【徐州十一日電】蘇省府於一月六日在淮陰行署槍決六合縣長陳一鏞、緣六合縣失陷後、陳一鏞於上年十二月二十二日到省、二十三日往省府呈繳公款兩萬元。翌日上午離省北上、該省府以據密報尚有鉅款未繳、派員於二十四日追至睢寧、搜獲現鈔兩萬一千五百元、據供[illegible]謂為省府北遷、擬往[illegible]縣呈繳省府、以該縣早[illegible]款兩萬元時、幷未聲明另有餘款尚待續繳、何[illegible]時隔一宿、遽謂為省府北遷、顯係[illegible]設公款、[illegible]行侵吞、[illegible]電奏將委員長核准、援照修正懲治匪區內文武官佐士兵懲[illegible]條例、、第二十三條第八款之規定、、予以槍決、社會人士對韓代主席德勤懲治貪污之精神、莫不稱快。（中央社）

《苏省府枪决贪官》报道

北上，该省府以据密报尚有巨款未缴，派员于二十四日追至睢宁，搜获现钱两万一千五百元”。

历史档案之中的上述记录，将国民党六合县县长的丑恶行径钉在了历史耻辱柱上。六合就是在这样的历史背景下沦入敌手的。而六合的县城和多个乡镇成为敌人铁蹄践踏下的沦陷区的同时，正是震惊世界的南京大屠杀发生的时候。

在南京大屠杀重要历史文证之中，六合作为南京近郊，也留下了日军暴行的统计记录。南京安全区国际委员会委员、金陵大学教授斯迈思名为《南京地区的战争损害》（后一般翻译为《南京战祸写真》）的调查报告中，即把“半个六合县”[①]列入日军在南京暴行的农村调查区域。在这份重要的日军罪行统计之中，六合县仅一半区域里，依据日伪统治重重限制下，调查员能够知晓的不完全数据，就有 2090 人在暴行之中被杀害。统计之中另记录了因侵华日军的进犯而让六合县一半区域里遭受了多项严重经济损失。例如：这里“完全毁坏的房屋”就多达 12800 间，“完全毁坏的房屋所占百分比”达到 13%，房屋损失的价值为 993200 元；有超过一半的（51%）农户家庭库存的稻米因战乱而损失；有 34% 的农户家里的水牛因战乱而损失；甚至还有近一半（49%）的农户最重要的农具之一锄头因战乱也受到了损失[②]……这些 80 多年前的历史统计记录，从一个侧面展示了南京大屠杀期间六合人民也和南

① 因受到治安和交通等方面的限制，在南京江北的六合县只调查了一半地区。

② 张宪文主编:《南京大屠杀史料集》第 15 卷《前期人口伤亡和财产损失调查》，江苏人民出版社、凤凰出版社 2006 年 1 月版，第 68–69 页。

京城区人民一样遭受了深重的灾难。

而今，在南京大屠杀史学学术研究之中，也把六合境内的难民收容所纳入了研究范畴。史学界列出南京大屠杀期间有确切记录的难民收容所有 37 座。其中，就包括了六合的葛塘难民收容所[①]。这一难民收容所是通过著名的《拉贝日记》而被后人知晓的。拉贝先生在 1938 年 2 月 14 日的日记之中记述了南京安全区国际委员会《关于形势的内部报告》。这一份报告之中记载收到有 2000 名难民的葛塘集需要救济的请求。报告之中的语句也表示，那里同样是“在南京附近有许多村庄被烧毁遭受了严重的战争损害”，“十分需要南京给予救济”的地区。上述《南京地区的战争损害》和《拉贝日记》的记述，都间接将六合列入南京大屠杀的受难区域。

而近些年以来，对南京大屠杀幸存者进行口述史实调查记录时，把六合经历过日军暴行的老人列入了幸存者的范围，收集了一大批翔实的口述记录。其中留下了侵华日军在占领六合时令人发指的罪行史实。这里试从部分六合老人的口述史记录里举出若干实例[②]——

陆荣杰老人回忆：

> 鬼子到处抢东西，放火烧房子，还杀了很多人。从新集过来的公路上就杀了很多人，我亲眼见了这些尸体。二鬼子也不讲理，向日本鬼子学，杀人放火。进六合城要向鬼子敬礼，不敬礼鬼子就打人……

田伦忠老人回忆：

① 孙宅巍：《南京大屠杀真相》，南京出版社 2016 年 12 月版，第 109 页。

② 这些幸存者的口述，均摘自《南京大屠杀史料集》第 25 卷《幸存者调查口述》（上），江苏人民出版社、凤凰出版社 2006 年 1 月版。

鬼子来时，我外婆跑反忘了拿衣服，回城拿衣服。我外婆在东门城门口见到很多尸体，把这些尸体堆起来足有一人多高，城门洞下半部可被堆满，很长距离内都有尸体。我外婆当时很伤心，抱着尸体哭，是从尸体上爬进城，又爬出城的。这些尸体都是日本鬼子屠杀的，惨绝人寰，令人发指。

李福全老人回忆：

鬼子见到姑娘，不论年龄大小，抓到就强暴。在城门口也有二鬼子[①]……二鬼子比较坏，到处抢杀，什么坏事都干。

陈东海老人回忆：

在六合城外。我看见鬼子从大路进城，他们用枪托子打人。鬼子来的时候，大家四处逃散，我们全家跑到了乡下。在乡下，我看到鬼子放火烧房子，火光红彤彤的……他们还到处抢东西，下乡抢鸡、抢猪杀了吃。鬼子还抢花姑娘，如果遇到女人反抗，就把她们打死。

达观老人回忆：

日本人见人就一枪，冲开门，见东西就拿，甚至中国字画也拿。遇到妇女则强奸，有的奸完还刺杀，年老的也不放过。

吉良椿老人回忆：

① 六合方言里将伪军称为“二鬼子”。

看到鬼子到乡下抢东西，他们用枪打鸡、打猪吃。我看到鬼子杀老百姓的情景，鬼子用白布把那个百姓的眼睛蒙上，让他跪在地上并给他香烟抽，然后刀上蘸水（怕血沾到刀上），最后一刀把那个百姓的头给砍了下来。

葛维藻老人回忆：

鬼子到一个地方就杀、掠、抢、奸，老百姓都很害怕，当地小姑娘都用破布包在头上，黑灰涂在脸上。

沈庆仁老人回忆：

我在西门还看到一个妇女过城门，鬼子用刺刀把她上身的衣服挑开了，想强奸她，没有得逞，鬼子就用刺刀挑开了她的肚子，让鬼子的狗撕。

以上的这些六合老人接受采访时所回忆的一幕幕让人心悸的史实细节，从不同角度展现了侵略者铁蹄下的六合已经成为遍地哀鸿的人间地狱，六合人民深陷在苦难中。这些记忆都成了南京大屠杀史实记录的组成部分。

而笔者近期最新发现的以下几份文献，其记载也从80多年前“第一时间”的视角展示了六合沦陷时的惨状，更揭示了侵略者肆意屠杀抢掠、建立傀儡政权时，确实曾对六合人民犯下了滔天罪行：

第一次敌人从天六公路侵入这座古老的城池，沿途杀人放火，奸淫掳掠，彼时居民措手不及，只得东来西逃，西来东避，咬着牙关，忍受痛苦。后来这一批强盗，全数调到南京送死了。及南京失

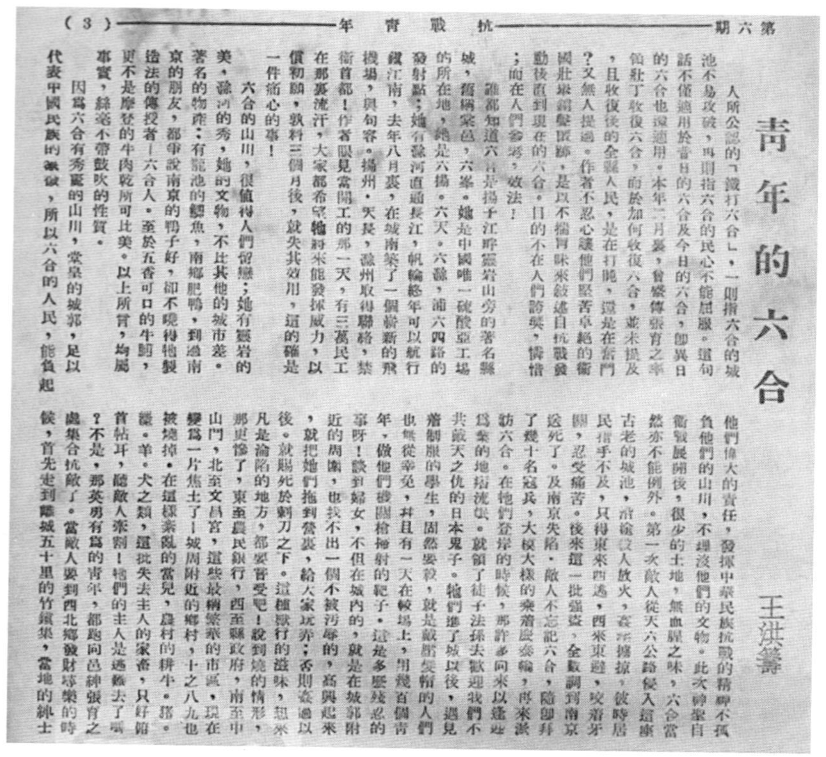

第六期——抗 戰 青 年——（3）

青年的六合

王洪籌

人所公認的「鐵打六合」，一則指六合的城池不易攻破，再則指六合的民心不能屈服。這句話不僅適用於昔日的六合及今日的六合，即異日的六合也還適用。本年二月裏，曾經傳張育之率領壯丁收復六合，而於如何收復六合，並未提及，且收復後的全縣人民，是在打鼾，還是在奮鬥？又無人提過。作者不忍心讓他們堅苦卓絕的衛國壯舉銷聲匿跡，是以不揣冒昧來敍述自抗戰發動後直到現在的六合。目的不在人們誇獎，憐惜；而在人們參考，效法！

誰都知道六合是揚子江畔靈岩山旁的著名縣城，舊稱棠邑，六峯。她是中國唯一硫酸亞工場的所在地，她是六揚，六天，六滁，浦六四路的發射點；她有滁河直通長江，帆輪終年可以航行鐵江南，去年八月裏，在城南築了一個嶄新的飛機場，與句容，揚州，天長，滁州取得聯絡，禁衛首都！作者眼見當開工的那一天，有三萬民工在那裏流汗，大家都希望牠將來能發揮威力，以償初願，孰料三個月後，就失其效用，這的確是一件痛心的事！

六合的山川，很值得人們留戀；她有靈岩的美，滁河的秀，她的文物，不比其他的城市差。著名的物產：有龍池的鰱魚，南鄉肥鴨，到過南京的朋友，都爭說南京的鴨子好，卻不曉得牠製造法的傳授者—六合人。至於五香可口的牛肉，更不是摩登的牛肉乾所可比美。以上所言，均屬事實，絲毫不帶鼓吹的性質。

因為六合有秀麗的山川，堂皇的城郭，足以代表中國民族的氣徵，所以六合的人民，能負起他們偉大的責任，發揮中華民族抗戰的精神不孤負他們的山川，不埋沒他們的文物。此次神聖自衛戰展開後，很少的土地，無血腥之味，六合當然亦不能例外。第一次敵人從天六公路侵入這塵古老的城池，肆意殺人放火，姦淫擄掠，彼時居民措手不及，只得東來西逃，西來東避，咬着牙關，忍受痛苦。後來還一批強盜，全數調到南京送死了。及南京失陷，敵人不忘記六合，隨即拜了幾十名寇兵，大模大樣的乘着慶泰輪，再來派訪六合。在牠們登岸的時候，那許多向來以逢迎為業的地痞流氓，就領了徒子法孫去歡迎我們不共戴天之仇的日本鬼子。牠們進了城以後，遇見着制服的學生，固然要殺，就是戴壓髮帽的人們也無從幸免，并且有一天在較場上，用幾百個青年，做他們機關槍掃射的靶子。這是多麼殘忍的事呀！談到婦女，不但在城內的，就是在城郭附近的周圍，也找不出一個不被汚辱的，高興起來，就把她們拖到營裏，給大家玩弄；否則姦過以後，就賜死於刺刀之下。這種獸行的滋味，想來凡是淪陷的地方，都要嘗受吧！說到燒的情形，那更慘了，東至農民銀行，西至縣政府，南至中山門，北至文昌宮，這些最稠繁華的市區，現在變為一片焦土了—城周附近的鄉村，十之八九也被燒掉。在這樣紊亂的當兒，農村的耕牛，豬。雞。羊。犬之類，還批失去主人的家畜，只好俯首帖耳，聽敵人宰割！牠們的主人是逃難去了嗎？不是，那英勇有為的青年，都跑向邑紳張育之處集合抗敵了。當敵人要到西北鄉發財尋樂的時候，首先走到離城五十里的竹鎮集，當地的紳士

《抗战青年》杂志 1938 年第 1 卷第 6 期刊登的新闻通讯《青年的六合》

陷，敌人不忘记六合，随即拜了[①]几十名寇兵，大模大样的乘着庆泰轮，再来派访[②]六合。在它们登岸的时候，那许多向来以逢迎为业的地痞流氓，就领了徒子法孙去欢迎我们不共戴天之仇的日本鬼子。它们进了城以后，遇见着制服的学生，固然要杀，就是戴压发帽的人们也无从幸免，并且有一天在较场上，用几百个青年，做他们机关枪扫射的靶子。这是多么残忍的事呀！谈到妇女，不但在城内的，就是在城郭附近的周围，也找不出一个不被污辱的，高兴起来，就把她们拖到营里，给大家玩弄；否则奸过以后，就赐死于刺刀之下。这种兽行的滋味，想来凡是沦陷的地方，都要尝受吧！说到烧的情

① 原文如此。

② 原文如此。

形，那更惨了，东至农民银行，西至县政府，南至中山门，北至文昌宫，这些最称繁华的市区，现在变为一片焦土了——城周附近的乡村，十之八九也被烧掉。在这样紊乱的当儿，农村的耕牛、猪、鸡、羊、犬之类，这批失去主人的家畜，只好俯首帖耳，听敌人宰割！

——《青年的六合》

六合是在首都失陷后三日沦于敌手的。当敌军以十二艘汽艇的兵力，经大河口，瓜埠，攻入六合县城后，荻洲部队只经过了一个短时间的烧杀，就被调开。继至六合县城的，田中、苍林、金泽、山村、田岱、灰野、加藤各部队，为了收拾人心，于是假惺惺的来了一个禁止皇军“仇杀”行为的禁令。

日军的禁令张贴出去接着就由日军官去劝诱当地的名绅耆老，请他们出来维持地方的治安，“皇军的责任是替支那的老百姓打出一个太平的天下”，他们说：“现在六合已经肃清了‘匪军’，县城

一，僞組織是如此這般經營的

六合是在首都失陷後三日淪於敵手的。當敵軍以十二艘汽艇的兵力，經大河口，瓜埠，攻入六合縣城後，荻洲部隊只經過了一個短時間的燒殺，就被調開。繼至六合縣城的，田中，蒼林，金澤，山村，田岱，灰野，加藤各部隊，爲了收拾人心，於是假惺惺的來了一個禁止皇軍「仇殺」行爲的禁令。

日軍的禁令張貼出去接着就由日軍官去勸誘當地的名紳耆老，請他們出來維持地方的治安，「皇軍的責任是替支那的老百姓打出一個太平的天下」，他們說：「現在六合已經肅清了「匪軍」，縣城里已經沒有了有害質的人了，不過支那人是靠不住的，所以大日本皇軍歡迎六合縣有威望的人士出來管理六合的政治防止壞的支那人跑進來擾亂六合的太平天下。」

可是沒有人吃他們的甜頭，安份守已的百姓們的身邊是荻洲部隊留下來的血跡，十六日上午八時，荻洲部隊攻進六合縣城的那一刻中六合縣城里最繁盛的一條十字街上有二十三個女人被強姦了。她們的丈夫與家人却有一倍以上的數目犧牲在刺刀下邊，殼亮下邊，而二十三個女人中間，有三個因姦致死，有一個死後並被割去乳頭。

這些血跡還沒有乾，還沒有褪去殷紅的顏色。他們想起這些來，對於皇軍的甜頭，也覺得可怕，誰願意在刺刀與殼亮下面，討這種種

《导报（增刊）》1939 年第 1 卷第 3 期刊登的“六合特约通讯”——《“皇军”伪组织与新政治》

里已经没有了有毒质的人了，不过支那人是靠不住的，所以大日本皇军欢迎六合县有威望的人士出来管理六合的政治，防止坏的支那人跑进来扰乱六合的太平天下。”

可是没有人吃他们的甜头，安分守己的百姓们的身边是荻洲部队留下来的血迹，十六日上午八时，荻洲部队攻进六合县城的那一刻中六合县城里最繁盛的一条十字街上有二十三个女人被强奸了。她们的丈夫与家人却有一倍以上的数目牺牲在刺刀下边，驳壳下边，而二十三个女人中间，有三个因奸致死，有一个死后并被割去乳头。

这些血迹还没有干，还没有褪去殷红的颜色……

——《“皇军”的伪组织与新政治》

以上各个文献，从不同角度展示了六合沦陷区人民过着怎样暗无天日的生活，也揭示了侵华日军在六合县犯下的罪行罄竹难书。

虽然沦陷后的一个时期，日军因继续扩大侵略战争规模，兵力不敷分配而曾短暂放弃过六合境内一部分地区。但是，日军以南京作为在华统治中心之后，将六合视为南京的北大门，又继续动用兵力重新占领县

修河兩岸激戰

全面抗戰中之六合

農民漁父計斃日軍

勁旅渡江反攻首都

漁父斃日 高歌而去

城內恐慌 各懷鬼胎

勁旅渡江 反攻首都

魯省專員 范築先等殉職

英美商業協定 定來年……

沙面一美商婦人 出售日機轟炸……

白熊脂

ZYMASUN

食母生

酵母製劑

《新闻报》1938 年 12 月 24 日刊登的回溯报道《全面抗战中之六合》

城和部分集镇，在此极力维持统治。

> 六合于去年十二月十六日一度失守，殷繁街市，胥[①]被日军焚毁，今夏日机又来轰炸，全城精华尽失，此番放弃无异空城，日军首沿浦六路进犯葛塘集，入城后，严闭四门，只许人入，不许人出，有理发匠某，稍与执拗，即被打死，一时城内大起恐慌。嗣由腐化仕绅多人，面求日军开放，摇尾乞怜，丑态毕露，结果公推庸医唐某为伪临时维持会会长，会址设在前街永安公所内，随又承奉日军意旨，招募伪警四十人，维持其名，敛钱是实……
>
> ——《全面抗战中之六合》

同时，侵华日军航空兵继续出动飞机轰炸其因兵力不足而未占领的六合乡镇。一次次投下炸弹的同时也一次次在无辜平民之中投下了恐慌的气氛。

六合滁縣 昨日均遭空襲

敵機十八架、於昨（十五）日下午二時半在常州一帶發現、我空軍當即飛往截擊、敵機則轉往六合、滁州、句容各地投彈、、追我軍趕至、敵已相偕逸去、奈被轟炸處所受損失、正在調查中。

▲中央社鎮江十四日電敵機十四日沿京滬路各縣、自蘇州起、鎮江止、無一處無敵機肆虐、計蘇州投六彈、無錫投二彈、常州投十一彈、戚墅堰投六彈、丹陽投五彈、並用機槍掃射、約二十分鐘、新豐毀車頭一、鎮江投兩彈、亦開機槍掃射、車站被炸一部份、死平民二人、傷四人、其他各處損失死傷情形不詳、並悉江北寶應淮安等縣、亦有敵機飛去窺探

江苏省政府报告六合集镇遭日军飞机空袭的档案

日军扶持的伪政权则为虎作伥，其麾下的大批汉奸借机压榨沦陷区的群众。从国家图书馆查阅到的历史文献之中，对此有着沉痛的控诉：

> 六合这个地方，虽然是个三等小县，但“军”、“政”、“财——税”[②]各种组织一应俱全，所有上层工作，大多数不是地方上人干的，是外方人化[③]了很大的资本谋得来的，那他们当然要翻回本

① 胥，“皆、都”之意。

② 原文如此。

③ 原文如此。

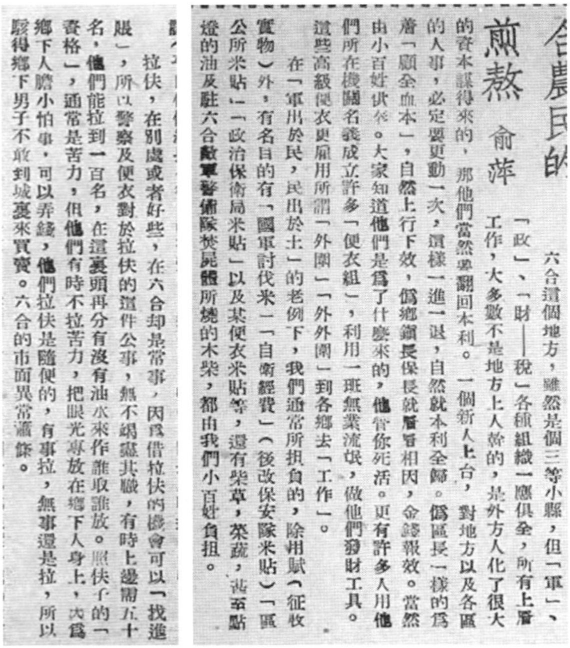

合農民的

煎熬 俞萍

六合這個地方，雖然是個三等小縣，但「軍」、「政」、「財——稅」各種組織一應俱全，所有上層工作，大多數不是地方上人幹的，是外方人化了很大的資本謀得來的，那他們當然要翻回本利。一個新人上台，對地方以及各區的人事，必定要更動一次，這樣一進一退，自然就本利全歸。偽區長一樣的為着「顧全血本」，自然上行下效，偽鄉鎮長保長就層層相因，金錢報效。當然由小百姓供奉。大家知道他們是為了什麼來的，他管你死活。更有許多人用他們所在機關名義成立許多「便衣組」，利用一班無業流氓，做他們發財工具。這些高級便衣更雇用所謂「外圍」「外外圍」到各鄉去「工作」。

在「軍出於民，民出於土」的老例下，我們通常所担負的，除田賦（征收實物）外，有名目的有「國軍討伐米」「自衛經費」（後改保安隊米貼）「區公所米貼」「政治保衛局米貼」以及某便衣米貼等，還有柴草，菜蔬，甚至點燈的油及駐六合敵軍警備隊焚屍體所燒的木柴，都由我們小百姓負担。

拉伕，在別處或者好些，在六合却是常事，因為借拉伕的機會可以「找進賬」，所以警察及便衣對於拉伕的這件公事，無不竭盡其職，有時上邊需五十名，他們能拉到一百名，在這裏頭再分有沒有油水來作誰取誰放。照伕子的「資格」，通常是苦力，但他們有時不拉苦力，把眼光專放在鄉下人身上，因為鄉下人膽小怕事，可以弄錢，他們拉伕是隨便的，有事拉，無事還是拉，所以駭得鄉下男子不敢到城裏來買賣。六合的市面異常蕭條。

记录汉奸伪政权在六合暴行的文献

利。一个新人上台，对地方以及各区的人事，必定要更动一次，这样一进一退，自然就本利全归。伪区长一样的为着“顾全血本”，自然上行下效，伪乡镇长保长就层层相因，金钱报效。当然由小百姓供奉。大家知道他们是为了什么来的，他管你死活。更有许多人用他们所在机关名义成立许多“便衣组”，利用一班无业流氓，做他们发财工具。这些高级便衣更雇用所谓“外围”“外外围”到各乡去“工作”。

在“军出于民，民出于土”的老例下，我们通常所担负的，除用赋（征收实物）外，有名目的有“国军讨伐米”“自卫经费”（后改保安队米贴）“区公所米贴”“政治保卫局米贴”以及某便衣米贴等，还有柴草，菜蔬，甚至点灯的油及驻六合敌军警备队焚尸体所烧的木柴，都由我们小百姓负担。

拉夫，在别处或者好些，在六合却是常事，因为借拉夫的机会可以“找进账”，所以警察及便衣对于拉夫的这件公事，无不竭尽其职，有时上边需五十名，他们能拉到一百名，在这里头再分有没有油水来作谁取谁放。照夫子的“资格”，通常是苦力，但他们有时不拉苦力，把眼光专放在乡下人身上，因为乡下人胆小怕事，可以弄钱，他们拉夫是随便的，有事拉，无事还是拉，所以害得乡下男子不敢到城里来买卖。六合的市面异常萧条。

——《抗战中六合农民的煎熬》[①]

而后来在六合北部组织县政府的国民党顽固派六合县长洪家骝，无心也无胆全力抗击日军，疏于管理县政，放纵地方土匪。其麾下的杂牌武装游击队也是抗日不足、扰民有余。这导致尚未沦陷的乡镇之中，人民的生活也很痛苦。新闻报道之中留下的历史文献对此都有明确记载：

县政失其枢纽，土匪乘势张狂，打家劫舍，杀人放火，弄得鸡犬不宁。接着游击队又高喊着抗战的口号，掮着党国的旗帜，俨然具有一种神圣不可侵犯的气概，出现在六合地方；冲入人家，鸡豚任意宰杀，食粮任意搜罗，并须强迫人民，代为炊煮，其作恶的程度，较诸土匪还厉害十倍。六合的老百姓，在这两种蹂躏之下，真是求死不得！

——《六合大刀会的内容》

沦于敌手的六合山川等待着，挣扎在水深火热之中的六合人民等待着——什么时候有一支人民的军队来到六合，打击敌寇、解民倒悬，让大众重见天日。

有聲有色，如火如荼

六合大刀會的內容（上）

長淮千里幾無一片干淨土

矯正思想普及教育不爲功

○……六合通訊……○

大刀會這個名辭，由來已久，就是報紙上也時常有所記載，可是多係一鱗半爪，略而不詳。若論我們六合這個地方，在戰亂之前，本無大刀會組織；自蘆溝橋事變發生後，戰事範圍，日漸擴大，土地失陷，愈來愈廣，六合以江北渺小的縣份，竟亦不幸陷淪，縣政失其樞紐，土匪乘勢張狂，打家刼舍，殺人放火，弄得鷄犬不甯。接着游擊隊又高喊着抗戰的口號，捐着黨國的旗幟，儼然具有一種神聖不可侵犯的氣概，出現在六合地方；衝入人家，雞豚任意宰殺，食糧任意搜羅，並須强迫人氏，代爲炊煑，其作惡的程度，較諸土匪還厲害十倍。六合的老百姓，在這兩種蹂躪之下，眞是求死不得！想於死中求生，知非團結武

《苏民周报》的报道

① 见《大同周刊》1945年9月“革新号”，第13页。

（二）新四军东进抗日来到六合

1939 年夏季，随着新四军进军津浦铁路的路东地区，六合人民终于迎来了人民的子弟兵。

从天津到浦口的津浦铁路线，是当时中国南北运输最重要的交通大动脉之一。日本帝国主义发动全面侵华战争之后，侵华日军将“打通津浦线”，进而完全控制津浦铁路沿线地区作为最重大的战略目标之一，采取南北对进的形式，在 1938 年侵占了津浦铁路沿线的各个地区。淮河南岸一带的土地也被日军沿着铁路设立的封锁线而分割成为路西、路东两大区域。六合县当时就处于淮南路东地区。

将路东开辟为敌后抗日根据地，是一次宏大的、带有战略意义的进军行动。最先进入六合的新四军部队，是从安徽境内淮河以南的路西地区向东越过津浦铁道线，一步步进入苏皖交界的路东地区。

最先从苏皖边界进入六合境内的新四军部队，是新四军第 4 支队第 8 团第 2 营和第 4 支队战地服务团。这两支新四军部队在全面抗战打响后，都是自西向东一步步向苏皖边界的敌后战场挺进的。全民族抗战开始后，鄂豫边区桐柏山红军游击队于 1938 年 1 月在河南省确山县竹沟镇改编为新四军第 4 支队第 8 团。

1938 年 3 月 8 日，新四军第 4 支队第 8 团在团长周骏鸣、团政委林恺的带领下，从河南信阳县的邢集出发，经湖北省向安徽省的敌后战场挺进。

部队出发之前，罗炳辉同志从武汉赶到邢集，向 8 团传达了中共中央长江局和周恩来同志的指示。该团长行军途中，曾在皖西大别山区的霍山县，和新四军第 4 支队第 7 团、第 9 团会师。

1938 年 4 月，第 8 团挺进到安徽中部的无为、庐江、桐城、舒城等县境内，在这里积极开展抗日活动，参与建立了皖中敌后抗日根据地。1938 年 6 月，第 8 团又离开舒城县的西汤池，向皖东地区挺进。在这一时期，第 8 团一度由新四军军部直接指挥。

该团越过自皖西向皖中延伸的合（肥）六（安）公路后，在皖东的肥东、巢县、全椒、含山等多个县活动过，为在皖东地区开辟一块敌后抗日根据地而立下了汗马功劳。其间，第 8 团一部还曾继续东进，到达了苏皖边界附近的安徽滁县、定远县。部队已经进入滁县西面的皇甫山周围和定远县藕塘、岱山铺以北一带开展活动，再向东即可进入江苏省境内。

新四军第 4 支队战地服务团则是 1938 年 3 月上旬在湖北省黄安县七里坪组建的。当时，第 4 支队政治部以鄂豫皖特区党委主办的青年训练班第二期部分学员和新招收的第三期学员为主，成立了新四军第 4 支队政治部战地服务团。成员多是来自延安的陕北公学学员，以及从上海、武汉来参加新四军的知识青年和文化工作者。

第 4 支队战地服务团成立后，随着新四军东进抗日的步伐，也一步步从西向东行进。1938 年 12 月，第 4 支队战地服务团奉命从安徽省舒城县向皖东进发，这期间一边行军一边从事沿途的群众工作。经过 2 个多月的长途跋涉，1939 年 2 月 22 日，战地服务团在团长程启文、副团长汪道涵的率领下，到达皖东全椒县大马厂一带。随后在这里兵分两路开展发动群众的地方工作。

1939 年 5 月，上述两支新四军部队，是按照挺进津浦铁路路东，将路东地区开辟为敌后抗日根据地的部署，出动兵力前往包括六合县在内的淮河南岸苏皖交界地区进行战略侦察和宣传抗日工作的。

此前的 1939 年 4 月，新四军副军长（政委）项英就江北工作方针及干部配备等问题给中共中央、中央军委和中央中原局的电报里，专门报告了第 8 团政委林恺到新四军军部商讨的意见：“在军事上，向北、向东发展，以津浦线为中心积极行动……八团与游击纵队改编为三个团（现有十营），成立五支队，以罗炳辉为司令、周骏鸣为副司令。”全面抗战之初，新四军成立时只有四个支队的编制。以第 8 团为主力准备扩建成立的第 5 支队，就是为了独立自主地在淮河以南地区打开局面。

在第 5 支队筹建之际，1939 年 5 月初，中共苏皖省委委员方毅、第 8 团第 2 营营长朱绍清等同志被上级党组织安排组成津浦路东临时前敌委员会，方毅担任前委书记。“路东”作为地域名称，就此成为他们工作的方向。

5 月 10 日，方毅和朱绍清随即率第 8 团第 2 营，在张八岭一带越过津浦铁路线的铁轨，开始进入津浦铁路以东地区进行活动。汪道涵同志率领的新四军第 4 支队战地服务团一部也随同 2 营行动。

两支快速到达苏皖交界处的新四军先遣部队，成为全面抗战开始后，津浦路以东、高邮湖以西、淮河以南、长江以北范围里的路东地区人民群众迎来的第一批红色武装。

新四军第 4 支队第 8 团第 2 营和第 4 支队战地服务团作为先遣部队来到包括六合在内的苏皖边界地区之后，将侦察到的情况反馈给中共苏皖省委。判断路东地区适合开辟敌后抗日根据地之后，新四军的后续部队又接连赶了过来。

而作为第一批挺进路东地区部队的指挥员，方毅、朱绍清二人都留下了有关的红色回忆文献。在这些记录着珍贵史实的回忆里，我们可以分别看到“六合”的地名。革命前辈的回忆，也成为六合革命史里程碑事件的一份不灭的记忆。

方毅回忆道：

> 第五支队成立以后，领导坚强，组织健全，内部团结，在炳辉同志的率领下立即执行了中央东进的方针。经支队党委决定，由我带一个加强营先到路东侦察。在执行任务前，炳辉同志特地将我找去，反复强调执行这次任务的重要性，并将他亲身实践的经验告诉我，到敌后去应如何开展工作。为了让我们及时同支队取得联系，炳辉同志决定让我们带一部电台。

我率八团二营先行路东，活动在盱眙、来安、六合等地区。炳辉同志在听取我的侦察工作汇报后，也于8月率八团、十五团和司令部相继越过敌人的封锁线。到10月，十团也过来了。至此，第五支队全部人马胜利地挺进路东。此后，我第五支队以半塔为中心，八团三营在来安一带，一、二营在天长、扬州附近，十团在盱眙嘉（山）地区，十五团在竹镇一带，发动群众，开展了广泛的游击战争，初步打开了路东的抗战局面。[①]

朱绍清回忆道：

5月10日晚，我们在张八岭以南通过铁路，到达自来桥（当时国民党嘉山县政府所在地），以后进至盱眙县古城集。嘉山县国民党政府对我党我军的态度较好，有共同抗日的愿望，从而加强了相互信任和团结抗日的基础，使该地区成为路东与路西之间较巩固的交通线。不久，第三大队及团特务连、侦察连相继进入津浦路东地区，于是部队以盱眙县古城为基地，以天长、六合、来安为主要方向，四面开花，大力开展抗日游击的活动。

……6月中旬，第二大队以一部分兵力深入六合县的八百里桥、东旺庙进行抗日宣传。一是宣传我军是抗日的人民军队；二是动员群众要抗日，不要资敌；三是号召各抗日武装力量团结起来，枪口对外一致抗日。[②]

那么，新四军的先遣部队来到六合之后，究竟又是在什么时候打响了六合境内人民军队敌后抗战第一枪的呢？

---

① 罗新安主编:《罗炳辉百年经纬》，中西书局2015年11月版，第362页。

② 《淮南抗日根据地》编审委员会编:《淮南抗日根据地》，中共党史资料出版社1987年10月版，第348–349页。

据新四军第4支队第8团政治处主任高志荣的警卫员邓绍清、曾任六合县竹镇区抗日民主政府游击大队长杨守仁这二位抗日老战士的共同回忆，新四军第4支队第8团第2营曾经在1939年6月下旬“一战程桥”。

中共六合县委党史资料征集办公室20世纪80年代访问大批老同志，在1984年6月整理撰写而成的资料汇编《抗日、解放战争时期我县境内发生的战斗录》之中，将其列为抗日战争时期新四军在六合的第一仗：

> 一九三九年六月下旬：一战程桥。
>
> 日军一部驻程桥街后，新四军八团二营，在团政治处主任高志荣和二营营长朱绍清率领下，从王集前来攻击，战斗两小时。日军伤亡数十人。我军缴获轻机枪一挺、步枪十余支，我伤[①]二十多人、亡十人。由当地群众购棺十具，埋葬于滁河岸边。事后，高志荣主任命警卫员邓绍清送银元一百块到程桥，交还当地群众作购棺费用。该仗是新四军进入我县第一次打击日寇的战斗。仗虽小胜，但振奋民心。（邓绍清、杨守仁同志提供）

依据上述回忆，新四军的先遣部队刚到路东地区一个月出头，六合境内的程桥就已成为中国共产党领导下的敌后武装抗日的战场。而中国共产党领导下的敌后武装在六合境内的作战，也从此开始一直持续到抗战的最后胜利之时。

（三）六合的抗战局面焕然一新

津浦路东的天长、来安、六合、盱眙等多个县的局面打开之后，刚刚成立的新四军第5支队主力立即紧随其后，又陆续迅速从路西地区开

① 原文如此。

1939 年夏，新四军第 5 支队领导合影，左起：郭述申、张劲夫、罗炳辉、周骏鸣

赴路东地区。

1939 年 7 月 1 日，在津浦路西的定远藕塘西南 15 公里的安子集，数月之前就在筹组的新四军第 5 支队正式宣告成立。罗炳辉任支队司令员，郭述申任支队政委，周骏鸣任副司令员，赵启民任参谋长，方毅任政治部主任。

在新四军第 5 支队的成立大会上，罗炳辉发表了号召部队东进的讲话。他说："经党中央、毛主席批准，新四军第五支队正式成立了！我们这个支队，虽然国民党不承认[①]，但人民群众承认。我们要坚持独立自主的原则，发展壮大人民武装力量。为了更好地完成东进抗日任务，必须搞好整训，提高杀敌本领。"

① 国民党为了限制新四军的发展，对新四军的编制一直严加控制。国民政府军令部 1940 年 5 月 8 日还在关于不受理新四军第五支队控诉的签呈之中称"查新四军第五支队，既未奉准成立"。

罗炳辉、周骏鸣和新四军第 5 支队第 8、10 团副营级以上干部的合影

1938 年 3 月 8 日罗炳辉将军曾经代表军部送别了新四军第 4 支队第 8 团东进抗日。随后的大半年里，他曾经转战苏南建立了功勋。继 1938 年夏秋之交在长江南岸威震敌胆之后，在 1939 年夏季，罗炳辉将军又率领第 4 支队第 8 团扩建的第 5 支队，挥师在长江北岸向东挺进。兵锋直指包括六合在内的津浦路东各县。

第五支队下辖第 8、10、15 等三个团和 1 个教导大队，共 3000 余人（该支队进到津浦路东后，又成立了 1 个直属的特务营）。其中第 8 团有 2 个营是老部队，第 10 团有 2 个连是老部队，余下部分和第 15 团都是完全新建的。这支新诞生的部队，随即成了路东地区各县人民的希望。

在新四军第 5 支队主力陆续进入路东地区后，苏皖交界来安、嘉山（今为安徽明光市）、盱眙、天长、六合五县边界处，成为新四军开辟的淮南津浦路东敌后抗日根据地的中心地带。地方党组织也迅速得以建立。

中共苏皖省委当时成立了津浦路东工作委员会。据工委书记李世农的回忆，路东工委随后在六合县建立了地方党组织。

> 1939 年 5 月，按照中央向皖东敌后发展的战略方针，苏皖省委决定派方毅、朱绍清率领第 4 支队第 8 团第 2 营组成的挺进纵队和第 4 支队战地服务团，于 5 月 10 日进入津浦路东地区进行战略侦察。他们在路东跑了几个县，大约一个多月时间，回路西汇报说，津浦路东形势很好。于是苏皖省委决定立即开辟津浦路东地区，成立了中共津浦路东工作委员会，由我兼任工委书记，属苏皖省委领导。
>
> 我是 7 月份跟第 8 团第 3 营一起到津浦路东的，带了一部分民运工作干部。不久，罗炳辉率领第 5 支队司令部和第 10、第 15 团挺进到了津浦路东，随即分散到各县发动群众，开展抗日游击战争。在部队和民运组的配合下，路东工委先后在天长、盱（眙）嘉（山）、六合等县，建立了县一级党组织。[①]

六合县一级党组织在 1939 年下半年建立，是继 12 年前中共六合独立支部之后，六合的土地上再次有了县一级的党组织。在日伪顽强势力压迫下痛苦煎熬的六合人民，在抗日的道路上终于有了指路明灯。

1939 年的下半年，还有第二支新四军部队来到六合县境内。这就是新四军苏皖支队。1939 年 11 月，新四军江南指挥部遵照中共中央关于开辟苏皖边区的指示，派第 4 团团长张道庸（陶勇）、政委卢胜率团部及第 2 营，北渡长江。过江后，即以新四军苏皖支队的名义向扬州仪征、天长、六合地区发展[②]。

① 中共滁州市委党史研究室、滁州市新四军历史研究会编:《抗日战争时期滁州党史资料》，2012 年 12 月版，第 462 页。

② 中共滁州市委党史研究室著:《中国共产党滁州地方史》第 1 卷（1921—1949），安徽人民出版社 2011 年 5 月版，第 131 页。

苏皖支队从南向北发展，有力地策应了东进津浦路东地区的新四军第5支队。苏皖支队渡江后在六合县境内的第一仗，是打击了国民党顽固派扶持的、阻碍新四军抗日并且骚扰民众的反动帮会武装。前述《抗日、解放战争时期我县境内发生的战斗录》中，也记载了这次战斗的概况：

一九三九年十二月初：袭扫南圩“三坝”局子。

安清帮[①]头目周之圣，在国民党忠义救国南京行动总队队长徐熹的授意下，纠集徒子徒孙编成队伍。由划子口至大河口的赵、余、范家坝设立局卡，既敲诈民财，又阻碍新四军大江南北的联系。新四军苏皖支队陶勇司令派黄彩胜参谋领三个排兵力，分从林、黄、戴三摆渡过河去袭扫。当夜大雪，敌毫无防备，一举全歼该三处局卡40多人，帮徒均教育释放，获步枪40余支。清除了江岸交通障碍。（端海东同志提供）

这一仗里打击的反动武装的帮会首领周之圣，本身是见风使舵、毫无民族气节的败类，投靠日军做了六合县的伪警察局长，抗战胜利后成为被通缉的汉奸。因此，对这一类反动帮会武装的打击，同样也是有利于抗战事业的。

新四军部队进入包括六合在内的津浦路东地区之后，日伪势力深感震动。为了确保其占领区的“安全”，日伪军开始阴谋进行扫荡。

而罗炳辉司令员到达路东地区后，为了巩固新开辟的敌后根据地，很快亲自率领部队在六合打了一个胜仗。这次战斗以“老古墩战斗”的名称载入了南京革命史的史册。在《南京革命事典》之中对这次战斗有如下详细的记录：

---

① 封建帮会名称，又名三番子。

（1939 年）12 月 27 日，罗炳辉获悉驻守在六合城的日、伪军 300 余人将于次日经程桥向竹镇进犯的情报后，决定在老古墩进行伏击，给日军以迎头痛击……

老古墩位于竹镇南 5 公里处盘山的东南侧，紧临六合通往竹镇的公路边，是日伪军进犯竹镇的必经之地。28 日黎明前，罗炳辉亲率 15 团 1 营冒着严寒进入阵地。上午 10 时许，日军才气势汹汹地向老古墩迤逦而来。由于沿途未受到任何阻挠，寇更是胆壮气粗，十分得意。毫无戒备、趾高气扬的日、伪军刚进入新四军伏击圈，冲锋号响，伏兵四起，杀声震天，弹丸横飞，300 余人的新四军队伍锐不可当，从老古墩冲向敌阵。这突如其来的打击，顿使日、伪军乱作一团，有的还不知何故，就被当场击毙，命归西天。受挫的日、伪军拼命抢占盘山制高点后，展开所有的火力，不断进行疯狂反扑，妄图冲出包围。在罗炳辉亲自指挥下，新四军指战员同仇敌忾，不怕牺牲，英勇战斗，冒着密集炮火，连续向日伪军发起猛烈攻击，不给其以喘息之机。在新四军猛烈攻击下，不可一世的日军龟缩在制高点上乱作一团，负隅顽抗。

老古墩伏击战共毙伤日、伪军 60 余人，缴获重机枪 1 挺、轻机枪 2 挺、步枪 20 余支。十五团一营也伤亡 60 余人。

……第二天，在竹镇汪家坟召开庆祝大会。罗炳辉亲自主持大会并作报告，他说："老古墩的战斗，再一次充分证明皇军不可战胜的神话破灭了！在中国共产党领导下，只要加强军民团结，万众一心，就一定能打败日本侵略者！"①

随着新四军在六合开始展开战斗，受尽日伪军折磨压迫的六合人民看到了希望。在敌后抗日根据地已经开辟的区域，大部分时间里日伪

① 中共南京市委党史工作办公室等编：《南京革命事典》，南京出版社 2004 年 4 月版，第 193 页。

军都被压缩在部分集镇和交通线沿线的据点之中，再也不敢随意远离据点到农村抢掠屠杀。国民党顽固派势力也被清除出了六合县绝大部分地区。

六合的许多南京大屠杀幸存者们，在此前进行口述史实记录时，也回忆了自己亲眼看到新四军来到六合之后给日伪军的打击，看到了随着新四军的到来而发生的变化。这同样都是六合县的抗战局面焕然一新的重要表现——

达应珂老人回忆新四军来到六合之后，“日本人在六合城里也害怕，到晚上就关城门，四个城门白天开，晚上关。”他还回忆道，“日本人怕下乡，一回城就关城门。新四军会化装进城”。而在达应珂老人的回忆里，六合的老百姓称新四军为“四大（爷）”。“我们认为唯一能使日本人害怕的是共产党”。

吕凤英老人回忆人民群众拥护新四军，会躲避着日伪军的搜查而把物资运送出来：“在城门口，老百姓会带东西，像香烟、肥皂、白布这些，裹在身上带给新四军。”

而不止一位老人回忆了日伪统治时期物价飞涨、货币贬值。只有敌后抗日根据地的货币才能保持稳定。田伦忠老人回忆“我还用过新四军的淮南票[①]，淮南票很值钱，从不贬值。如果100斤粮食卖10块淮南票，储币[②]就买不到。”汪文英老人也回忆货币“不值钱，价格不稳定，也买不到东西”。因此，“我们还用淮南票（新四军在时）”。

还有一些老人回忆亲眼见证了新四军与日伪军战斗的情景。例如，周文明老人曾经回忆过著名的东沟战斗：“新四军和日本人、二鬼子都打过仗，在大东沟把二鬼子打死了不少，也俘虏了不少。”而张有铸

① 指淮南敌后抗日根据地发行的淮南银行币，有壹角、伍角、壹圆、伍圆、拾圆、壹佰圆等6种面值。

② 指汪伪政府中央储备银行作为“新法币”发行的储备券。

老人的回忆，则记述了新四军 1939 年秋季[①]刚进入六合时的一次伏击战斗：

> 1939 年，麦子种完的时候，新四军有一营人从我家那里过，是一个雷营长带的。他们吃过饭后，在六浦公路一个叫竺家槽坊的地方伏击了日军。一个小时的战斗，新四军击毁了鬼子的 5 辆汽车，缴获了 20 多条枪。但新四军有个蔡排长牺牲了。[②]

正应了此前毛泽东主席指出的“枪杆子里面出政权”的真理，抗日作战的胜利、敌后武装的发展也迅速推动了包括六合县在内的路东地区抗日民主政权的建设。1940 年 4 月，皖东津浦路东各县人民抗敌联防委员会办事处（简称路东各县联防办事处）正式宣告成立，这其实是行署一级的地方政权。办事处下辖来安、天长、嘉山、盱眙、六合、高邮（湖西地区）、仪征等 7 个县的县政府和宝应（湖西地区）、淮宝（1941 年 8 月划归淮北行署）2 个办事处。

尤其值得注意的是，路东各县联防办事处成立时，下辖有 4 个直属区。其中除了第一直属区为来安县半塔地区，余下三个都是在六合境内：第二直属区为六合县八百桥地区，第三直属区为六合县东沟地区，第四直属区为六合县四合墩、东旺庙和天长县南乡地区。而到了 1942 年 1 月，路东各县联防办事处又改建为淮南苏皖边区行政公署，继续下辖来安、天长、嘉山、盱眙、六合、高邮、仪征等 7 个县的县政府和 4 个直属区政府。当年 10 月，第二和第四直属区合并，改建为冶山县。在今天六合行政范围的区域，当时在苏皖边区行政公署下属各县之中占到两个县。可见，当时六合县在路东地区具有举足轻重的地位。

---

① 据老人回忆是“麦子种完”之后。冬小麦的播种季节是秋季。

② 以上口述记录均摘自《南京大屠杀史料集》第 25 卷《幸存者调查口述》（上），江苏人民出版社、凤凰出版社 2006 年 1 月版。

二、1941年：金牛山战斗与歌曲《金牛山上打胜仗》

新四军在六合建立敌后抗日根据地之后，革命歌曲的咏唱成为激励民心士气的重要文艺活动。20世纪80年代，六合县文化馆编印的《六合革命历史歌曲选》之中，曾经这么描述歌咏活动的深入开展情况：

> 革命文艺工作也在我县范围内得到蓬勃发展，其中尤以歌咏活动更为广泛深入、丰富多彩。无论在部队或群众中，都出现了无操不唱、无会不歌的盛况；拉歌赛歌活动风靡一时，这对提高觉悟，鼓舞斗志，增强团结，活跃情绪等，都起到了巨大作用。有的老同志回忆起来，还说他们当年投身革命，就是因为受到革命歌曲影响的缘故。

1941年，因六合金牛山战斗的重大胜利，而在六合的土地上诞生了一首歌曲《金牛山上打胜仗》。在烽火硝烟弥漫的年代，这就是一首深受淮南敌后抗日根据地新四军官兵喜爱的抗战歌曲，并且在根据地人民群众之中广为传唱，被誉为苏皖边区群众之中“家喻户晓”的歌曲。前述《六合革命历史歌曲选》专门以这首歌作为例证，展示历史上的革命歌曲没有随着岁月的流逝而被人淡忘：

> 我县金牛山一仗，大败侵略者的胜利经过，如今已记述不全了，但《金牛山上打胜仗》这支歌，却一直广泛流传着。不少老同

志和当地一些老人至今还都会唱。

新中国成立之后，产生在六合的这首革命歌曲《金牛山上打胜仗》，作为新四军抗战歌曲的代表作之一，仍继续在社会各界之中传唱着。并且，历经几十年后还保持着在全国的影响力。

1957 年，人民军队建军 30 周年和全民族抗战打响 20 周年之际，《金牛山上打胜仗》入选《抗日战争歌曲选集》。1977 年，这首歌再次入选《建军五十周年歌曲集》。此后，《金牛山上打胜仗》继续入选各类纪念歌曲集。例如：这首歌曾经先后入选了 1995 年抗战胜利 50 周年之际出版的《抗战救亡歌曲集》和 2005 年抗战胜利 60 周年之际出版的《抗日歌曲一百首——纪念抗战胜利六十周年（1945—2005）》。直至近年来出版的《民族歌魂——中国抗日战争救亡歌曲精选集（1931—1945）》之中仍继续收录歌曲《金牛山上打胜仗》。激昂有力的旋律和鼓舞人心的歌词穿越历史时空，至今犹在打动一代又一代的国人。

《金牛山上打胜仗》对应的六合金牛山战斗，是六合抗战史乃至南京抗战史之中一件具有里程碑意义的重大事件。因为这次战斗是新四军第二师成立后第一次大战斗，也是著名的梅花桩战术第一次成功运用的战例。1941 年 12 月，新四军第 2 师的《二师一年来军事工作总结》里明确指出金牛山战斗“是很模范的战斗，值得我们提出来说的”。

这次战斗的史实和这首歌曲，都是六合革命史册里弥足珍贵的红色文化资源。首先，就让我们通过各类历史文献的记载，走近这次彪炳史册的战斗——

（一）新四军第 2 师成立后的第一次大仗

金牛山战斗是在新四军第 2 师刚刚成立的历史背景下打响的。1941 年 1 月，国民党顽固派悍然制造了震惊全国的皖南事变。1941 年 1 月 4

日，驻在皖南泾县云岭的新四军军部及所属部队共 9000 余人奉命北上。6 日到达茂林一带时，突遭国民党军队 7 个师、8 万余人的包围袭击，战斗七昼夜后，我军因寡不敌众、弹尽粮绝，除有 2000 多人突围，余下大部分牺牲或被俘。蒋介石随即宣布取消新四军番号，并下令向新四军其他部队进攻。这一事变是国民党顽固派发动的第二次反共高潮的最高峰。侵华日军和汪伪势力看到国民党顽固派的这一行径后，十分“嘉许”、大为欢迎，趁机出动兵力和国民党顽固派一起夹击新四军。日本《朝日新闻》1941 年 1 月 25 日竟公开报道日军和国民党军一起夹击新四军，吹嘘称：“我皇军各部队以截击态势正在开展激烈的歼灭战。新四军遭我方与中央军的夹击，处于被全歼的最后关头，枉自进行最后抵抗。”而大汉奸汪精卫在南京也针对皖南事变而宣称“数年来蒋介石不做一好事，唯此次尚属一个好人”。

皖南事变之后，为了回击国民党顽固派的倒行逆施，坚持团结抗战、反对分裂投降，新四军军部随即进行了重建，部队编制也进行了重新整编。1941 年 1 月 20 日，中国共产党中央革命军事委员会发布命令，任命“陈毅为国民革命军新编第四军代理军长，张云逸为副军长，刘少奇为政委，赖传珠为参谋长，邓子恢为政治部主任”。1 月 23 日，新四军将领陈毅、刘少奇、张云逸、赖传珠、邓子恢等发表了就职通电。陈毅军长在就职通电之中指出要“誓与日寇、汉奸、反共投降派奋战到底”。

新四军军部重建之后，全军编为 7 个师 1 个独立旅。其中将活动于淮河以南、长江以北、津浦铁路两侧地区的新四军第 4、第 5 支队及江北游击队编为新四军第 2 师。该师师长由新四军副军长张云逸兼任、政治委员由郑位三担任，副师长由罗炳辉担任。

新四军第 2 师成立后，下辖第 4、第 5、第 6 旅以及津浦路东、路西两个联防司令部，指战员共 18000 余人。该师是包括六合县在内的淮南敌后抗日根据地之中的主要抗日武装。

新四军第 2 师成立之后，从江北直接威胁侵华日军“中国派遣军”总司令部和汪伪国民政府驻地——南京。日伪势力为了减少在其统治中心周边的军事压力，在 1941 年春季又对淮南敌后抗日根据地进行“蚕食”和扫荡。路东地区因为更靠近南京城区，成为敌人的“眼中钉”“肉中刺”。率部战斗在路东的罗副师长后来在《二师工作报告》里有如下记述：

> 到一九四一年增加了很多据点，对我们“扫荡”时，高邮、宝应、滁州、扬州、六合等地的敌人就会出来。现在敌据点有四十个，伪据点共有二十二个，经常驻的敌人有一千七百四十六人，经常驻的伪军有七千二百九十二人。
>
> 敌人的指挥系统：张八岭以北归明光指挥，来安、全椒归滁州指挥，六合归南京指挥，天长、仪征归扬州指挥。[①]

当时因只和南京城区隔了一条长江，地理位置极为重要，六合是路东地区各县之中唯一被纳入了日伪军拱卫南京防区的县。

1941 年 2、3 月，日伪军在六合以北和以东的天（长）仪（征）扬（州）地区增设大批据点，并修筑天长至仪征的公路，还企图继续修通六合至金家集公路。日伪军以公路为链，以据点为锁，妄图进一步分割和“伪化”津浦路东的新四军活动区域。新四军第 2 师后来回顾金牛山战斗时指出，如果日伪军的这一阴谋得逞，“不但路东根据地削去四分之一，而且一切财政军需将感受到困难”。

面对严峻的斗争形势，刚刚成立的新四军第 2 师针锋相对，在罗炳辉副师长的指挥下，随即在天（长）仪（征）扬（州）地区发起反点线的多次连续战斗，在南京以北地区勇敢地发动保卫根据地的作战。金牛山战斗就是在这样的历史背景下打响的。

新四军第 2 师司令部编写的《1941 年军事工作总结报告》之中，

① 罗鲁安主编；中共云南省委党史研究室编：《罗炳辉文集——缅怀人民功臣罗炳辉将军逝世六十周年》，中共党史出版社 2006 年 12 月版，第 103 页。

是这样回顾金牛山战斗打响之前的作战局势：

金牛山战斗，是本师成立后第一个大的战斗。当时天扬公路的敌人，先后占领仁和集、金家集。仪征的敌人也先后占领十二里岔和谢家集，企图通过谕兴集完成它修通天长至仪征的公路。同时六合敌伪也经常由八百桥、樊家集等地出扰，也有修通六合至金家集公路的形势。如果这个企图实现，不但路东根据地削去四分之一，而且一切财政军需将感受到困难。当时为了重新开辟天、扬、仪地区，粉碎敌人这种企图，于是用四旅的十二团和五旅十五团的一部，配合地方武装打击“扫荡”、出扰之敌伪。

新四军第 2 师第 4 旅第 12 团是这次“反点线”出击战斗的主力。这个团随着新四军第 2 师的成立而组建，当时正在整训之中。奉 2 师副师长罗炳辉的命令结束整训后，第 12 团整个团都迅速开赴六合和天长、仪征的交界地区，“执行打击日伪军、巩固与发展淮南津浦路东抗日根据地、保卫人民生命财产和掩护麦收的任务”。

该团参谋长谭知耕回忆，“部队经过数日行军，在六合县境东旺庙、四号墩一带稍事停留”。六合县成为该团自改编之后第一次投入战斗的出发地。

新四军第 2 师司令部编写的报告中，记述了我军出击之后，迅速展开了多次小战斗。在开始阶段暂时和敌人互有攻守：

四月十四日晚，十五团一部袭击金家集，杀伤敌伪四十余名（内鬼子五名），缴获长短枪二十余支及军用品一部；另一部在芦龙镇（天长东南）破坏公路，毁大桥二座。是夜独四团一部袭击天长南门，十二团一部袭击谢家集，均未得手。十五日晨，师部学兵连、四旅侦察连及仪征模范营一个连，于十二里岔附近伏击由仪征

金牛山地貌

> 增援谢家集之敌大野部队二十余人，及伪一方面军第七团二十余名、自卫团二十余人。九时敌进入我伏击圈，全部被我消灭，敌伪无一生还者，缴掷弹筒一个、轻机枪二挺、步枪三十余支、弹药军用品一部，击毙敌伪二十余名，生俘四十余名。我亦伤亡数名。十六日下午，谢家集与陈集增敌五百余名（敌独立五十五大队木户部队两个中队和一个混合小队）。

而在这一连续作战之中，我军陆续取得几个小战斗的胜利之后，最后以一个大战斗——金牛山战斗来最终粉碎了敌人“蚕食”“伪化”的阴谋。

（二）梅花桩战术的首次成功运用

时任路东联防办事处副主任的方毅曾经回忆，1941 年的金牛山战斗，“这是炳辉同志初试他的梅花点式纠缠战术，打得日军晕头转向”[①]。

---

① 罗鲁安主编，中共云南省委党史研究室编：《罗炳辉文集——缅怀人民功臣罗炳辉将军逝世六十周年》，中共党史出版社 2006 年 12 月版，第 285 页。

时任新四军第 2 师参谋长的周骏鸣也回忆：炳辉同志创造的“梅花桩点式纠缠战术”，在金牛山战斗中显示了威力[①]。

两位路东地区的重要领导人都回忆金牛山战斗首次运用了“梅花桩战术”。而新四军第 2 师有关金牛山战斗的报告中，也确实专门提到了这种以“梅花”来命名的战术：

> 我军退至金牛山附近，作梅花形点式配备以待敌。是夜，敌果一路由陈集经谕兴集向樊家集运动，一路由谢家集经曹集、移居集向樊家集运动。次日拂晓，敌占樊家集，分头向我驻地搜索。
>
> 六时，十二团团部被围，同时许该团三营之一部复被围。各部均以数次之冲锋肉搏，跳出包围圈，反置敌伪于包围中。

金牛山战斗打响时，我军准备迎击敌人的兵力部署是“梅花形点式配备”，意思就是使用梅花桩战术来排兵布阵。

率部参加金牛山战斗的第 12 团参谋长谭知耕，曾经在回忆之中对“梅花形点式配备”有着比较详细的回忆：

> 我团经过数日连续 6 次战斗，完成了袭击伪军的任务后，即奉命于 16 日晚撤至金牛山以南地区，准备稍事休整，迎击来犯之敌。金牛山坐落在六合县境东北部，距县城 40 多里，四面山河环绕，南侧同北峨眉山遥遥相对，两山之间系丘陵及洼地，村庄稠密，便于隐蔽部署兵力，是一个良好的歼敌战场。我团在夜幕降临之时，即按罗副师长提出的“梅花桩”（呈梅花瓣状）式部署宿营：第一营驻车篷庄、和尚庄一带，向移居集、谢家集方向警戒，并控制樊家集通向大陈庄的道路；第 2 营主力位于乌山西南一带，向北百桥

① 周东延主编：《百年征程：新四军著名将领周骏鸣》，中共党史出版社 2014 年 10 月版，第 176 页。

警戒；第三营驻厉马庄等地，向樊家集方向警戒；团部位于金牛山南面的大陈庄、线洼一带。[①]

而新四军第2师的作战文献《天仪扬地区对敌伪战斗详报（一九四一年四月十日至十七日二师反点线的连续战斗）》之中写到金牛山战斗的部分，则以第一手资料的视角记述了梅花桩战术在战斗部署之中是怎么实施的：

1．战斗任务：我军撤至金牛山地区成梅花桩式布置，准备敌人来犯，决心打击并相机消灭向我进犯之敌。

2．部队部署：①十五团在大井赵一带，以1个连在郑家集附近活动，以1个连在长兴集附近活动，警戒六合及金家集出击之敌，并以班为单位成梅花桩分段活动，如敌来犯，即加以阻击，并迅速报告。②旅直属队住泉水寺、癞子山一带。③十二团团部住金牛山南陈庄，3个营配备如下：一营住车棚庄，向八百桥方向警戒；二营住乌石山附近，向谢家集、月塘集方向警戒；三营住励马庄，向樊家集方向警戒。要求二营派1个连分组向敌方游动，严密警戒。

3．补充情况：16日夜，扬州敌伪700余，附炮3门、重机枪5挺、轻机枪30余挺、掷弹10余个，乘车至谢家集，旋即又向樊家集前进，至该集封锁消息，休息至17日晨分二路向我十二团驻地陈庄包围，敌人以爬行沿田沟秘密接近我军，当我军事哨发觉后开枪即打，敌人向我猛冲，我即与敌展开血战。因我军部署是梅花桩式，敌人不能包围我，反为我包围。

4．决心：以十二团坚决消灭向我进犯之敌。

……

---

① 北京新四军暨华中抗日根据地研究会编：《铁流16：迎国庆　忆峥嵘岁月》，解放军出版社2010年3月版，第334页。

（十一）战斗经过：

1. 战斗实施：①敌遇我军事哨后，即分二路：一路直扑十二团团部，一路进迫三营，我三营即与敌展开激战，敌不支即向陈庄退却，我三营乘机向敌压迫，敌据陈庄后高地与我抵抗，当时四旅梁从学副旅长及十二团谭知耕参谋长指挥三营向敌反复冲锋，终于将敌全部压于陈庄东南之田凹上……[①]

按照这份战斗详报的记载，我军在当晚宿营时，梅花桩战术贯彻到了班一级。“以班为单位成梅花桩分段活动”这样的一个安排，其实是有序地将部队分散部署，以此避免被来犯之敌一次包围住。同时，按照这样的预先部署，每一个“梅花瓣”（阵地）都互为犄角、互为支撑。一旦某一个“花瓣”受到敌人的包围，旁边的“花瓣”可以从左右方向赶过来支援，反而可以将敌人“反包围”。

后来在抗战史上留下赫赫威名的梅花桩战术，在金牛山战斗之中不仅用在阵地部署上，在战斗打响之后又被用在了与日伪军缠斗和最终将敌人完全击溃的过程里。新四军第 2 师的报告里有记载：

十时许，敌突破我第一防线，进占峨嵋山。我复运用梅花战术纠缠敌伪于两线之间，然后进行冲锋，以大量杀伤敌人。敌不支向移居集溃退。

十二时战斗始告结束，缴获步枪六支、重机枪一挺、弹药二箱、军用品一部，杀伤日军中队长两名，战士百余名，伪军三十余名。我亦伤亡九十余名。这一战役的胜利，确实粉碎了敌人修筑公路的野心，停止天扬仪地区的伪化运动。

---

① 罗鲁安主编，中共云南省委党史研究室编：《罗炳辉文集——缅怀人民功臣罗炳辉将军逝世六十周年》，中共党史出版社 2006 年 12 月版，第 96 页。

金牛山战斗，是新四军在战斗里采用梅花战术的第一仗。这次战斗用一次酣畅淋漓的胜利对梅花桩战术进行了一次成功的实战检验。

罗炳辉将军之子罗新安曾经回忆，新四军第 2 师成立之前，父亲罗炳辉虽然带领新四军第 5 支队开辟和包围了路东地区的敌后根据地，但是，“我父亲仍然高兴不起来，因为没有找到对付日军的有效战术。他常常在灯下苦思冥想”。

梅花桩战术就是罗炳辉运用常年革命战争之中积累的经验汇集而成的一种战术，更是他在长期革命游击战争实践中所总结、创造的一种独特实用的战术。它以“为避免敌人的优势，确能抓着敌人劣势；为避免我之弱点，确能发扬我之优点为目的”，以伏击与运动游击为主要手段，包括伏击、纠缠、阻滞、扰乱、歼灭等几种类型。

后来，罗炳辉还曾在文章中逐一分析和叙述了梅花桩战术的若干问题[①]：

> 1. 这个战术的出现，是根据长期作战的经验教训，尤其是在四年来敌后游击战争的经验教训，敌伪顽我彼此均向游击战发展，互相采用游击战术，实情是敌人处于火力强烈，从流血的经验教训中，为了避敌之优点，发挥我之优势，实践中屡试有利于我，有害于敌，因此把他高度总结起来。
>
> 2. 这战术是游击战争中伏击与运动游击之战术，但与普遍伏击与运动游击更有利得多，更完备，是有利于我取胜的条件，更充实了我之主动性、机动性、灵活性、先机性，各自独立作战，拼命求得协同，歼灭敌人的有利条件。
>
> 3. 这个战术对战斗经验丰富的人，最易研究，求得领导去灵活运用，能使每个指战员都在演习中、实践中了解其敌我接触展开战斗后的变化规律，能看清拿稳，决心下手，达到百战百胜的把握。

① 中国新四军和华中抗日根据地研究会编：《新四军将领论抗日游击战》，中央文献出版社 2013 年 12 月版，第 373—374 页。

并且，他还指出了我军在作战实践之中对梅花战术的七条优点的归纳情况：

（1）避免我军一窝一堆，使敌火力失其效用；我少受伤亡；（2）我军隐蔽埋藏好，敌不易发觉，易受我军偷射；（3）敌可正面展开攻击，发挥火力时，主要注意正面迂回包围；（4）敌正面开展前进之时，我翼侧埋伏队见有利时机一到，便沉着准确突然射杀敌人，敌被迫必然分兵驱逐之；（5）敌遭两面威胁危害时，我已一面乘机选择有利目标，齐放射杀之，敌遭受威胁危害太大时，不得不被迫分兵及火力应付；（6）敌已遭三面意外射杀时，我方面是敌弱乘机围击之；（7）敌三面遭受袭击时，敌进我退，敌驻我扰，敌退我追，突然在敌后背之埋藏部队有力向敌袭击射杀之。

在归纳了上述优势之后，罗炳辉还专门写下了一句话：“自使用梅花战术后，对鬼子均有缴获，我之伤亡最小。”可见，从金牛山战斗开始实施的梅花桩战术，成为包括六合在内的淮南敌后抗日根据地取得一个又一个胜利的法宝之一。

（三）歌声励后人

金牛山战斗的胜利，早已写入了抗战史的史册。那么这首咏唱金牛山上辉煌战绩的歌曲又是怎么诞生的呢?

《金牛山上打胜仗》并不是单独创作的歌曲，而是战斗胜利后祝捷活动时的音乐报道剧（也称活报剧）之中的一首主题曲。

金牛山战斗取得了辉煌战果，根据地军民一片欢腾。战后，师首长对金牛山战斗的 12 团发了嘉奖令，并在师部大礼堂举行了祝捷大会。会上，新四军第 2 师举办的中国人民抗日军政大学第 8 分校文化大队，为大家演出了许平编导（主题曲歌词也是他撰写的）、黄粲作曲的音乐报道剧《金牛山上打胜仗》（李辉等主演），方毅、罗炳辉、汪道涵等首长随军民一起观看了演出。罗炳辉等首长还对演出人员给予了热情鼓励。演出之后，同名主题曲《金牛山上打胜仗》立即传遍了路东地区根据地的每一片土地，迅速成为路东敌后军民最爱唱的歌曲之一。

活报剧（或称报道剧）是以大众关注的政治时事为题材，以应时性、时事性为特征，用速写手法迅速反映时事的一种戏剧类型。在战争年代里，这种戏剧以现实生活中发生的，具有典型意义的真人真事为内容，表现形式较为灵活自由，可以适应紧张的战时环境和及时鼓舞士气。因为这一种戏剧形式以迅速反映时事、进行宣传为目的，就像一份“活的报纸”①而被称为活报剧。在路东地区战斗过的文艺工作者章洛、胡士平在其《求索的是完美艺术　征服的是我们自己》一文中写道：“我们常常是在部队一次战斗下来后，为了祝捷，赶写剧本，剧作者往往要通宵达旦地写作，随写随排，三五天赶出来。演完了，又要去执行新的任务。”②《金牛山上打胜仗》就是一部极为优秀的活报剧，它不仅真实地记录了新四军在金牛山上布下了天罗地网，杀鬼子、抓俘虏的历史事件，及时反映了这一胜利，更颂扬了新四军英勇杀敌的豪迈气概。其主题歌民歌味较浓，流传甚广。

《金牛山上打胜仗》是新四军抗战歌曲的代表作，同时也是六合土地上诞生的最有名气的歌曲之一。这里应当详细回溯给后世留下传世之作《金牛山上打胜仗》的新四军第 2 师抗敌剧团的发展历程——

当时抗大 8 分校文化大队的戏剧人才主要来自第 2 师抗敌剧团。抗敌剧团是一个熔炉，也是一个最好的文艺学校。在战斗化的生活和艺术

---

① 王志艳主编：《中国曲艺：世味的诗剧　意象的沉醉》，北京燕山出版社 2006 年 11 月版，第 126 页。

② 章洛、胡士平编：《画角声声掠江淮——新四军抗敌剧团纪程》，解放军文艺出版社 1990 年 10 月版，第 10 页。

实践之中，为淮南敌后抗日根据地培养了大批优秀的抗战文艺人才。而《金牛山上打胜仗》的词曲作者许平和黄粲就是其中的代表者。

1938 年 9 月 29 日至 11 月 6 日，中共中央在延安召开了扩大的六届六中全会。会议强调抗战相持阶段即将到来，作出了大力巩固华北、发展华中的战略方针。为此，中共中央组建了中原局，由刘少奇任书记，担负起在华中地区创建根据地的重任。随后抗敌剧团于 1940 年 3 月在新四军江北指挥部驻地盱眙半塔集成立，是由刘少奇提议并以原安徽省青年抗敌协会的青年剧团为骨干成立的文艺团体。孟波任团长兼指导员，张望任副团长。刘少奇在此时提出成立剧团并非偶然，首先是与新四军的战略方针密切相关。用文艺形式来进行宣传鼓动是中国共产党从红军时期开始就有的传统。这种形式易为战士和群众所接受，效果较为明显。全国抗战爆发后，中国共产党十分注意开展抗战题材的文艺活动，以此宣传抗战精神和党的方针政策，以达到团结军民，巩固统一战线、加强根据地建设，呼吁社会各界一致抗日的目的。当时，建立抗日民主政权需要一大批文艺人才，以便活跃部队和群众的文娱活动，进行抗日救亡的宣传鼓动。虽然当时在江北有一支战地服务团，但它主要从事民运工作。因此，要在津浦路东建立根据地，有必要建立一个更专业的文艺团体，而在所有文艺形式中，戏剧最具有宣传鼓动效应。刘少奇在接见从安徽省立煌县撤到新四军江北指挥部驻地的青年剧团主要成员之一的孟波时，便提出“江北政治部应该有一个水平较高的剧团”[①]。

抗敌剧团的成员之中，有很多人来自大别山我党地下组织领导的青年剧团和皖南军部的战地服务团，以及 4 支队、5 支队的战地服务团，还有上海、重庆地下党组织介绍来的文艺工作者。其骨干成员主要来自青年剧团，没有青年剧团成员的加入，抗敌剧团或许也能够组建起来，但是其影响肯定要小得多。青年剧团于 1939 年夏秋之间在安徽省立煌

① 章洛、胡士平编:《画角声声掠江淮——新四军抗敌剧团纪程》，解放军文艺出版社 1990 年 10 月版，第 14 页。

县（临时省会）成立，隶属于该省民众总动员委员会，由青年抗敌协会领导。据相关资料显示，该剧团的成员主要来自两大部分："一是中共领导的以河南大学学生为基础组成的一个救亡团体；二是安徽省动委会所属的第19、20工作团成员，这两个工作团都是由中共地下党组织的一个救亡团体叫'流动工作队'改编而来，其成员大多是原安徽省各地（安庆、芜湖等地）的学生和原在平津等地读书的大、中学生。抗战爆发后，随着战线南移，而回到安徽，其中有少数教授、助教和一部分上海时局吃紧时转移到内地来的学者、名流。它比一般救亡团体大，人数多，所以改编时使用了两个（19和20）工作团的番号。青年剧团成立后，调出了一部分人，也补充了一些人，还来了一些名流，如戏剧家刘保罗、许晴、黄粲，音乐家孟波，画家莫璞等"[①]。

1939年冬，国民党反动派掀起了第一次反共高潮。大别山地区的抗日进步青年，在党的领导下，转移到皖东地区——新四军初建的根据地。1939年11月下旬，青年剧团遵照党组织的指示，由郭铭（安徽省青年抗敌协会负责人之一，青年剧团上级党组织领导的代表）、张望（副团长）领队，撤离大别山。以"巡回演出"的名义，由大别山立煌出发，冒着严寒风雪，翻山涉水，向东而行。经过霍山、舒城、庐江、无为等县。路上，先后加入青年剧团的行列的有安徽省少青宣传团、霍山县动员委员会青年剧团的部分同志。他们每到一地，或开座谈会，或演唱《黄河大合唱》。他们在新四军游击队纵队的联络员和部队的接应与掩护下，摆脱了国民党反动派军队的尾追，胜利地到达了新四军江北游击队纵队驻地开城桥。

青年剧团到江北游击纵队后，同大别山转移来的大批抗日青年，合编为青年大队。由杨思久（任大队长）、郭铭（任教导员）负责领队进行了20来天的长途行军突破日寇封锁线，由津浦路西转到津浦路东，

① 章洛、胡士平编：《画角声声掠江淮——新四军抗敌剧团纪程》，解放军文艺出版社1990年10月版，第18页。

在半塔集保卫战胜利结束不久，到达新四军江北指挥部的所在地安徽盱眙县半塔集。1940 年 4 月中旬，在刘少奇、邓子恢同志的亲自关怀下，以青年剧团为骨干力量，会同其他进步团体的成员，编为新四军江北指挥部政治部抗敌剧团。“抗敌剧团的名称，是刘少奇、邓子恢同志根据新四军佩戴的臂章‘抗敌’二字的标志而命名的”[①]。

抗敌剧团成立后，历经多次调整。1940 年 10 月，剧团一分为二，团长孟波带领刘保罗、许晴、莫璞等 25 人随刘少奇去苏北，组成中共中央华中局抗敌剧团，留下的成员吸收了新的团员后继续活动，由张望任团长，仪军任副团长。1941 年 3 月，黄粲调往政治部筹办文化大队，晓河担任抗敌剧团指导员。1942 年，团长张望调军部筹建军文工团，仪军调抗大八分校学习，黄粲任团长，杨树任副团长，王水调进剧团任艺术指导员。该年夏，作曲家贺绿汀到抗敌剧团指导工作，组织合唱排练，7 月离开剧团前往延安。1943 年，4 旅、5 旅剧团撤销建制，骨干调入抗敌剧团，并根据全军统一名称，改称文工团，黄粲任团长兼指挥员，叶华、王水任戏剧指导员，作曲家洛辛由重庆经上海到淮南，在文工团任音乐指导。1945 年抗战胜利后不久，又进行了一次整编，一批老团员调往战斗部队工作，补充了一些新人，叶华调往华东分区文工队任艺术指导员。1946 年 10 月，随着部队撤编，抗敌剧团正式解散，多数成员编入华东野战军 4 纵和 6 纵文工团。

抗敌剧团自成立之时起，团里的音乐工作者就以年轻、朝气蓬勃的战斗姿态，活跃在淮南敌后根据地的军民中，他们用音乐作为斗争的武器开展活动，进行演出、创作、组织歌咏运动和培养音乐骨干等工作。从抗日战争到解放战争初期，为保卫和巩固淮南根据地，鼓舞部队斗志，加强军民团结，贡献自己的力量。不同于一般的剧团以戏剧活动为主，抗敌剧团的音乐活动十分丰富。这既是抗日宣传的需要，又与剧团

① 《中国人民解放军文艺史料选编》（抗日战争时期）第 4 册，解放军出版社 1988 年 5 月版，第 258 页。

汇集了不少音乐人才有关。首任团长孟波就是著名的作曲家，早在抗战初期，他写的抗战歌曲《牺牲已到最后关头》流行全国。他到淮南根据地后，领导了剧团开辟敌后的音乐工作。他写的《文化战士歌》《反扫荡》等优秀歌曲，在淮南、苏北以及其他地区广为流传。后来他到了苏北根据地去开辟那里的音乐工作。继任团长黄粲、政治指导员晓河、团员许平等在音乐方面也有较高造诣。作曲家洛辛同志在回忆录中写道："黄粲同志，他既是一个戏剧工作者，又是一个音乐工作者，是一位多才多艺的艺术家。他在抗敌剧团多年，时间较长。虽然他以很大的精力和时间忙于戏剧活动，但在剧团乃至整个淮南，他的音乐活动都具有开创的意义。他是许多年轻音乐工作者的启蒙教师，他以他的作品和教学及他领导的抗敌剧团的音乐演出活动，影响着淮南地区的音乐活动。"① 他写的《短兵歌》曾在一次部队对敌战斗中，发起总攻时，战士们握着大刀，高昂地唱着这首歌曲，奋勇地冲向敌堡，进行白刃战。战后，部队都以此战斗歌曲鼓舞战士去热血奋战传为佳话。歌声是新四军战士乐观主义精神的表现，是战斗力的表现，甚至在实战中是战鼓、是冲锋号，鼓舞战士一鼓作气，奋勇杀敌。

《金牛山上打胜仗》的曲作者黄粲，笔名夏之曦，1911 年 2 月 13 日生于湖南长沙。据新四军文艺兵老战士吕其明回忆："他操着一口浓重的湖南乡音，对人和善、亲切，在我的印象中，他是一位慈祥可亲的长者。"② 1926 年黄粲加入共产主义青年团，在党举办的工农干部训练班学习后，在家乡长沙一带发动农民组织农民协会。湖南省农协成立后，党派他担任省农民协会宣传干事，后任省农村儿童团委员长。1927 年马日事变后，国民党反动派血洗长沙，中共县委派他到浏阳边境去恢复、领导地下共青团的工作，并参加了秋收起义。起义失败后，他到上海考入上海美专，学习音乐。这时，他找到了共青团地下组织，担负起

① 《烽火岁月——华东文艺兵风云录》，上海文艺出版社 2003 年 5 月版，第 396 页。
② 《烽火岁月——华东文艺兵风云录》，上海文艺出版社 2003 年 5 月版，第 395 页。

党中央的《红旗日报》法南区的发行和印制工作。与此同时，他还领导了美专进步的学生运动，为此被开除学籍。1929 年他进入“新华艺大”，继续领导“艺大”的共青团工作，并参加了南国社的进步戏剧活动及左翼戏剧家联盟，改编、导演并参加演出了话剧《马柳特加》《卡门》等。不久，南国社遭到国民党反动派的封闭，他自己也因领导学生运动又一次被开除学籍。黄粲回到湖南时，正值九一八事变爆发，他立即响应抗日救亡运动的号召，与几个志同道合的朋友发起组织了大时代音乐社、大时代戏剧社、大时代画社等社团，吸引了大批青年学生，进行抗日救亡的戏剧、音乐演出活动，并展出抗日的宣传画，搞得轰轰烈烈。随后，他又与孙伟、张曙、唐亥等组织了一九三六剧社。该社在演出《撤退赵家庄》《汉奸的子孙》等救亡戏剧时，遭到国民党特务的捣乱和恐吓。1936 年春，他应刘保罗之邀，到杭州创办了儿童剧场，组织青少年参加救亡戏剧演出，并创作了《没有母亲的孩子们》等儿童剧本。1937 年，七七事变爆发后，他应田汉之邀，到南京演出《卢沟桥》等剧。中共浙江地下党恢复省委后，立即派邵荃麟、张三扬到剧团建立党支部、发展新党员。黄粲正是在与敌人勇敢地斗争中，于 1937 年 10 月参加了中国共产党。

抗战初期，黄粲与刘保罗、邵荃麟等组织中国流动剧团，在浙江、安徽等地活动，密切配合刘保罗试验、推广应景剧，参与编演《车行即兴》《庙会》等应景剧。据黄粲在回忆录中所言：

> 流动剧团不但演戏、唱歌作宣传，还写大标语、画大壁画，还演讲、印发“抗战十大纲领”。演出的剧本，唱的歌曲，大部分是我们自己编写的。都是按抗战发展和当时当地群众的需要，迅速编写排演的。大家商量个主题，大多由保罗拟出个提纲，即故事人物，由集体讨论，拟出主要人物的主要台词，稍事排演就登台演出。保罗将这种新的戏剧的创作方法叫应景剧，如同诗有即兴诗，

音乐也有即兴曲。[①]

中国流动剧团解散后，黄粲随刘保罗等来到大别山第五战区继续从事戏剧活动，任青年剧团艺术指导员。1940 年 3 月，随青年剧团撤离大别山，进入新四军开辟的苏皖边区，历任新四军 2 师抗敌剧团艺术指导员、团长、文艺科长，抗大 8 分校文化大队大队长、教务主任，新四军军部文工团团长。解放战争时期，历任第三野战军文工团团长、北京军管会文教委秘书长、南京军管会军事代表、文艺处长等职。

抗敌剧团第一次整编，刘保罗等组成中共中央华中局抗敌剧团去苏北，黄粲作为留守人员之一，克服困难立即编导应景剧《五世同堂》，并承担起大部分戏剧演出的导演工作和组织工作。黄粲在淮南期间除了编导应景剧外，还先后创作了两幕话剧《粉身碎骨》、三幕话剧《渔家女》（曲亚参编）、歌剧《高家庄》等。黄粲还是个出色的作曲家，他不仅为自己创作的歌剧作曲，还为杨澍创作的歌剧《盘查哨》作曲，为叶华创作的话剧《最后的命令》、《两肩仇恨》等作插曲《囚徒歌》（叶华词）、《别了啊朋友》（叶华词）、《血的仇恨》（陈辛人词）。他谱写的《春耕曲》（许平词）、《茂林血债》（陈辛人词）、《金牛山上打胜仗》（许平词）等，曾在淮南一带广为流传。“黄粲以自己出色的艺术才干和组织才干，为抗敌剧团的健康成长作出了巨大贡献，有力推动了淮南根据地文艺运动的发展”[②]。

1948 年冬，黄粲被调到北京军管会文教接管委员会任秘书主任，1949 年 5 月，又被调到南京军管会文教接管委员会任文艺处处长，接管国民党南京各文艺单位及“中制”“中教”“中农”三个电影制片厂。全国解放后，黄粲在袁牧之、陈波尔动员下，投身于电影界。“由于黄

① 《丽水地区革命进步文化史料汇编（1919—1949）》，1992 年 9 月内部资料，第 434 页。

② 郭仁怀、袁德龙编著：《淮南抗日根据地文艺史》，安徽人民出版社 2003 年 3 月版，第 39 页。

粲的革命生涯始终与戏剧联系在一起，过去编导话剧的实践，使他特别善于结构故事情节”[①]。因此,他独立导演的第一部惊险样式的故事片《虎穴追踪》，就获得群众的好评。

《金牛山上打胜仗》的词作者许平，安徽广德人。1933 年在上海加入左翼剧联，活动于“三三剧社”“光明剧社”等戏剧团体。1937 年八一三上海抗战爆发后，参与组织“上海流亡青年内地服务团”，活动于皖东一带。1940 年春进入新四军淮南抗日根据地，曾任四旅文化集训队教员。1941 年先后任抗敌剧团艺术指导员、抗大 8 分校文化大队戏剧系主任、西分区文工队（西线剧团）队长等职。多年担任文艺领导工作。导演过《一心堂》《中华民族儿女》等；创作并任导演的剧目有《过年》《立煌之夜》《银山下》等。1959 年主持舞剧《小刀会》的创作与排练。1964 年在音乐舞蹈史诗《在毛泽东的旗帜下高歌猛进》中任艺术指导，参加了音乐舞蹈史诗《东方红》导演团工作。1966 年创作大型歌舞《前进，光荣的上海工人》（瞿维等作曲），1977 年与李群、谢刘荣合作编导舞剧《丰碑》，1984 年创作大合唱《上海的春天》（金复载作曲）等。

许平具有丰富的舞台实践经验，在表演艺术和戏剧理论方面也有很深的造诣。他在淮南期间，除了长期担任行政领导工作外，还通过导演和教学活动，为抗敌剧团和其他剧团培养了不少优秀青年演员和戏剧工作者，为提高淮南根据地戏剧运动的艺术水平作出了重要贡献。为了满足根据地斗争形势需要和剧团对剧本的需求，许平也创作了不少艺术性较高的剧本，如独幕剧《立煌之夜》《过年》《银山下》等；还创作了大量歌词，如《麦子黄》（黄粲作曲）、《金牛山上打胜仗》（黄粲作曲）、《中国有一批大坏蛋》（鲁绍业作曲）、《我们大声回答》（洛辛作曲）等。

其中讽刺剧《立煌之夜》，编创于 1941 年 3 月，“是淮南根据地中期最优秀的剧目之一，被很多剧团移植采用，演出效果强烈，曾受到第

① 中国电影家协会电影史研究部编:《中国电影家列传》第 3 集，中国电影出版社 1984 年 6 月版，第 467 页。

二师政治部奖励。"[①] 该剧的背景是：抗战中期，发生在安徽省国民党战时省会立煌的官场内幕。为了给新上任的陈专员接风，立煌县县长李书屏邀集地方官员设盛宴款待，趁机巴结讨好以谋私利。正当他们高谈阔论、饮酒作乐之时，突然枪声大作，这些官员以为是共产党领导群众暴动了，吓得魂不附体，换穿穷人的破衣裳，四处进行躲藏，结果洋相出尽却是一场虚惊。原来打枪的不是新四军，而是老百姓用鞭炮、土枪在轰走吃月亮的天狗。全剧构思新巧，情节以误会造成陡转，对人物言行适度给予夸张，既符合生活实际和人物性格，又暗含机锋，尖锐地揭露和讽刺了国统区官场腐败和反共反人民的罪恶行径。本剧创作演出于皖南事变之后，是为"反击国民党反共高潮而作"，有着强烈的现实意义。戏剧让人们在轻松愉快的观赏之中，进一步认识到在执行统一战线的同时进行反顽斗争的必要性。从史学意义上说，这出戏还为抗战时期大后方讽刺剧的兴起开了先河。

许平还将剧作家于伶的《大明英烈传》改编为五幕话剧《惊涛骇浪》(后改称《中华民族儿女》)，将故事发生的时间从明朝改编为20世纪抗日战争时期，使其更符合抗战现实，她对人物的身份和语言做了大量修改。许平在给叶华的一封信中写道：

> 在我们根据地的战争环境里来排演这样一部高水平的多幕大型剧目，对我本人，对演员队伍，对舞台工作，以至对整个剧团的艺术表现能力，都是一次很好的锻炼，机会难得。[②]

许平一场戏一场戏地精雕细刻，耐心地启发演员深入角色，使剧团

---

① 郭仁怀、袁德龙编著:《淮南抗日根据地文艺史》，安徽人民出版社2003年3月版，第50页。

② 章洛、胡士平编:《画角声声掠江淮——新四军抗敌剧团纪程》，解放军文艺出版社1990年10月版，第80页。

的演出水平大幅度提高，演员的演技有显著进步，淮南的军民看得十分满意。《中华民族儿女》女主角苏兰英（在原剧中叫苏皎皎）的扮演者李辉在回忆到许平导演时写道：

> 许平同志善于启发大家。他语言生动，诙谐幽默，常把大家说得哈哈大笑，愉快地投入排练。他为鼓舞和帮助大家排好戏，一边排戏，一边还出一种小报，表扬好的，也指出不足，调动了大家的积极性。他也非常严格，并不因为时间紧迫而降低要求。我理解不了的地方，他想方设法地诱导我，告诉我怎样理解苏兰英这个人物，要求演得外柔内刚，以及怎样理解某场戏和人物之间如何交流等等。在塔楼上点亮信号的戏，我做不好，他不厌其烦地一个动作一个动作地要求我，有时一段戏就排上十来次，排得我哭过几回，也曾恨他要求太严，但事后我又感谢他。正是他的严格要求，才使我把这个角色演下来了，才使这个人物能够比较好地展现在观众面前。[①]

《中华民族儿女》的演出，对于配合当时的战争形势，加强根据地军民团结，坚持抗战，是起到一定的教育和鼓舞作用的。

从抗敌剧团成员黄粲和许平的创作中我们可以看出，抗敌剧团音乐活动的歌曲创作和演唱都很贴近生活，坚持民族化、大众化方向，剧团创作的作品往往与部队战斗和根据地生活紧密结合，重视从民间音乐中吸取营养，形式生动活泼，为人民群众所喜闻乐见。如针对皖南事变的《茂林血债》，描写战斗场景的《金牛山上打胜仗》等，都是极为优秀的抗战文艺作品，深受根据地民众的喜爱。

抗敌剧团的活动丰富了根据地的文化娱乐生活。剧团下乡演出的时候，“老乡们扶老携幼前来看戏，几乎是万人空巷，直到节目演完，大

---

① 章洛、胡士平编：《画角声声掠江淮——新四军抗敌剧团纪程》，解放军文艺出版社1990年10月版，第85页。

家才恋恋不舍地离去”[①],有的甚至从几十里外赶来看演出。在当时极端严峻的局势下，抗敌剧团的演出和编印的相关刊物成为军民所能获得的为数不多的精神资源，因而广受欢迎。抗敌剧团在鼓舞士气、传播革命思想、教育战士与群众方面也做出了很大的贡献。

抗战剧团是新四军成立最早的部队文艺团体之一，主要活跃在淮南抗日根据地津浦路两侧的广大地区，是部队的一支有战斗力的文艺队伍，为新四军的宣传与文艺工作作出过巨大贡献。章洛在谈到抗敌剧团时,评价它“是一支无坚不摧的劲旅”[②]。这个评价是符合实际的。自它的前身青年剧团起，抗敌剧团历经多次艰难险阻，无论是国民党反动派的压迫，还是根据局势需要多次调出大量骨干分子，剧团始终能够坚持活动，不断提高。即使1946年底剧团解散后，它的许多成员也依然奋战在文艺、宣传的阵地前沿。

抗敌剧团虽然存在时间较短，但是对于曾经的团员来说，在剧团的生活却是永远不可磨灭的美好记忆。黄粲在其《我的片段回忆》一文中记述了在抗敌剧团“邓子恢主任同我们一道演戏、尝尝我种的茄子辣椒、师长玩魔术、高尔基不是元帅也不是将军”[③]这几件小事，从中我们可以体会到黄粲对抗敌剧团深厚的感情，无怪乎他在文章开头就说道:“许多事情已记不清楚，唯有当时的几位领导同志，在频繁的战争中，还那样亲切地爱护和培养我们这支小小文艺队伍的几件往事，至今仍深刻地印在我的脑子里。”[④]

抗敌剧团，在生活和工作上，始终保持艰苦奋斗、团结友爱、排除

---

① 郭仁怀、袁德龙编著:《淮南抗日根据地文艺史》，安徽人民出版社2003年3月版，第28页。

② 北京新四军暨华中抗日根据地研究会编:《铁流6：新四军文化工作专辑》，解放军出版社2002年11月版，第321页。

③ 章洛、胡士平编:《画角声声掠江淮——新四军抗敌剧团纪程》，解放军文艺出版社1990年10月版，第31–41页。

④ 章洛、胡士平编:《画角声声掠江淮——新四军抗敌剧团纪程》，解放军文艺出版社1990年10月版，第31页。

万难、勇往直前的好作风，在那些反“扫荡”的日日夜夜，时常离开部队机关单独行动，只有极少的几支自卫的武器，但到处动员群众，依靠群众，依靠基层党和政权，参加各项斗争，为夺取抗日民主政权的一个个胜利作出了贡献。

抗战剧团的成员处在战事频繁的敌后，没条件也没时间精雕细刻自己的作品。但是这些作品记录了时代的风雨、唱出了人民的心声，再加上作者将自己的才华和心血融入了旋律和歌词。因此，其中优秀的作品，虽历经时代的变迁仍焕发着来自历史深处的光芒，过了几十年依然会为今天的人们喜爱。为纪念金牛山之战而创作的《金牛山上打胜仗》就是这样一部优秀的歌曲作品。它的歌词随着激昂的旋律，将会永远在神州大地上传唱，让后人铭记在六合土地上的这次胜利战斗：

新四军，真正强，
抗战建国的好榜样，
金牛山上又打了大胜仗，
布下了天罗和地网，
杀得鬼子汉奸没处藏。
罗司令摆下“梅花桩”，
杀伤他四五百，
活捉他几十双，
胜利品也挑他几十筐，
扬州的鬼子泪汪汪，
汪精卫也大着慌。
全国的军队要是都这样，
准叫敌人个个都滚进鸭绿江！[1]

---

① 中共安徽省委党史研究室编：《红皖歌谣》，安徽人民出版社2017年6月版，第147—148页。

三、1943年：一举改变六合抗日斗争形势的桂子山战斗

1943年8月17日，新四军第2师第5旅第13团在南京郊区六合打响的桂子山战斗，是抗日战争时期淮南敌后抗日根据地新四军在反“扫荡”斗争中的一次著名战斗，也是六合乃至南京抗战史上又一具有重要意义的战斗。此前，党史学界对这次战斗的评价是：“桂子山战斗的胜利，为新四军在淮南抗日战场上实行战略反攻掀开了新的一页，它加速了日军在淮南地区失败的命运，为新四军在淮南地区夺取抗战全面胜利奠定了基础。”①

然而，此前关于此次战斗的日军情况，仅仅粗略了解到是日军61师团小田大队。长期以来，史学界未能搜集到日军有关此战的史料，更无从确认参战日军番号。笔者近年来查询收集到的侵华日军史料《战记：甲府联队》，首次发现了日方对于桂子山战斗的详细记述。这些来自日军亲历者的记述与中方史料记录实现了多处史实的互证互照，从而通过敌人的“自供”视角佐证了新四军的英雄事迹。

从笔者发现的侵华日军史料来看，敌人自己承认因为这次战斗，被迫逐步放弃扫荡和“蚕食”六合敌后抗日根据地的图谋，开始转入收缩兵力的态势。

而翻阅敌人的战史，侵华日军在其自身的视角里也不得不承认，桂

① 中共南京市委党史工作办公室等编：《南京革命事典》，南京出版社2004年4月版，第248页。

桂子山战斗发生地

子山战斗是新四军在淮南抗日战场上实行战略反攻的重要一页。这次战斗之后，侵华日军在六合再没有发动过较大规模的扫荡，胜利的天平开始向六合敌后军民倾斜。

笔者在此以中日史料对照的形式，展示敌我双方对战斗经过的叙述和互证，从而第一次充分还原桂子山战斗的完整经过。

（一）桂子山战斗重创的日军部队背景

日方史料的记述里①，在桂子山被新四军重创的是侵华日军61师团下辖的步兵第149联队第3大队。日本帝国主义发动全面侵华战争之初，在中国华东地区曾经投入过一个步兵第149联队。1940年，侵华日军以其国内的甲府市为征兵地，又重建了第二支步兵第149联队。1943年4月9日，侵华日军步兵第149联队编入驻南京的第61师团，乘船离开日本本土，作为“拱卫”日伪势力在华统治中心南京的又一补

① 本文提及的日方资料，除专门注明外，均参见日军战史《战记：甲府联队》一书，产经新闻社昭和五十三年版。

充兵力，开始踏上了侵华之路。4 月 16 日，该联队到达南京以东的镇江，暂时驻守在这里。

1943 年 7 月 20 日，步兵第 149 联队又从镇江出发，移驻到长江以北，担负侵华日军视为“交通大动脉”的津浦铁路线蚌埠至浦口段的警戒。该联队的联队部和第 1 大队驻安徽蚌埠；富岛幸雄大尉指挥的第 2 大队驻扎于滁县；小田二郎少佐指挥的第 3 大队则驻扎于津浦铁路线末端的浦镇。

日军步兵第 149 联队部署到津浦铁路沿线后，开始直接面对津浦路东地区的新四军。日军自己记录“这一区域系中国共产党八路军[①]的活动范围，敌方队伍在各地均持不容小觑的军队势力，守备队切忌大意。根据情报，移驻尚不足一月时，八路军在陈毅将军率领下，于 8 月在距离滁县 50 公里左右的六合地区发动军事活动。似意欲切断我军守备的津浦线，侵占六合。因铁路线较长，常趁我军警卫疏忽之际横跨铁路，行军路线未受阻拦，大批部队堂而皇之横穿而过。”日军战史的上述记录，佐证了 1943 年夏季的时候，六合境内的抗日斗争形势已经开始向反攻的方向发展。日军对津浦铁路线沿线地区的封锁，也已经渐渐力不从心。

日军的记述之中，对六合县的抗日形势和日军的扫荡阴谋是这样记载的：“六合的八路军并非只是普通游击队，而是以大部队逐渐开始占领（六合）周边地区，形成很大势力了。因此，小田二郎少佐指挥的第 3 大队决定出兵讨伐……昭和十八年（1943 年）8 月 10 日，小田二郎少佐指挥的第 3 大队自浦镇出兵，前去攻打盘踞六合、势力不断扩大的陈毅将军率领的八路军。”桂子山战斗就是在这样的背景下开始的——刚刚驻守到津浦铁路线沿线的侵华日军第 149 联队，妄图以一次扫荡来破坏敌后抗日根据地，至少是阻止六合一带的新四军继续大规模扩展根据地。

南京市抗战史研究者唐恺近年收集到的一份侵华日军士兵的史料，

---

① 日军战史往往笼统地把中国共产党领导下的敌后武装都称为“八路军”。

与侵华日军步兵第 149 联队的战史在史实细节记述上形成了互补。这份史料记述的日本兵名叫田边义男，他 1943 年 3 月 13 日被编入步兵 149 联队第 3 大队第 11 中队，紧接着随部队来到中国。当年 8 月 17 日，田边义男在六合桂子山被击毙。在其史料之中有一份记录田边义男和同一个小队的日军阵亡官兵所谓“功绩”的资料。

这份资料的开头同样叙述了战斗开始的背景，而这一记述与前述战史的记述对比，更进一步记述了日军是 8 月 8 日计划出兵扫荡：

> ……他们肩负警戒津浦沿线的重任。尽管军务繁多且艰难，但他们却一直严格遵守上司的指示，毫无怨言地不断努力着。
>
> 8 月 8 日这一天，联队开始准备第一次讨伐六合、雷官地区。新四军共匪放出绝对让我们失败而归的大话，十分猖獗。若边少尉当时作为见习士官，率领着鹿取队的精英一小队，英勇地参加了这次讨伐……当时，敌人在六合、天长和来安三个县的交界一带流动。

并且，在此份新发现资料中，还专门写到“此地村落居民的抗日思想极其顽固”，这是从敌人的视野展示了六合敌后抗日根据地的人民群众具有高度的抗日斗争决心。

而日军在阴谋扫荡新四军部队的同时，也妄图趁着粮食丰收的季节在六合的村庄里进行抢粮。后来在桂子山战斗之中我军俘虏的伪军，曾经供认了日伪军在“扫荡”幌子之下的抢掠计划：

> 这次日伪军来了 800 多人，主要人马是驻扎在南京的侵华日军小田大队。总指挥是大队长小田。主要任务是“扫荡”、抢粮。当官的要日伪军士兵每人准备一条口袋，后面还准备了一批骡马驮粮食。打算今天占领四合墩后，当晚就不走了，连夜抓夫挑粮，于第二天下午连同八百桥已抓到的民夫一起，把抢到的粮食送往六合县城。

就在日军阴谋借着扫荡来抢掠之际，六合的新四军部队判断敌人妄图通过扫荡而抢掠粮食，也在准备武装保卫即将开始的秋收。

1943 年 8 月中旬，津浦路东地区的六合县麦子长势很好，即将获得大丰收。田野里遍地金黄，一派喜人的景象。就在人民群众准备开镰收割庄稼之际，新四军第 2 师第 5 旅第 13 团从天长县汉涧南下，在六合县八百桥一带村庄里担负着保卫根据地群众秋收的任务。据该团团长饶守坤回忆[①]，8 月 16 日上午 9 时许，当地抗日民主政府忽然派人给部队送来了一份情报，说六合县八百桥日军一个小队，伪军一二百人，明日要到我根据地四合墩等地区“扫荡”、抢粮，希望新四军部队火速前去，打击敌人，保卫秋收。

饶守坤接到情报之后，立即骑上马赶到新四军第 5 旅司令部，将地方送来的情报向旅长成钧和旅政委赵启民进行了汇报。

随后在旅部作战室里，旅长、政委和饶守坤围着一张六合县的地图共同对敌情作了分析。他们一致认为：“今年以来，敌人在我部队和根据地群众的不断打击下，连遭挫折，物资匮缺，粮食供应困难，出来抢粮是完全可能的。敌人还可能认为四合墩等地区最近没有我主力部队活动，到这个地区‘扫荡’、抢粮的可能性更大。我们应该打击敌人的气焰，保卫群众的丰收果实！”

成钧旅长和赵启民政委随后要求第 13 团先派 1 个营和 1 个侦察队，到距该团驻地七八十里路、位于四合墩与八百桥之间的桂子山附近，侦察敌情，相机打击敌人。

饶守坤表示坚决贯彻执行旅首长的指示之后，又谈了具体打算：“派 2 营、团侦察队先头出发，于 17 日拂晓前占领桂子山一线；团侦察队继续向八百桥方向侦察前进，监视敌人；团直属队、1、3 营随后行

① 下文之中涉及饶守坤回忆的内容均摘自饶守坤的回忆文章《桂子山战斗》，收录于中共南京市委党史资料征集编研委员会办公室和南京市档案局合编的《南京党史资料》第 18 辑，南京工学院出版社 1987 年 10 月版。

动，于 17 日天亮时赶到桂子山附近。”这一计划得到了第 5 旅二位首长的赞同。

当时，第 13 团政委正在党校学习。团长饶守坤一个人独立负责全团的工作。他从旅部返回第 13 团团部之后，立即召集全团营以上干部开会。在这次会议上，饶守坤把他接到的地方情报以及他到旅部同旅长、政委一道研究的部署和任务，逐一向大家作了传达。接着明确交代：侦察队先头出发，执行侦察和监视敌人的任务，团部未到之前归 2 营指挥；1 营营长、教导员发疟疾，不能参加战斗，由副团长陈宗胜、政治处副主任李秉初分别代理。

13 团的 2 营和侦察队在当天下午出发之后，饶守坤带领团部和 1、3 营于晚 8 时出发，次日天刚蒙蒙亮赶到了桂子山北面的张家洼子、顾家山头一带。当时，同 13 团团部一起行动的还有 5 旅旅长成钧。饶守坤回忆成旅长虽然脚有伤，仍同部队一样摸黑行军，直至四合墩附近。成钧旅长在随后的战斗之中，始终在 13 团阵地的附近“靠前指挥”，亲自见证了这次战斗的最终胜利。

（二）激战以一次遭遇战而开始

侵华日军步兵第 149 联队的记录显示战斗的开端始于一次遭遇战。日军在其视为“六合县的门户”八百桥的村庄一带行动时，有两名驾着车马出去“征收”粮草的日军失踪，很久都没有归来。其实，日军记载的所谓“征收”指的就是其肆意抢粮的暴行。第 149 联队第 3 大队为找到这两名到村庄里抢粮而失踪的日军士兵，开始在村庄之中展开了搜寻行动。

我军对这次战斗开端的记录，与敌人的上述记载一致。时任新四军第 13 团宣传股长的罗晴涛回忆：

我团遂于八月十六日下午派出侦察分队，对八百里桥镇的守敌进行侦察。侦察队共四十余人，他们个个暗佩短枪，分别装扮成农民、小商贩样子，于黄昏时分来到了桂子山西北的山里王庄。吃过晚饭，由团司令部周参谋亲率一个侦察班，在本庄农民张国喜的向导下，分成两路向八百里桥镇方向摸去。没下个把时辰，便悄悄到达离八百里桥镇仅半里路的和尚庄、徐庄，分散隐藏在两个庄子里，一面向群众了解敌情，一面研究侦察方案。

八月十七日，天刚麻麻亮，从镇上走出两个日本兵，他们扛着枪，昂着头，大摇大摆地径直朝徐庄走来，很明显是来抢东西的。隐蔽在徐庄的周参谋看得真切，当即决定，趁机捉住这两个送上门的“舌头”好进一步弄清敌情和动向。于是，周参谋便在暗中作了布置。

这时，两个日本兵已经闯进了一户群众家，他们一边吼，一边动手掀鸡窝，捣鸡笼，转眼间弄得鸡飞狗跳，一片喧闹。扮作卖菜的周参谋也随后进了院，他放下菜担，凑近他们笑着打招呼，然后装作十分殷勤的样子帮着吆鸡。在外面的几个队员，闻听周参谋的吆鸡声，便马上放下手中的各种家什，涌进门去七手八脚的也帮忙抓鸡。大家东抓西放地扑腾了一阵，趁日本兵不备，周参谋一个手势，几个人一跃而上，夺了日本兵的枪，还未待他们反应过来，枪口已经抵住了他们的脊梁心，吓得两个日本兵直抽凉气。大伙不敢怠慢，速将日本兵架起就走。

同志们扛着刚从日军手中缴获来的两支崭新的三八式步枪，押着俘虏，兴高采烈地往回急奔。哪晓得没走出多远，这两个日本兵却死命地从队员的手中挣脱出去，“嗷嗷”直叫地向镇子方向猛跑。一个侦察员眼尖手快，举枪朝日本兵背后“当当”两枪，两个家伙便应声倒下了。

枪声惊动了镇子内外的敌人，紧接着远处传来了敌人急骤而又

> 尖厉的哨声，周本荣参谋急忙令人火速回团报告，一面带领大家顺着小路边打边退。
>
> 当侦察班的同志一口气赶到山里王庄时，太阳已经有一竿子多高了。大家刚住步，敌人已经倾集出动追上来了。周参谋当机立断，赶紧组织庄上的群众往西撤退，一面带领侦察部队回身抢占桂子山主峰和山脚下的丁家山头阻击和牵制住敌人，好为我主力部队的行动赢得时间。
>
> 当时，我团正集结在顾家石山、白云山西北任家涯子一带。骑兵侦察员骑马前来报告说：日伪军几百人出镇子追赶我侦察队，并且已在桂子山与我侦察队接上火……①

激烈的枪声响起之后，日军误以为遭遇的仅仅是一支游击队，整个部队毫无顾忌地一起追赶上来。而就在这时，在新四军阵地的后方，饶守坤团长接到了2营营长吴万银的报告："拂晓，侦察队沿八百桥方向侦察敌情，途中同敌人先头部队接上了火；侦察队边打边退，敌人咬住不放，已经追过桂子山。"②

饶守坤随后命令2营立即出击，掩护侦察队撤退，把敌人先头部队压回去，并在丁家山头一线展开。他自己则快步登上一个制高点用望远镜观察敌情。

举起望远镜之后，饶守坤惊讶地看到敌人后续部队"黑鸦鸦的有几里地长，大车、骡马拖着大炮扬起一路尘烟。"饶守坤随即明白了敌人实际兵力与地方送来的情报相比有了变化。敌人并不是日军1个小队和伪军一二百人，而是有七八百人。敌情发生了这样的变化，饶守坤的思想也展开了激烈的斗争：到底是打还是撤？

---

① 《淮南抗日根据地》，中共党史资料出版社1987年10月版，第353–356页。

② 中国抗日战争军事史料丛书编审委员会编：《新四军回忆史料》（3），解放军出版社2015年12月版，第278页。

第 13 团的几名团领导在短暂碰头商讨后，一致决定坚决和敌人展开战斗。因为这个时候敌我已经遭遇。我军部队突然撤的话，敌人占领桂子山，居高临下向我军射击，我军的伤亡将不堪设想。更重要的是，撤退就完不成保卫秋收的任务，敌人可以肆意在周边抢掠，附近的人民群众将会遭受巨大损失。

下定决心阻击敌人之后，饶守坤随即对第 13 团下辖的三个营作出如下部署：第 2 营的第 5、6 连占领桂子山对面的丁家山头，第 4 连占领桂子山北面的无名高地；第 1 营跑步沿着山下的道路，由北向南从正面向敌人压过去，把敌人的队伍从中间切断；第 3 营则是作为预备队随团部一起行动。第 13 团的作战指挥所设在丁家山头北面的黄泥山北坡上。

“立即投入战斗”[①]的命令下达之后，我军各个部队立即按照饶守坤团长的布置开始行动。第 1 营 3 连连长顾玉清回忆当时部队正要吃饭。接到命令之后连饭都没有来得及吃，大家就跑步奔赴战场：

> 那时天还比较热，我们驻在桂子山的西北角，离桂子山还有点远。我当时所在的部队叫新四军二师五旅十三团一营三连，我在三连当连长。这个时候团里命令，部队进入阵地。我们正在吃饭，放下碗，马上占领阵地……那时天气热，热得饭也吃不下，没有什么菜就煮点稀饭，稀饭煮好以后也没来得及吃，我们就立即出发，因为我们怕情况有变，就冒着高温天气跑步前进，背包都丢下了，大家轻装，就带枪弹，但也不多，这样一下进入阵地。[②]

---

① 中国抗日战争军事史料丛书编审委员会编：《新四军回忆史料》（3），解放军出版社 2015 年 12 月版，第 279 页。

② 张勤等编著：《亲历抗战：百位在浙抗日老战士口述》，研究出版社 2006 年 12 月版，第 89—90 页。

在奔向战场的时候，顾玉清和他的战友们近距离看到了桂子山。他这个时候心里的念头是“那个山很大，围也围不住，就这样子我们拦住，不给敌人进解放区”[①]。

敌我双方的大部队随后在桂子山周边展开了激烈对射。战斗打响之后，饶守坤在指挥所通过电话向旅长成钧报告了敌人人数众多的情况。成钧立即急切地问“你怎么打算?”

饶守坤向旅长表示:“为保卫秋收，我们决心打下去。准备打一场恶仗!”成钧听到这样的决心之后，在电话里连声对饶守坤说:“坚决支持，坚决支持!”

打电话向旅长报告之后，饶守坤立即让团政治处主任李冰、宣传股长罗晴涛等干部离开指挥所，分头到各个阵地，把敌情和团里的决心传达给一线部队，并通过他们把要求传达给全团同志：为了保卫人民的利益，绝不后退一步。

罗晴涛到一线阵地后，看到日军先头部队受到我军打击后，急忙将前哨部队收缩在六（合）冶（山）大路两侧的制高点上。日军后续部队也迅速来抢占桂子山。而日军的大批后续部队赶过来以后，因其的位置距离制高点更近一些，因此在遭到我军1营截击的情况下，敌人的后续部队仍然抢先一步爬上了桂子山。

带着连队随1营参加截击敌人的顾玉清，后来对此有回忆:“我们本来是要一个箭步地去占领山地，居高临下，结果敌人早知道我们已散开了，他抢先占了山头。”而面对着敌人已经占领制高点的不利状况，顾玉清和战友们继续下了决心“尽管山头被他占去了，但是这个时候不管怎么样还是要打。”[②]

---

① 张勤等编著:《亲历抗战：百位在浙抗日老战士口述》，研究出版社2006年12月版，第90页。

② 张勤等编著:《亲历抗战：百位在浙抗日老战士口述》，研究出版社2006年12月版，第90页。

（三）以勇敢顽强压制敌人

侵华日军对战斗开始阶段的记述是“径直行至桂子山前，远远地隔着丘陵地带就发现了那边的敌方踪迹。”日军指挥官立即下令“准备进攻！”日军方面记述，这句军令话音未落、并且其战斗队形也尚未布置完毕的时候，新四军已经在四周“呈近身包抄的态势”冲了过来，而“子弹也漫天袭来”。

日军也完全没有想到在桂子山一带会碰到新四军大部队。此前，日军因搜寻“失踪士兵”而在八百桥附近追击新四军的侦察人员时，始终误以为面对的只是小股游击队。等双方开始交火之后，日军指挥官也惊呼“敌人大军人数之多，远超预计。”他们这才知道碰到了新四军主力部队。日军指挥官赶紧下令：“停止远程射击，等靠近了再攻击！”

前述日军表彰部分阵亡士兵“功绩”的那份资料之中也记述：“从北方和西北方向慢慢地涌入了更多的敌军，兵力竟是我军的数倍，带着一股盛气逼人的气势向前逼来。”实际上，新四军的兵力并没有达到日军的几倍。这是日军用来掩饰失败的一种说辞。

抢占制高点的日军缓过劲来之后，仗着武器优势开始稳住阵脚。当时新四军第 13 团每个连只有三挺轻机枪，子弹也不多，战斗之中还要靠大刀和自制的土造手榴弹来打击敌人，而敌人有多门火炮和多挺重机枪。敌我火力对比悬殊。

战斗打响之后，一直在第一线阵地上跟日军激战的顾玉清，几十年之后还对敌我之间的武器对比情况记忆犹新：

> 敌人火力很强，我们那时候靠的是一条步枪一把大刀，不大有子弹，一个人就一两个手榴弹，有的人还没有，武器装备不如人家。我们一个连才三个排，三个排才三挺轻机枪。那些缴来的枪

本来都是三八式的枪，都配有刺刀的，结果缴过来以后都残缺不全了，有的有，有的没有了。这样的情况下，我们只能往上攻。但是敌人的大队配有钢炮站在山上，还有重机枪，班里都配有轻机枪，每个人身上围着很多子弹，可以随便打。敌人火力强，我们被他逼到山下。他除了在山顶上一部分指挥人以外，还有一部分人在山脚下面保护山头，保护山里面的指挥位置。①

但就在这样武器对比情况下，新四军官兵依然以自己的勇敢顽强而成功压制住了敌人。顾玉清回顾自己和战友们当时的信念是："武器方面，我们差得太远了，但是我们有一条，我们觉悟比他高，也顽强。当然日本鬼子也很顽强的，那么，他顽强，我们比他更顽强。"②

在这样的背景下，骄横的日军惊讶地看到新四军官兵们一批批英勇地冲了上来。在日军的作战记录之中，敌人最后也不得不表示由衷的佩服：

敌军逐步逼近，一进入射程范围内便被我方射击打倒多个。但人数众多的敌军其后不断有更多的人涌到面前。敌人每一个都非常勇敢，与中国事变初期的中国军队形成了云泥之别。

我军以这样让日军都惊讶佩服的勇敢精神，一步步突破了敌人的防线。扭转了战斗开始阶段敌人抢占了制高点的不利局面。

在一线阵地的13团宣传股长罗晴涛，亲眼看到了战局的扭转经过：

---

① 张勤等编著:《亲历抗战：百位在浙抗日老战士口述》，研究出版社2006年12月版，第90页。

② 张勤等编著:《亲历抗战：百位在浙抗日老战士口述》，研究出版社2006年12月版，第92页。

> 我全体指战员充分发扬勇敢战斗、不怕牺牲的革命精神，趁对方立足未稳，多路向敌人发起冲击。第2营在正面力战强敌，狠打硬压，连续冲锋，终于把敌人压回山里王庄，没容他们喘气，又推上了桂子山西的丁家山头。①

随后，我军又攻占了丁家山头和路西南的一片土坎，山下道路的路西一线自此全在我军控制之下了。

我军的上述记载，和日军自己的记载也是一致的。日军作战记录之中称其阵地被迫后移，新四军一步步冲到了其重机枪阵地附近："在敌军的猛烈攻击下，我方的散兵线被迫不断后移，不知什么时候起，我方第三机枪中队②的两挺重机枪已经正面对着敌人，开始遭受着集中火力的攻击。"③

军事上在阵地构筑的要求之中，重机枪阵地作为最重要的火力点，一般都是布置在阵地体系较为靠后的位置。侵华日军步兵第149联队第3大队为了确保大队指挥部的安全，更是把重机枪阵地摆在处在最后方的大队指挥部的正面位置。

而战斗打响之后，新四军官兵直接冲破了日军多道阵地，冲到了重机枪阵地附近，这无疑是让日军的阵地体系濒临瓦解。

冲在最前面和日军鏖战的1连连长顾玉清，后来回忆战斗之中我军"跟敌人逼得很近"。英勇的战士们靠近日军阵地之后向敌人投掷手榴弹，"我手榴弹打到敌人钢盔上都听得到声音的"④。日军方面的作战记录里也有与此接近的细节："敌我双方的距离仅有数十米，敌方投掷的

---

① 《淮南抗日根据地》，中共党史资料出版社1987年10月版，第359页。

② 日军联队编制里每个大队带有一个使用重机枪的机关枪中队。其番号跟大队保持一致，因此日军第3大队下辖的机关枪中队是第3机关枪中队。

③ 参见日军战史《战记：甲府联队》。

④ 张勤等编著：《亲历抗战：百位在浙抗日老战士口述》，研究出版社2006年12月版，第90页。

手榴弹直接越过机枪队上方，落到了阵地后方的大队本部。”

而日军表彰田边义男等阵亡士兵“功绩”的那份资料里也描述了战斗的激烈场景：

> 我们与敌人激烈的作战，战场上炮弹横飞，手榴弹在头顶炸裂，断手断脚被炸的在空中乱飞，子弹与血肉齐飞，地上满是血流，这片广阔的原野突然仿佛变成了修罗场一般，彼此都在拼死厮杀……

战斗到了如此白热化阶段之后，哪一方可以更勇敢顽强，哪一方就有希望赢得最后的胜利。

敌我双方激战的时候，13 团团长饶守坤又一次和旅长成钧通了电话。成钧在电话里问饶守坤：“是不是再给你增加点兵力?”饶守坤考虑这时候还有 3 营作为预备队而表示暂时不用增援。但是饶守坤判断短时间内战斗难以结束，下午的战斗可能会更加残酷和激烈，因此，他请旅长派旅部特务营于下午 4 时以前赶到 13 团指挥所背面的上顾庄一带，作为最后使用的预备队。成钧听了饶守坤对战局的分析之后说：“我马上命令特务营出发，赶往上顾庄附近。”

此时，日军困兽犹斗，利用火力上的优势用重机枪疯狂扫射我军，火炮也向我军轰击。战前，第 1 营的营长、教导员患病住院，副团长陈宗胜和政治处副主任李秉初到该营接替指挥。战斗打响后，陈宗胜和李秉初带领 1 营官兵从西向东突击。他们的进攻正面受到了桂子山上敌人机枪的火力拦阻。在一步步突破敌人防线、压缩敌人阵地时，身先士卒的陈副团长和李副主任都英勇牺牲在冲锋路上。

1 营通信员跑到团指挥所报告这一不幸消息时，饶守坤团长心中一阵悲痛。他随即要求通信员返回，通知在 1 营阵地的团宣传股长罗晴涛代理 1 营教导员职务。随后，饶守坤又安排作战参谋孙传家立即从指挥所赶到 1 营阵地，代理营长职务。

罗晴涛接到命令赶到前沿之后，他看到“陈副团长紧闭着眼睛躺在一摊血泊中，李副主任胸前挂着望远镜，仰卧着躺在陈副团长身边。”①

前线的指挥员虽然牺牲了，但我军进攻的步伐没有停止。罗晴涛和孙传家接替指挥后，1 营又继续投入战斗之中。

而 13 团指挥所的位置也在敌人的射程里。当天中午的时候，饶守坤和团政治处主任李冰、参谋长李木生正蹲在指挥所前研究下一步作战计划，突然有一颗子弹飞来，打伤了李木生。

把参谋长抬到后方抢救之后，第 13 团团级干部只剩下饶守坤和李冰两个人了。但付出较大损失的 13 团，仍在英勇无畏地继续与日军展开激战。

（四）打退敌人的反扑

当天的午后，桂子山战斗这时也到了最关键的时刻。我军逼近日军重机枪阵地之后，日军躲在重机枪阵地后的大队指挥部也直接受到了威胁。新四军的猛烈进攻，一次又一次给予敌人打击。日军的作战记录里明确记载其阵地上“到处都是痛苦呻吟的受伤士兵”。日军方面记载：“看到战况如此惨烈的小田大队长，为了掩护机枪队，迅速向桂子山上的一个小队下令，立即前进”。日军的部队从山上反扑下来之后，敌我双方开始转入异常激烈的阵地争夺战。2 营 4 连守卫的无名高地，5 连和 6 连坚守的丁家山头，都受到了敌人的反攻。

4 连经过浴血奋战，打退了日军在无名高地上的反攻。日军又集中兵力猛攻丁家山头。饶守坤下令把 2、3 营的轻机枪、团部的重机枪连也都集中到了 5、6 连阵地上，分散配置，集中射击一个目标。

---

① 《淮南抗日根据地》，中共党史资料出版社 1987 年 10 月版，第 361 页。

此前，淮南敌后抗日根据地的著名“兵工专家”吴运铎自己钻研发明的土造“枪榴弹”，这时候也被13团官兵集中到一起用来密集轰击日军，而1营的轻机枪也都汇集起来，从旁边掩护丁家山头的阵地。

敌人的攻势在丁家山头一次次碰了钉子，最后竟然惨无人道地使用了毒气。我军官兵用水浇湿了衣服和毛巾堵在嘴上，继续坚持战斗。敌人屡次反扑都被打退。

程　雄

在反复争夺丁家山头的战斗之中，2营3连连长程雄曾经号召战士们：“两军相逢勇者胜，我们一定要拿下丁家山头，为国争光，保我中华！”[①] 并且带领连队高唱《大刀进行曲》，在“大刀向鬼子们的头上砍去……”[②] 的豪迈歌声激励下与敌人展开殊死搏斗。战至最后，程雄连长不幸壮烈牺牲，殉国时年仅24岁。

程雄是安徽岳西县人，年少时就在家乡大别山区参加了革命。1940年4月，程雄作为青年干部从大别山区补充到津浦路东地区，在此期间给家人写下一封辞别的家书：

亲爱的双亲大人膝下：

儿这次为了民族，为了阶级，为了可爱的家乡，为了骨肉相连的弟妹，求得生存和幸福，儿不得不来信辞别双亲大人，如果不能活着的话，双亲大人应保重玉体，抚育好弟妹。生活难度的话，可卖掉土地、房屋，把生命糊过来，到十年八年我们就好了，有饭

① 储谈如：《休闲集》，1999年10月内部出版，第263页。

② 安庆市新四军历史研究会、中共安庆市委党史研究室编：《安庆抗日人物传略》，2003年11月内部出版，第88页。

吃、有衣穿、有房子住。现在儿就要离开大别山，走上最前线消灭敌人，保卫中华，望双亲不要悲伤挂念。儿为伟大而生，光荣而死，是我做儿子最后的心意，罪甚！罪甚！①

这封感人至深的家书，在2007年全民族抗战打响七十周年之际被收入了《抗战家书》一书中，激励着今天的人们秉承家国情怀，继续为国为民奋斗。

桂子山战斗之中，程雄用自己的鲜血实现了家书之中“为伟大而生，光荣而死”的誓言。而正是像程雄这样的一位又一位无畏的勇士在战斗里浴血拼杀，让我军面对武器占优的强敌，可以在如此胶着的战斗之中始终压制住敌人。

接近傍晚的时候，饶守坤动用了最后一支预备队——旅长派来增援的旅部特务营。他部署该营绕过丁家山头北面的一个村子，插入山下的道路，从丁家山头与无名高地中间、猛烈地进攻敌人的侧面。

整个下午都在跟我军争夺阵地的敌人，被特务营从侧面打了一个措手不及，13团各个部队也从几个方向分别趁势向敌人再次发起了冲锋。我军一鼓作气把敌人全部压到桂子山脚下的几个小庄子里。自此之后，下午曾经猖狂反扑的敌人再也无力进攻，只能龟缩在阵地上。

饶守坤回忆，经过这一天的激烈战斗，我军伤亡也很大。而在战斗之中伤亡的多数又是干部、党团员和战斗骨干。并且，在这一整天的战斗之中，我军前线的战士们都没机会吃饭喝水，大家都是较为疲劳。然而，我军虽然付出了较大伤亡，但这支没有吃饭喝水的疲惫之师还是保持着旺盛的战斗力。我军通过勇敢的战斗，一直掌握着战场的主动权，让敌人彻底放弃了再和我军争夺阵地的图谋。

① 中国人民抗日战争纪念馆、抢救民间家书项目组委会编:《抗战家书》，中国画报出版社2007年7月版，第78页。

（五）改变六合抗战局势的胜利

胶着的战斗持续到傍晚时分。我军许多战士的弹药都打完了。参加战斗的老战士郑科回忆自己子弹打完之后“用大石头对准敌人的头部砸”[①]。这一天都在前线冲杀的1连连长顾玉清，晚年时候也回忆，到天黑的时候“子弹也没多少可打，还要节省弹药。所以这个时候，双方对峙住了。”[②]

而侵华日军步兵第149联队的联队长在得知第3大队作战失利的消息后，在惊慌失措之下，竟要求驻扎在滁县的第2大队不顾其本地的防区安危[③]，立即将主力调来六合县救援。

日军第2大队部带着第5、第7中队和机关枪中队，从滁县经过一天长途行军，仓促赶到六合县八百桥。当天晚上8时许，得知有援兵来接应的日军第3大队，丧失了继续与我军一个团兵力对峙的斗志，悄悄从战场间隙里逃走。

桂子山战斗之中，我军只有一个团在桂子山与敌人作战和对峙，兵力不足以包围敌人，战场的间隙也比较大。而且据参战的老战士郑科回忆当天晚上“没有月亮，什么也看不清”[④]。

但是，敌人在和我军兵力接近而武器又占据绝对优势的情况下，经过一整天的攻守之后，入夜还是放弃了阵地仓皇逃走。这显示了敌人整

---

① 四川省新四军史料征集研究会编:《华中烽火》第3集，四川人民出版社1997年8月版，第276页。

② 张勤等编著:《亲历抗战：百位在浙抗日老战士口述》，研究出版社2006年12月版，第90页。

③ 按照解密的二战时期日军档案文献的普遍记载，日军抽调警备兵力进行扫荡一般都是严格按照计划进行，极少出现临时把警备兵力调出防区的状况。

④ 四川省新四军史料征集研究会编:《华中烽火》第3集，四川人民出版社1997年8月版，第277页。

整一个大队的兵力被我军的战斗意志所震慑，连最后残存的作战意志都涣散了。

饶守坤团长后来的回忆里，留下了这次战斗最后的几个瞬间：

> 晚 8 点多钟，山下同我相持的敌阵中忽然宁静了。我感到情况异常，便要侦察队立即派一个便衣侦察班悄悄摸下山去，探探敌人的动静。一会儿，侦察班的同志气喘吁吁地跑回来说："团长，鬼子溜了。"正在这时，正南方向传来了一阵激烈的枪声。1 营代理营长孙传家报告说："敌人由日军断后，抬着伤员，拖着尸体，偷偷向八百桥方向撤退了。"我要侦察队立即追上去，再狠狠地打它一下。
>
> "乒！乒！乓！乓！"茫茫夜色中，我侦察队鸣响了为敌人送葬的枪声。

战斗结束后，我军完全掌握了桂子山战场。可以从容地打扫战场和转移伤员。日军逃跑时丢弃的武器物资都成为我军的战利品。打扫战场时我军缴获了一把日军军官佩戴的手枪。这支枪还被成钧旅长作为见证胜利的礼物，赠送给此前完成自制枪榴弹创举的"兵工专家"吴运铎。

而我军近 200 名较重伤员在包扎后，被迅速转送至新四军第 5 旅卫生部所在地——盱眙县归铺镇的蔡家坝。经过一段时间的治疗之后，大部分伤员很快康复归队，又重新投入抗日的战场。

桂子山战斗胜利的捷报，让六合的根据地人民群众可以安心进行秋收。罗晴涛回忆战斗结束后，附近的老百姓"在金色的稻海里，心安神定地举镰收割"[①]。而附近的人民群众也对参战的新四军第 13 团开展了规模盛大的慰问活动。饶守坤团长曾经回忆了战斗胜利后的盛况：

① 《淮南抗日根据地》，中共党史资料出版社 1987 年 10 月版，第 362 页。

东南办事处副主任郭石（原冶山县县长）亲自率领着数以百计的男女老少，敲锣打鼓，吹着喇叭，扭着秧歌，推着车，挑着担。拎着篮送来丰盛的慰问品。许多妇女连夜在煤油灯下穿针引线，为我们赶做“拥军鞋”。青年男女，还与部队一起举行座谈会，纷纷要战士们讲战斗故事，传授杀敌本领。营连部、班排里，到处有暖人肺腑的话语，到处是慰劳的礼品。我们每个人都亲身感受到根据地人民的无限深情，同时也更加懂得了军队打胜仗，人民是靠山的真理。罗炳辉师长还从竹镇亲自给我打来了电话，表扬了我们。

而与我敌后军民欢欣鼓舞的场面形成鲜明对比的是，日军第 3 大队放弃阵地，慌慌张张逃出了桂子山山区之后，立即把六合县的下一步作战行动整个都丢给了来援的第 2 大队接手。日军第 3 大队再没有在六合停留一步，整个部队第二天就都撤回了浦镇。而第 2 大队主力离开滁县赶到六合，原计划只是来接应第 3 大队。该大队在滁县只留有第 6 中队一个中队的兵力担负守备。因此，第 3 大队放弃六合作战的计划，慌忙撤退到浦镇，这一下是让日军在六合和滁县的防御实力都被严重削弱了。这一举动显示，第 3 大队受到新四军的打击之后，已经暂时丧失了战斗力。桂子山战斗的重大胜利，立即让南京江北的抗战局势为之改变。日军在兵力部署上迅速陷入了被动之中。

驻守南京的侵华日军第 61 师团长，因为知道桂子山战斗的战况激烈，紧接着也赶到狼狈撤回浦镇的步兵第 149 联队第 3 大队驻地，进行所谓的“慰劳”。如果这支部队没有受到很沉重的打击，显然也无需让师团长赶过来进行紧急“安抚”。

步兵第 149 联队第 2 大队主力在没有心理准备的情况下，从“接应”变成“接手”，担负起日军在六合的下一步作战任务。但是，第 3 大队半途而废的扫荡行动，第 2 大队并没有延续下来。第 2 大队像第 3 大队一样，在六合继续处在了被动挨打的境地里。日军方面记录“之后几乎每天晚上，仍有敌军偷袭。”在日军的记载里，新四军每个晚上来夜袭时，都“吹着像唢呐一样的喇叭，一边扔手榴弹一边往前进。”日军只好夜夜应战，完全得不到休息。而即使到了白天，我军也会随时对敌人进行袭击。这样一来敌人白天也无法休息了。日军作战记录里承认面对“昼夜不停的攻击”之后，“将士们都很疲劳，弹药也所剩不多”。

而日军的第 2 大队本身是担负滁县的守备职责，现在因为第 3 大队在桂子山战斗之中丧失战斗力而被迫临时接手在六合的作战任务，直接导致滁县的防御陷入了严重空虚的境地。

我军趁着敌人在滁县只剩一个中队来守卫，也开始在滁县展开攻势。日军第 2 大队在六合也陷入了敌后军民不分昼夜地袭击之中，短时间内根本无法结束作战。而其一个大队的兵力又难以兼顾滁县和六合县两个地方的作战。在六合苦战一段时间后，步兵第 149 联队部只好又下令第 2 大队全部撤回滁县。而下达这一撤退命令的原因，日军记载一是“因为滁县情势危急”，二是承认了“以少数人守住六合那么广大的地域，是很难坚守住的”。可见，桂子山战斗“打废”了日军第 3 大队，进而让日军第 2 大队分散兵力后被迫疲于奔命，使日军的作战兵力一下子入不敷出。至此，侵华日军在六合的被动局面已经完全无力扭转。从桂子山战斗起直至抗日战争胜利，侵华日军再也无力在六合发动一个大队兵力的进攻作战。

按照日军的记载，日军第 2 大队部接到命令后，第 2 大队长富岛幸雄觉得不甘心。他知道一旦六合没有可以继续机动执行扫荡作战的日军兵力，等于是“完全就把六合放弃了”。因此，富岛幸雄带着第 7 中队和机关枪中队放弃在六合的作战而撤回滁县。但是他又“毅然决定”，让该大队的第 5 中队仍留驻此地。日军的记录里留下了揭示日军军官矛盾心理的一句话：“虽然他（指日军第 2 大队长富岛幸雄）明白，一个大队都很难守住六合，但他还是执意留下了这一个中队。”而日军的作战记录之中，还有一个滑稽的记载，接收到仅仅以单独一个中队留在六合命令的日军第 5 中队深泽中队长，“已然做好了赴死的决心。”但是随后没有多久，日军军官又给这个中队找了一个其他战场有需要的借口，让他们放弃“赴死的决心”而逃出了六合。在日军唯一可以机动作战的中队也撤走之后，在六合境内仅剩下伪军和少数日军守备队，日军此前预判的“完全就把六合放弃了”的局面开始一步步接近了。

回溯日军上述部队一步步被迫退出六合的历程可以发现，桂子山战斗是胜利的天平倒向我军的关键转折。

今天，六合桂子山烈士陵园已经是南京市最为著名的爱国主义教育基地之一。长眠在这里的陈宗胜副团长、李秉初副主任和第 13 团牺牲的官兵们，以鲜血和生命打败了骄横的侵略者，将六合抗日战场的主动权掌握到了敌后军民手中。

桂子山烈士纪念碑

四、1944年：歼伪军一个营的羊山头伏击战

羊山头（又名羊角山）战斗纪念碑

六合区程桥街道程桥中学对面有一座“羊山头（又名羊角山）战斗纪念碑”。这座纪念碑是为了纪念六合抗战史上取得重大胜利的歼灭战——羊山头伏击战而设立的。这次胜利是本地的地方武装新四军来（安）六（合）支队的战绩，证明了在六合一带坚持斗争的地方武装，也能够和主力部队一样给来犯之敌以沉重打击，从而捍卫家乡的土地。

来六支队是以路东军分区独立第3团的一部分以及来安、六合两县的独立营和区中队，还有来（安）江（都）独立营的两个连等部队为基础组建起来的，共有1200余人，编为7个连[①]。

而就是这个只下辖有7个作战连队的来六支队，在六合以及周边屡获胜利，还通过羊山头伏击战开创了一项歼敌战绩纪录。在淮南敌后抗

① 《新四军研究》第9辑，上海人民出版社2017年12月版，第176页。

日根据地的抗日战史里，这是首次在单独一次战斗之中消灭了伪军成建制的一个营。并且，这其实还是一次“连环”胜利。我军先是进行了黄木桥战斗，20天后又进行了战果更大的羊山头战斗。

时任新四军来六支队政委的谢曙光，曾对接连取得黄木桥战斗和羊山头战斗“连环”胜利的过程有这样的回忆：

> 黄木桥战斗是消灭伪警卫一师一个营战斗骨干的伏击战。1944年12月2日，伪军在六合城召开追悼汉奸汪精卫的大会。驻程驾桥的伪警卫一师的一个营，要派班长以上的人员作代表参加追悼大会。来六支队政治委员于12月1日率领二连和侦察队从竹镇附近出发，部队埋伏在黄木桥东头公路两旁的几个庄子内，二连埋伏在公路南边的一个大庄子里。上午8点钟的时候敌人从程驾桥方的山岗上摇摇摆摆向黄木桥走来，待敌人全部刚走下桥十几步远时，响起三声手榴弹声，这是发起攻击的信号。通讯班立即抢占控制住黄木桥，东头的去路被侦察队的一个排挡住了，侦察队一个猛冲把敌人压到公路南边。二连在不到20分钟的时间里，就干净利落活捉100余敌人，跑掉不到10个人。缴获轻机枪两挺，掷弹筒一个，步枪四五十支，子弹数千发。
>
> 羊山头伏击战是在黄木桥战斗只隔20天后进行的。在战斗前的一两个月来六支队得到情报说，汪精卫的伪警卫三师要来六合程驾桥一带接替伪警卫一师的防务。支队决定利用敌人换防的机会在敌人运动时打一个埋伏。就从各方面收集伪警卫三师的一些情报，分析研究其长处与短处。它的长处是官兵都经过正规训练，战术动作较熟练，武器装备、自动火力比我强。它的短处是官兵关系不融洽，士兵思家厌战、怕近战。要制服这股敌人只有打近战，实行短兵相接刺刀见红的肉搏战。
>
> 但支队的枪都没有刺刀，支队限定赶制300多把梭镖，这些落

后兵器在这次战斗中确实起到了作用，杀得敌人喊爹叫娘跪在地上叩头求饶。关键的问题是我军确切掌握了敌人出动的时间。来六支队由于各方面都做好充分的准备，在这次战斗中只付出20多个轻伤（没有一个重伤员）和近千发子弹的代价，在50多分钟内歼灭了伪警卫三师一个整营和日军一个小队。打扫战场时，发现共毙敌数十人，俘敌二百八十余人，缴获步兵曲射炮一门，九二式轻、重机枪十二挺，掷弹筒七具，长短枪二百余支，各式子（炮）弹近十万发。创造了淮南地方部队打歼灭战的一个范例，受到淮南军区传令嘉奖表扬。①

新四军在六合境内抗击日伪军的战斗，能够取得一次次胜利，其实不仅仅依靠其勇敢无畏的战斗精神。同时，也依靠了军事上细致入微的准备。“不打无准备之仗”就是当时各部队一贯秉持的原则。

黄木桥伏击战斗结束后，新四军来六支队在筹划下一次连环伏击之前，既对每位官兵进行过连续作战的动员，也落实过踏实的准备工作。

新四军第2师罗炳辉师长当时派到来六支队协助工作的师部参谋蒋本兴，后来对这两次战斗之间的“过渡”阶段的准备环节有过具体而翔实的回忆：

黄木桥一仗，把程驾桥据点伪军班长以上的骨干力量基本上消灭了，据点里的敌人一定惶恐不安，但根据支队目前的力量，还不宜直接攻击据点里的敌人。为了骚扰敌军，我们四处放风，说新四军要攻打程驾桥，搞得敌人六神无主，频频向六合、南京告急。这时，我们一面密切注视敌人的动向，寻找战机；一面进行战斗总结，提高打伏击的水平。

① 《新四军研究》第9辑，上海人民出版社2017年12月版，第180页。

12月初的一天，程桥区委书记秦超同志派人给支队司令部送来一份情况，根据我军打入程驾桥据点内的王士隆（原是我县独立团三排副排长，后打入敌人内部）同志报告，伪南京警卫三师决定派一个营到程驾桥来换防。这又是天赐良机。

支队司令部的几位同志研究了一整天，打不打？怎么打？这一仗不比黄木桥战斗，那回敌人才100多人，这次敌人是一个满编制的营，又是汪伪的嫡系部队，估计有400多人。我们支队全部力量加起来才600多人。但有了上一仗的经验，大家增强了信心，支队领导经过慎重考虑，反复分析了敌我力量的对比：目前干部战士士气高昂，武器装备虽然不如敌人，但打伏击战主要靠的是勇敢和近战肉搏，而新四军战士有的是勇气和不怕牺牲的精神，最后我们下决心，利用这次机会，在羊山头地区吃掉这股敌人。

决定一作出，部队立刻就开始了紧张的动员、准备工作。首先严密封锁消息，伏击战的决定仅限于连级以上干部知道。政治处开始思想动员，组织干部战士和群众控诉日伪政权的罪行，表决心，开展杀敌竞赛。黄木桥战斗中，我们的大刀对威慑和消灭敌人起了很大作用。针对一部分战士步枪上没有刺刀、而日本鬼子三八式枪枪身又长的情况，有的同志提出打造一些梭镖。这真是个好主意，梭镖又长又锋利，是近战肉搏的好武器。供给部副部长王克请了几位铁匠和部队中会打铁的战士一起，昼夜不停，用了十天时间打出了300多把梭镖，配上将近三米长的木把，支支梭镖磨得锋利雪亮，战士们演习了一番，果然使起来得心应手。

与此同时，我带连以上干部去勘察地形。羊山头位于六合县城到程驾桥镇公路的北侧，距程驾桥12里，高约50米。高地西南是公路和一片开阔地，北面和东面不远各有一处小庄子，西南方向在公路另一侧有三处小庄子，东南角半腰有一处小土庙，地势东北高、西南低，平坦开阔。我军伏击点距羊山头制高点60多米，而敌人从公路到高地则有120多米，山上长了一些茅草和稀稀落落的小灌木，地形十分理想。选择这里打埋伏还有几点考虑：一是此仗是硬仗，可能时间较长，这里离六合县城较远，敌人发觉后增援也来不及；二是程驾桥的敌人已成了惊弓之鸟，不敢出援；三是这里已快到程驾桥据点，敌人一定认为快到达目的地而松懈了战斗意识；另外，敌人认为在这里我们不敢与他的大股兵力作战，因此很骄傲，但骄兵必败。考虑到这些因素，我们准备，战斗打响后，首先抢占羊山头制高点，不等敌人喘息就在公路上消灭他们。

一切作战准备都搞好了，单等敌人出发的确切消息。谁知，一连等了十多天，也没有动静。是我们不慎走漏了风声，还是敌人在搞什么鬼？我们派出的侦察员和内线都没有发现敌人的动向。原来，敌人也在企图隐蔽行踪，逃避我军打击。但是，由于我们的内线深深地插入了敌人的心脏，敌人的一举一动都逃不出我们的眼睛。①

蒋本兴回忆伪军“企图隐蔽行踪，逃避我军打击”的历史背景是这样的——

1943年8月的桂子山战斗之后，驻南京江北的日军兵力不敷使用，守备各个重要集镇的防卫“职责”更多推给了伪军来承担。伪军自知不是新四军的对手，只能龟缩在据点之中。平时则在调动和行军之中愈加谨慎，已经到了小心翼翼地地步。在这样的背景下，伪军一旦发现了新四军有设伏出击的动向，就会放弃离开据点的行军。

那么，我军第一次设伏胜利之后，又为何能够在上次战斗的战场附近再次成功伏击敌人呢？其实，羊山头战斗作为这次连环战斗的第二仗，正是因为设下埋伏圈之后保密工作做得好，才让敌人在措手不及之

① 《难忘岁月：蒋本兴回忆录》，黄河水利出版社2005年2月版，第100–103页。

中再次被伏击。

当时在来六支队担任副排长的盛学仁，对战斗之前的保密工作细节也曾经有过详细回忆：

> 确认情报属实后，我部就在竹镇组织了六个连队和一个侦察队，选择在黄木桥和羊山头之间的村庄里进行埋伏。
>
> 头一天晚上，部队悄悄进入村庄，把村庄严密地封锁起来，老百姓只准进不准出。白天部队组织部分人员化装成老百姓，有拾粪的，有放羊的，以此担任警戒任务，观察周围动静。由于大部队隐蔽在村庄里，不能煮饭烧水，以免烟囱大量冒烟引起敌人怀疑，战士们的就餐、饮水就产生一定的困难。但各部都严格遵守纪律，尽量不影响老百姓的生活，饿了就啃几口自备的干粮，有的甚至就干挺着。
>
> 第二天下午三四点钟，敌人从六合出发了。待敌人进入伏击圈内，各个埋伏点发起信号统一出击。因事前安排周密，组织得当，所以打得敌人措手不及。毫无准备的敌人，顿时傻了眼，瞬间就被打散，有的当了俘虏还不知道是怎么回事。战斗中日本鬼子负隅顽抗边打边退，除被歼灭的，剩余的逃进了程桥据点。战斗大致进行了四十分钟，俘虏了伪军近二百人。临近黄昏，部队押着俘虏回到竹镇，受到根据地老百姓的夹道欢迎。
>
> 此次战斗共缴获日本鬼子的小钢炮一门、重机枪一挺、轻机枪七八挺、掷弹筒九具、长短枪三百多支，另外还有若干战利品。这次伏击，大大地挫败了日本鬼子的威风，狠狠地教训了小鬼子一把，也给那些伪军们好好地上了一课。[①]

① 罗新安主编:《理想在我心中（续编）》，中西书局 2012 年 9 月版，第 170—171 页。

这次取得辉煌战绩的战斗，也震动了驻南京的伪军。而若是要用敌我史料对照的形式来研究这次战斗，那么，在敌人一方的作战记录档案文献里又是怎么记载这次战斗的呢？

南京市中山东路上的中国第二历史档案馆库房之中，保存有一份汪伪警卫第 3 师 1945 年 1 月 30 日向汪伪军事委员会经理总监部申报其战斗里损耗的呈文。而这一份呈文里，为了及时向汪伪军委和经理总监部"验证"第 9 团的损失状况，还附录了该团在 1944 年 12 月 22 日羊山头战斗之中的《战斗详报》。敌人对其惨重失败的记述，和我军对辉煌胜利的记述实现了史料上的互证。并且，通过这一份《战斗详报》，我们可以确认诸多此次战斗的细节。

汪伪《战斗详报》之中，对这次战斗的背景情况和作战开始之前情况的回顾是：

> 战斗名称：遭遇战。
>
> 交战地点：六合县黄铺桥[①]、羊角山一带。
>
> 交战日期：自十二月二十二日下午二时三十分起，至十二月二十二日下午六时二十分止战斗前彼我状态：1. 敌匪新四军五千余人，在孙良村附近及羊角山高地以北一带村落埋伏（以上村庄在我军向程驾桥前进路两侧千公尺左右）。
>
> ……
>
> 2. 我部在出发前之行军序列为第二连、营部重机枪第一连、步炮排、大小行李、第一连之次序，向程驾桥搜索前进。
>
> 影响于当时战斗之天候及战斗状况：①我军前进道路，黄铺桥南面有河流一道，通过困难，以北之地区即系孙良村一带，村庄甚多，地形复杂，羊角山高地及其以北均系连绵不断之小村庄。②敌

---

① 我方记述这一地名是黄木桥。

之主力即埋伏上列之各地区内高地村庄等处。③我军与两侧之敌发生激战，同时黄铺桥之我后路及陈庄前路之敌人，均已同时向我猛攻、堵袭，重叠四面包围。④当日天气晴朗，展望良好。[①]

在伪军的这份《战斗详报》的后文之中，敌人还记录下了一个主要的细节："团长本拟逐次接防，原因时间不许与第五团、盟邦警备队协商，是日全团同时接防。"[②] 这句话的隐含意思是，按照原计划，伪军警卫第 3 师第 9 团应该是分批次换防。但是，伪军第 9 团害怕遵守预定计划会走漏风声，从而在半路上被新四军袭击。因此，这个团事前没有和附近驻防的伪军第 5 团、日军（即伪军口中所谓的"盟邦"）警备队进行沟通的情况下，突然在一天里进行了全团同时换防。通过这一记述，我们也知道，伪军第 9 团自以为这样的"突然行动"比较隐蔽也比较保险，才在行军路上稍放松了警戒。但敌人还是没有想到，我军之前依据情报已经设伏多日，一直等待在其必经之路上。

从新四军第 2 师师部来到来六支队的蒋本兴，作为这次战斗的主要参谋人员，后来对伏击战的每个阶段的细节都有很详细的回忆。他回忆的史实，如果和伪军《战斗详报》里对这次战斗详细经过的记载以时间为序而分别对照着看，可以看到诸多细节都是可以实现彼此互证的——

伪军第 9 团的战斗详报之中叙述"战斗经过"时，对战斗打响前新四军成功的隐蔽工作有这样的叙述："我第一营之前卫搜索通过黄铺桥时，敌主力仍然秘密在羊角山高地以北之村落与孙良村及其以南河流地区埋伏未动。"[③] 而蒋本兴的回忆之中，生动记述了我军官兵在战斗打响

① 中国抗日战争军事史料丛书编审委员会编:《新四军参考资料》(9)，解放军出版社 2015 年 12 月版，第 199 页。

② 中国抗日战争军事史料丛书编审委员会编:《新四军参考资料》(9)，解放军出版社 2015 年 12 月版，第 200 页。

③ 中国抗日战争军事史料丛书编审委员会编:《新四军参考资料》(9)，解放军出版社 2015 年 12 月版，第 199 页。

之前的埋伏过程中，怎么克服重重困难确保不被敌人发现的：

12月20日，敌人秘密于22日出发换防的命令一发出，我们就得到了消息，部队立刻做好战斗准备，于12月21日夜12点进入伏击阵地。

冬夜，由于刚刚数九，天气格外寒冷。北风呼啸着扫过大地，枯草、落叶发出哗哗的声响，和黑墨般的夜幕一起，掩盖了整个部队的行踪。唐元田、夏克带着六支队的全部力量神不知鬼不觉地潜入了村庄，各自进入阵地。部队都按原来的布置，一连埋伏在路北郭庄，负责断敌退路，并派出一个排监视六合方向敌人的动静；二连埋伏在路南孙梁庄一线，全部换上大梭镖，一人四颗手榴弹，作为主攻连，全力打击敌人的中间部位；唐元田率领特务连、警卫排和侦察队的一部分，埋伏在羊山头后的响马庄；五连在羊山头东侧的胡营后庄，战斗一打响，就抢占羊山头制高点，以火力压制敌人。根据上一仗的经验，部队进庄后立即开展群众工作，封锁村庄，隐蔽工作搞得很顺利。

一个多小时后，部队进入隐蔽地点，连轻微的响动声也消失了，漆黑的原野一片寂静。各个小庄子里，战士们以班为单位隐蔽在老百姓屋内，抱着枪，整齐地排坐在墙角下，静静地等待出击。

天亮了，一轮火红的朝阳冉冉升起，一层淡淡的晨雾笼罩着苏南大地。借着晨雾，司令员唐元田带着警卫排的几个战士换上便衣，从响马庄登上羊山头，在高地北侧的草丛里隐蔽下来，仔细地注视着六合方面的动静。

8点钟，敌人没有来；9点钟了，还是没有动静。10点、10点半了，还不见人影。敌人还会不会来了？战士们从昨夜到现在还没有吃饭，有的同志提议是否撤离，唐司令沉思了一下，果断地说：

“既然准备好了，就再等他一个小时。”①

我军的忍耐和等待终于有了回报。自以为行踪没有被发现的伪军，在接近中午时分走进了我军的埋伏圈。蒋本兴当时亲眼看到了这样的情景：

> 将近11点，通往六合县城公路的尽头忽然冒出了几个穿黄军装的家伙。敌人来了！大家迅速交换了一下眼色，握紧了手中的枪。敌人的尖兵排，排成羊拉屎的队形，走走停停，东张西望。大概因为已经遥遥望见了程驾桥据点，敌人开始有些放松。一会儿，敌人大队人马排成四路纵队开来，他们抬着重机枪、曲射炮，神气十足。他们自以为附近没有新四军的大部队，依仗着兵多枪好，还有一个小队的日本鬼子护送，挑着汪伪和日本旗耀武扬威地列队前进，摆出一副不可一世的样子。②

伪军第9团的《战斗详报》之中，记载了新四军静静等待到其后卫部队走入埋伏圈时才开始出击：“适我后卫刚通过黄铺桥之际，即发现大部敌人进攻袭我之后卫。”③而蒋本兴记述我军确实是保持着耐心，等到“尾部的敌人也已全部进入了伏击圈内”，我军才从容地打响了战斗：

> 11点半，敌尖兵已走到羊山头下40米的地方，尾部的敌人也已全部进入了伏击圈内。“出击！”支队指挥所发出了冲击的信号。

① 《难忘岁月：蒋本兴回忆录》，黄河水利出版社2005年2月版，第103–104页。

② 《难忘岁月：蒋本兴回忆录》，黄河水利出版社2005年2月版，第104–105页。

③ 中国抗日战争军事史料丛书编审委员会编，《新四军参考资料》（9），解放军出版社2015年12月版，第199页。

> 一时间，平静的原野上，枪声、手榴弹爆炸声响成一片，像天兵天将下凡一般涌出了大批新四军战士，扑向了敌人。顿时，战场上硝烟滚滚，杀声震天，机枪、步枪、驳壳枪喷吐着仇恨的火焰，成片的敌人连叫一声都来不及就倒下了。突然袭击打得敌人晕头转向，像炸了窝的马蜂，乱碰乱撞。[①]

伪军第 9 团的《战斗详报》里随后又记述了其被伏击之后疯狂反扑的经过："此际，营长即命后卫尖兵与重机枪连之三排就地散开，向来攻之敌猛烈阻击。同时命第二连第二、三两排及重机枪一排占领小登子高地，步兵炮制压羊角山北村庄之敌，掩护大小行李向程驾桥疾进。营长此时即猛攻占领羊角山，又与北面村内埋伏之敌奋战。"[②] 而亲历此次战斗的蒋本兴，确实看到了敌人向羊山头（羊角山）进行攻击的经过。而他也亲眼见证了我军是怎么样通过英勇奋战粉碎了敌人对高地的反扑：

> 在二连的猛烈冲击下，敌人本能地向羊山头高地拥去。由于埋伏在羊山头东侧的五连出击动作稍迟缓，敌营长带着 300 多个伪军，冲到了半山腰，接近了高地。走在队伍后尾的一小队鬼子，也抬着重机枪和曲射炮爬上了半山腰的小庙，情况十分危急。如果敌人占领了羊山头制高点，局势将会对我军极端不利，担任主攻的二连将会遭受重大损失，后果不堪设想。突、突、突！日本鬼子的重机枪朝二连开火了，当即打倒了冲在前面的二连连长和一个排长，支队政治处的干事童文飞同志也负伤了。在这千钧一发之际，唐司令大喝一声，亲自带领警卫排和特务连，以猛烈的冲锋把刚爬上羊

---

① 《难忘岁月：蒋本兴回忆录》，黄河水利出版社 2005 年 2 月版，第 105 页。

② 中国抗日战争军事史料丛书编审委员会编：《新四军参考资料》（9），解放军出版社 2015 年 12 月版，第 199—200 页。

山头、还没有站稳脚跟的伪军，像秋风扫落叶一样打垮下去。唐司令连续投出十几枚手榴弹，把刚支好重机枪才打了几发的日本鬼子炸得飞上了天。伪营长也当即被击毙。五连这时已冲上了高地，几个战士扑过去，把日本鬼子的重机枪夺过来，掉转枪口，向敌人猛扫，打得敌人哇哇怪叫。①

伪军自己的叙述之中，吹嘘是跟新四军激战了4个小时，并且经过了40分钟的“白刃战”才全军覆没的：

我部进至汪营与孙良村中间时，又复被埋伏该两处之敌层层包围袭击，于是前进道路亦被阻断。当时营长即率主力向此前进路猛攻，与敌拼命。激战经四时之久，双方死亡极重，但敌仍重层围攻。我营实行白刃战四十余分钟，终因敌众我寡，弹尽失利，大部官兵均作壮烈牺牲，小部亦不幸失踪。②

实际上，在我军的视角里，敌人在战斗中完全被我军压制住，战斗很快就胜利结束。作为指挥员的蒋本兴回忆，伏击战只进行了“不到30分钟”就消灭了一个营的敌人：

羊山头山下、路边，到处横七竖八地倒着日伪军的尸体和伤兵，枪支、弹药、军用品丢了一地。战士们忘记了饥渴，四处搜索残敌，打扫战场。夏克指着狼狈不堪、正在瑟瑟发抖的敌人俘虏群对大家说：“瞧！这就是汪伪的王牌军。”“哈！哈！哈！”胜利的笑声响彻了山岗。的确，这一仗打得非常漂亮。敌我力量的对比是一

---

① 《难忘岁月：蒋本兴回忆录》，黄河水利出版社2005年2月版，第105—106页。

② 中国抗日战争军事史料丛书编审委员会编：《新四军参考资料》(9)，解放军出版社2015年12月版，第200页。

比一，但我军战士以大无畏的革命英雄主义气概，英勇奋战，出奇制胜，不到 30 分钟就全歼了敌主力一个营。

这一仗，打死打伤伪军 120 多人，全歼日寇一个小队，俘虏敌副营长以下 300 多人。第一次缴获一门曲射炮，还缴获重机枪两挺，轻机枪 19 挺，掷弹筒 9 具，长短枪 300 多支和大量的弹药及军用品，大大改善了部队的武器装备，提高了支队的战斗力。[①]

值得注意的是，按照伪军自己的叙述，参战的不仅有其被包围的汪伪警卫第 3 师第 9 团第 1 营，在战斗打响以后，该团第 2 营、附近的汪伪警卫第 2 师第 5 团、日军的警备队都曾前来增援：

团长本拟逐次接防，原因时间不许与第五团、盟邦警备队协商，是日全团同时接防。当闻得八百桥附近匪人万余名，情况紧急，即亲往第二营指挥。友军警备队与第二师五团军士队闻枪声，急赴黄铺桥附近时，又复被匪包围。幸该官兵奋不顾 [身]，冲出重围后，敌仍以机枪向我追击，而后敌仍即向东朱家集方向窜去。[②]

我军投入战斗的兵力仅仅是有 600 多人的来六支队，比伏击圈内以及周边的伪军稍多一些。而日伪军的增援部队赶到之后，从敌我兵力对比来看，这次战斗实际上是敌众我寡的状况。在这一背景下，六合县的民兵及时参加阻援作战，发挥了重要的作用。蒋本兴就回忆过他知道的一路民兵阻击来援之敌的情况：

① 《难忘岁月：蒋本兴回忆录》，黄河水利出版社 2005 年 2 月版，第 107 页。

② 中国抗日战争军事史料丛书编审委员会编：《新四军参考资料》（9），解放军出版社 2015 年 12 月版，第 200 页。

> 战斗打响后，程驾桥据点的敌人听到枪响，不出援怕上司怪罪，出援吧又不敢，最后只好硬着头皮派出一个连，战战兢兢地试探着出了据点。刚走到桥头，他们就被我埋伏在桥头右翼乱坟岗子的程桥、竹镇民兵基干队以排子枪迎头痛击，吓得慌忙逃回了据点，再也不敢露头了。[①]

而我军在兵力并不占优的情况下可以取得这样的胜利，武装起来的人民群众组成的民兵无疑是起到了很重要的作用。

敌人受到这样的惨败之后，为了掩饰自己的无能，在《战斗详报》前头的段落里随意编造新四军投入的是“五千余人”，其后的段落里又自相矛盾说“匪人万余名”。为了把这个谎话编得更圆满，敌人甚至不惜在《战斗详报》里编造新四军除了实际参战的来六支队，还在这次战斗之中投入两个师的谎言：“敌人系统组织及指挥官之姓名：敌人系新四军第一师、第二师及基干大队来六支队，指挥官为罗炳辉、张瑞。”[②] 实际上，新四军第 1 师当时并没有部队到淮南地区，而新四军第 2 师也没有其他部队参加羊山头战斗。

汪伪警卫第 3 师承认其第 9 团在遭受伏击后的损失情况[③]是：

> 我方参加战斗之人员：
>
> 第一营部：军官七、准尉军士兵二十九。死准尉军士兵四；伤军官一；生死不明军官六、准尉军士兵二十五。
>
> 第一连：军官五、准尉军士兵八十。死准尉军士兵十；伤军官一、准尉军士兵五；生死不明军官三、准尉军士兵六十五。

---

① 《难忘岁月：蒋本兴回忆录》，黄河水利出版社 2005 年 2 月版，第 106–107 页。

② 中国抗日战争军事史料丛书编审委员会编：《新四军参考资料》（9），解放军出版社 2015 年 12 月版，第 200 页。

③ 这一损失情况统计并未包括来援之敌的伤亡，只是一份部分统计。

> 第二连：军官四、准尉军士兵八十一。死准尉军士兵十三；伤军官准尉军士兵二；生死不明军官三、准尉军士兵六十六。
>
> 第三连：准尉军士兵六。生死不明准尉军士兵六。
>
> 机枪连：军官五、准尉军士兵六十。死准尉军士兵十七；伤军官准尉军士兵二；生死不明军官四、准尉军士兵四十。
>
> 步炮连：军官一、准尉军士兵十三。死准尉军士兵二；伤准尉军士兵三；生死不明军官一、准尉军士兵八。
>
> 合计：军官二十二、准尉军士兵二百六十九。死准尉军士兵四十六；伤军官四、准尉军士兵十二；生死不明军官十七、准尉军士兵二百一十一。①

因为这一仗是我军在战后控制战场。逃离战场的伪军，在其统计之中那些“生死不明”的官兵，其实都是被我军击毙或者俘虏的人员。敌人在记录之中这么含糊其词，明显是缩小了自身损失情况。

而从汪伪警卫第3师第9团这份带有“自供”性质的《战斗详报》之中可以看到，羊山头伏击战之中我军设下埋伏圈，包围了汪伪警卫第3师第9团第1营，确实是一个建制比较完整的营：

> 我交战部队之编组及指挥官：1. 我部为第一营，共计官兵二百九十名，缺第三连，附步炮一排。其行军序列为二连、营本部、机枪第一连（缺三分之一）、步炮排、第一连之顺序，步枪一百一十五支（附刺刀一百九十六把），轻机枪七挺，掷弹筒六个，自来得手枪两支，手榴弹六百一十枚，重机枪三挺，步兵炮一门。2. 我部指挥官为第一营代营长王启新，第一连连长朱长宝，第二连连长胡

① 中国抗日战争军事史料丛书编审委员会编：《新四军参考资料》（9），解放军出版社2015年12月版，第200–201页。

长荣，机枪第一连连长陆宝义，步炮排排长蒋文光。[①]

敌人自己的档案里以“自供”形式承认的情况，充分佐证了新四军来六支队在六合的土地上建立的功勋——创造单次战斗歼灭伪军一个营的战绩记录。

而更值得注意的是，伪军第9团在《战斗详报》的“参考资料”部分分析此次战斗的“失利原因”时，还列入了一条：“士兵营养不良，体力太差。”[②]这同样是以“自供”形式承认伪军士兵的待遇低，饮食没有保障。而该记录显然又从一个侧面显示侵华日军和汪伪政府都只是把伪军士兵当成“炮灰”来看待。

继1943年的桂子山战斗沉重打击日军之后，羊山头战斗又一次沉重打击了六合的伪军。六合境内的抗日斗争形势进一步向有利我军的方向发展。从头至尾见证了羊山头战斗的蒋本兴，对此也有明确的回忆：

> 羊山头一战，沉重地打击了六合一带日伪军的猖狂气焰，使伪政权的汉奸们闻风丧胆，再也不敢轻易跑出据点来骚扰欺压百姓。广大群众扬眉吐气，拍手称快，争相传颂。来（安）六（合）地区抗日根据地民主政权的建设打开了一个崭新的局面。一些过去给日伪政权做事的人看到我新四军日益强大，也纷纷向我们靠拢，或暗中联系，为我做事。[③]

---

① 中国抗日战争军事史料丛书编审委员会编：《新四军参考资料》（9），解放军出版社2015年12月版，第200页。

② 中国抗日战争军事史料丛书编审委员会编：《新四军参考资料》（9），解放军出版社2015年12月版，第200页。

③ 《难忘岁月：蒋本兴回忆录》，黄河水利出版社2005年2月版，第107–108页。

新四军来六支队作为一支地方武装而创下的战绩，被铭记在了六合的抗战史册上。而到 1945 年抗日战争胜利后，按照中共中央的指示，新四军大力组建主力军团。立下过赫赫战功的来六支队就在此时成为淮南军区独立旅第 5 团。此后迅速从地方武装上升为主力部队。不久又在解放战争中改编为华东野战军第 7 纵队特务团，最后发展成为第 25 军第 73 师，在主力部队的行列里迎来了全国革命的胜利。

五、1945 年 6 月：东沟攻坚的“金刚钻”

1945 年初，随着国际反法西斯战争的节节胜利，中国战场的各个敌后抗日根据地军民也进一步掀起了大规模反攻的热潮。

在中共中央华中局和新四军军部的统一领导下，淮南敌后抗日根据地的新四军第 2 师及其所属各地方武装部队，继续向日伪军开展攻势作战，向沦陷城镇发动猛烈攻击，拔除日伪军在根据地周围的据点，以反攻来逐步收复失地，扩大根据地的范围。

六合县当时所在的淮南敌后抗日根据地津浦路东地区，在这一阶段的攻势作战之中涌现出了一大批英雄集体。其中，整个抗战期间六合唯一获得荣誉称号的英雄部队，就诞生在收复六合县东沟镇的战斗之中。

这支部队的完整番号是新四军第 2 师兼淮南军区津浦路东军分区独立第 4 团。1945 年 6 月 1 日，该团打响了第四次攻打东沟镇的战斗，一举攻克对南京东郊往来长江两岸具有重要意义的东沟镇据点，全歼守敌伪军一个营。战斗胜利之后，独立第 4 团光荣地被新四军第 2 师兼淮南军区授予了“金刚钻团”的荣誉称号，寓意是像金刚石的钻头一样无坚不摧。瓷器的硬度大，修复的时候必须要用金刚钻才可以钻孔，因此自古以来有“没有金刚钻，别揽瓷器活”的说法。而这一支部队可以被誉为“金刚钻”，正是在六合土地上的东沟镇展示了自己作战中的“硬度”。六合东沟镇成了这支荣誉部队战斗里压倒敌人的见证地。因此，这一荣誉称号不仅是辉煌战绩的明证，也是六合这片红色热土的光荣。

（一）“金刚钻团”的部队背景

荣获“金刚钻团”荣誉称号的这个团，在1940年5月下旬时开始组建，最初番号为新四军江北指挥部津浦路东联防司令部[①]独立第4团。六合所在的津浦路东地区1939年被开辟为敌后抗日根据地之后，1940年期间根据地的党、政、军各个机构迅速建立起来，分别是中共路东省委、津浦路东各县抗敌联防委员会和津浦路东联防司令部。

其中，作为路东地区地方武装的指挥机关，津浦路东联防司令部由杨梅生任司令员，陈庆先任政治委员，林英坚任副司令员，祝世凤任政治部主任。该司令部成立时，下辖的地方部队有4个建制团，有3个团都是新四军江北指挥部从主力部队抽调一部分兵力组建——

以新四军第5支队第15团3营为基础组成独立第1团，活动在来安地区，团长漆德庆，政治委员朱云谦；以新四军第5支队第15团第1、2营为基础组成独立第2团，活动在天长、仪征、扬州地区，团长刘树刚（后饶守坤），政治委员刘景胜；以新四军第5支队特务营为基础组成独立第3团，活动于盱眙、嘉山地区，团长杨梅生（兼），政治委员阮贤榜[②]。

而独立第4团与上述3个团的组建情况略有不同。这个团是在1940年5月下旬时以江北指挥部特务营一个连为骨干，与天长县地方武装组成的。

1939年春，当时的天长县政府组建抗日后备团。县内杨村的民众武装被编为后备第4团第2营，夏雨宜任营长，陈舜仪任副营长。辖有4个连，拥有200余支枪。1939年夏天，中共党组织负责人周利人

---

① 该番号使用期间有过短暂变化：1940年8月，联防司令部建制撤销，所属部队归江北指挥部指挥。1941年3月又重建了津浦路东各县联防司令部。

② 以上记录参见《新四军辞典》，上海辞书出版社1997年6月版，第19页。

独立第 4 团第一任军事主官、开国少将程启文

在副营长陈舜仪的配合下，取得夏雨宜的合作，将该营逐步改变为党领导下的本县第一支抗日武装。其后通过多方努力，该营逐步扩大到 6 个连，800 多人，600 支枪。随后，在天长县抗日民主政府成立时，该部队的一部分被改编为县政府警卫队，一部分组成货检处的武装缉私队，其余的 200 多人则和天长县石梁、季桥、龙冈等地的部分抗日自卫队合编成为天长县独立团，程启文任副团长。该团成立时下辖 4 个连，500 余人，350 支枪。为统一领导全县抗日武装，同时成立天长县抗日自卫总队部，与独立团是一个机构，两个名称。县委书记周利人兼任了总队政委，程启文兼任总队长。

就在当年的 6 月，路东联防司令部又将路东各县武装统一编为 4 个独立团，新四军江北指挥部派彭思忠率领新四军军部特务营第 4 连前来合编。彭思忠是鄂豫皖边区参加革命的老红军。主力红军长征期间，他参加过南方三年游击战争，在艰苦的斗争环境里锻炼成为一名杰出的基层军事指挥员。他带领 4 连前来合编之后，担任了营长职务，并且随即在多次重要战斗之中发挥了骨干作用。

特务营第 4 连作为骨干充实到天长县独立团之后，改为该团的第 1 连。而团的番号随后也改为新四军江北指挥部津浦路东联防司令部独立第 4 团，受联防司令部和天长县委的双重领导。至此，全团增加到 5 个连，600 余人，枪支 400 余支，每连还配有轻机枪①。当年 8 月，独立第 4 团又由联防司令部副司令罗占云兼任团长，新四军第六支队（原新

① 以上记录参见《天长县志》，社会科学文献出版社 1992 年 10 月版，第 125 页。

四军游击支队）第2总队政治委员侯政调来该团任政治委员。罗占云和侯政都是参加过长征的红军指挥员。他们二人也都是全面抗战打响之后从陕北调来华东的。此前，罗占云曾任陕北军区（陕北省军事部）参谋长，侯政曾任中央军委卫生部医政科科长。这两位久经革命战争考验、富有斗争经验的军政主官到任后，独立第4团这个从地方武装发展起来的部队，在隶属路东联防司令部之后迅速成长为路东地区的地方主力之一。

团长罗占云

团政委侯政

新中国成立后，人民解放军沈阳军区曾给独立第4团发展而成的步兵第199团编写过战史资料[①]。而这一份资料记述了1940年8月下旬至9月，日伪军万余人扫荡皖东和淮南时，刚成立不久的独立第4团就在战斗之中有良好表现的情况：

> 该团在此次反“扫荡”战斗中，奉命于石梁地区，阻击从天长出动向汊涧“扫荡”的千余日伪军。在敌众我寡的条件下，他们以避实击虚、迂回袭击等战术，灵活地打击敌人，使日伪军到处扑空，处处挨打。相继10余天，打得敌人晕头转向，丢盔卸甲。
>
> 天长之敌遭打击后，不甘心失败。9月末的一天拂晓，日军1个中队，倾巢出犯，妄图围歼该团。敌兵分两路，一路向北转西

---

① 沈阳军区政治部编研室编：《彪炳春秋》，白山出版社1994年12月版，第103–115页。

> 北，一路沿公路向西运动。团首长根据侦察到的敌情，立即向部队作了战斗动员和作战部署。全团指战员义愤填膺，摩拳擦掌，决心打个漂亮仗。随即，2连向东牵制北路敌人，其他各连埋伏在石梁地区的黄泥河一线，准备打击西犯之敌。晨5时，敌人过桥后，即受到猛烈火力的迎头痛击，顿时大乱，稍经整顿，又俟机反扑。团首长命令部队凭借居高临下的有利地形，隐蔽在青纱帐里，与敌人展开近战，同时派小分队迂回到敌人背后，烧毁了木板桥，断其退路。敌腹背受击，更加惊慌，也更加疯狂，全体指战员顽强战斗，英勇杀敌，打退了敌人一次又一次的反扑。战斗中，各级指挥员身先士卒，带头冲杀。1连长彭思忠耳朵被子弹打穿，仍率部坚持战斗。经过3个小时的激战，敌人受到沉重打击后，进退两难，被迫由天长调船接应，仓皇回窜。该团以劣势装备，打败了优势之敌，受到了指挥部首长的表扬，也极大地鼓舞了全团官兵的抗战信心。

依据上述的记载，彭思忠作为营长冲在前面，并且在和敌人近战时之中带伤坚持战斗，展现了一名老红军的良好形象，为抗战后参军的战士们树立了榜样。

建团之后初战告捷，给部队注入了敢打必胜的勇气。1940年12月，彭思忠又率领1连，夜袭六合江岸的大河口（滁河入江口之一），一举歼灭了驻守在这里的伪军。前述《抗日、解放战争时期我县境内发生的战斗录》之中对此有专门记载：

> **一九四〇年十二月：夜攻大河口火星庙。**
>
> 伪军王广元部六十余人，盘踞大河口火星庙。不断烧杀抢掠，民愤很大。新四军淮南津浦路东联防司令部独立四团彭思忠营长率领一连兵力夜袭，县独立营一连由东沟区秦超区长指挥打援。由于我军有反正的伪军许万和、王苏生引路，因而进击神速，伪军措手

> 不及，我军一举全歼该敌，活捉伪团长王广元。交上级机关教育后，由东沟区公所释放。

1941年新四军第2师成立后不久，独立第4团还配合兄弟部队参加了在天（长）仪（征）扬（州）地区发起反点线的多次连续战斗（著名的六合金牛山战斗就在这次连续作战之中打响）。在战斗之中部队越来越有战斗力。其后多次参加各类战斗。老红军彭思忠也在战斗中迅速成长为团一级的指挥员。曾任六合县东沟区委书记的张维回忆，他带领区队配合东分区独立四团一部，在彭思忠副团长指挥下对六合东门泰山墩进行夜袭。

在罗占云、彭思忠等老红军的指挥下，从地方自卫武装发展起来的独立第4团在成立后的三年里成为一支劲旅。在前述沈阳军区的这份战史资料里，也概述了独立第4团在抗日斗争之中部队发展和建制变化的经过：

> 从建团至1942年底，他们还先后进行了奇袭何家营、水家湾，攻打金家集、仁和集、秦栏阻击和十八里集遭遇战等大小20余次战斗。经过历次战斗的洗礼，部队由弱到强，不断发展壮大，从建团时的4个连队500余人，发展到8个连队1000余人。武器装备也大为改善，战斗力不断提高。
>
> 1942年底，为粉碎日军“扫荡”计划，按上级指示，该团拆散建制，化整为零，分散到天高、甘泉、东南等支队，担负起支持原地斗争的光荣任务。分散后的各连队都成为县支队的骨干，大大加强了各地反“扫荡”斗争的力量。他们在坚持原地斗争的过程中，扎根于人民群众之中，与敌人展开殊死搏斗，经过1年又10个月的艰苦斗争，不仅胜利完成了保卫根据地的任务，而且在斗争中得到了锻炼。

1943 年春至 1944 年秋，淮南根据地军民由于认真执行了中央“精兵简政”的政策，因而粉碎了敌人无数次的残酷“扫荡”，挫败了敌人“反共东进”的计划，胜利地度过了最困难的时期。

1944 年 10 月，随着淮南敌后抗日根据地向日伪军开展局部反攻的大好形势，该团一度暂时被分散到各县的下辖部队，又在天长县张公铺（今为天长县张铺镇）大李庄重新回归原建制。该团重新恢复建制之后，新的番号为新四军第 2 师兼淮南军区津浦路东军分区独立第 4 团。

独立第 4 团完整番号的改变，是源自上级主管部门的番号变化。1942 年 1 月，淮南津浦路东联防司令部改称淮南苏皖边军区。1943 年 2 月，淮南敌后抗日根据地的军事指挥机构——淮南军区（新四军第 2 师机关兼为军区机关）成立后不久，淮南苏皖边军区改称津浦路东军分区。

此前的 1943 年 9 月，在部队的机构调整之中，新四军第 2 师第 4

津浦路东军分区群英大会主席团的合影，左三是曾担任独立第 4 团团长的罗占云

旅曾一度兼为津浦路东军分区，该旅旅长兼司令员。独立第 4 团恢复建制之前的 1944 年 7 月，第 4 旅改为 2 师的机动部队，不再兼路东军分区。独立第 4 团的老团长罗占云接任了路东军分区的司令员一职。因此，独立第 4 团恢复建制以后，作为路东军分区的主力部队，也继续在老团长的指挥下投入作战。而以前曾任独立第 4 团副团长的彭思忠，此时则是升任团长。罗占云和彭思忠这两位老红军，在迎接抗战胜利时又成为军事指挥之中的上下级搭档。

（二）抗战期间我军多次攻打东沟

六合县东沟镇是一座对我军向南京城区进行反攻时具有战略地位的江畔重镇。这里濒临长江，拥有良好的渡口，滁河也从附近穿过。哪一方掌控了这里，就可以较为快捷地组织航渡，在南京城区以东的栖霞山到燕子矶一线登陆。

前述重要资料汇编《抗日、解放战争时期我县境内发生的战斗录》之中，分别详细列出了新四军从 1941 年春到 1942 年 12 月在东沟一带的四次战斗：

> 一九四一年春：夜攻东沟黄摆渡。
>
> 瓜埠伪军为控制南圩地区，沿滁河建立据点数处，严重阻碍我政权向滁河南岸进展。我三区区队配合县独立营第三连，采取中间突破战术，夜攻中段黄摆渡之敌，当夜暗渡滁河。摸至敌后，突缴伪岗哨枪械，飞跃进点，全歼该敌三十余人、枪。其余伪据点，因首尾不能相顾，先后撤离。我政权得以迅速向南圩推进。
>
> 一九四一年十月二十八日：一攻东沟。
>
> 日、伪军一部盘踞东沟。日军一个分队驻街后崔庄，伪军孙

崇山部一个中队百余人驻镇上桥东太阳宫，严重妨碍我东沟区政权活动和大江南北的联系。新四军淮南东分区独四团，在罗占云副司令、李代耕主任带领下进行夜攻，经彭思忠副团长具体指挥，歼太阳宫伪军大部、毙、俘各二十多人，孙崇山被击毙。此后该敌龟缩据点，不敢轻易出巢作恶。我直三区公所白日亦可在镇上开展工作。

一九四二年四月二十六日：二攻东沟。

原瓜埠伪自卫团赵松林部百余人与东沟伪自卫团王广元的残部纠集一起，继续盘踞东沟，严重妨碍我军大江南北联系。我东分区独四团组织夜攻。计毙、伤伪军一百余人，残敌逃往龙袍娄子庄。东沟解放。

一九四二年十二月二十三日：三攻东沟。

敌为占据沿江重镇东沟，于十二月十九日派汪伪警卫一师一个营占据该镇。其中一个连分驻东沟西北小陶营。二十三日夜间，我东南支队在魏然司令率领下，给予小陶营之敌突然袭击。伪军猝不及防。我军仅扔手榴弹数枚，全俘该伪军一个连。

（唐元龙同志提供）

从这些叙述之中可以看到，东沟一度是敌我之间的“拉锯区”。我军曾和伪军反复争夺过在东沟镇的主动权。而在历次战斗之中，我军成功予敌人以沉重打击。其中，1941 年 10 月 28 日第一次攻打东沟、1942 年 4 月 26 日第二次攻打东沟，都是独立第 4 团参加的战斗。

其中第二次攻打东沟时，伪军已经在镇上构筑了坚固工事。但是在我军的猛攻之下也是无济于事。战斗的结果震动了六合县伪县长，饶奎在向南京区治安督查专员杜哲庵转报王广元的东沟战况报告中也不得不承认："……新四军十六团、独三团、独四团千余名四路围攻东沟，战斗之烈，为本团进驻东沟以来所未有。"[①]

1945年的夏季攻势之中，我军第四次攻打东沟镇。"金刚钻"彻底打破了敌人继续盘踞东沟的幻梦，将东沟一带的长江岸线完整掌握在了手中。

（三）突破敌人堡垒的"金刚钻"

黄锦思

1945年时在独立第4团担任1营教导员的黄锦思，和该营的其他干部一起率领1营在东沟战斗之中承担了主攻的任务。作为主攻营的教导员，新中国成立后他在回忆文章里为这次战斗留下了极为丰富的史实细节。[②]

他回忆独立第4团恢复建制之后，曾有近半年都是在等待战斗，大家心底都是憋了一股劲：

> 半年的时间一直在休整和练兵。战士们眼见六合城、仪征城、浦口镇、东沟镇等地的日伪军常出骚扰，急得牙根痒痒的，恨不得狠狠地揍他们一顿。于是，要求作战的决心书纷纷向营部飞来，并要求营部上转给团部、旅部。可是，正如旅、团首长教导的，"我们不打无准备之仗。平时多训练，战时打胜仗。"我们在战争实践中也领会了这些指示的重要意义，就耐心地说服战士们，抓紧时间练兵。

---

① 龙美光:《罗占云将军传》，云南美术出版社2015年10月版，第159页。

② 以下黄锦思的回忆，均引自《战斗在敌人心脏》，河南人民出版社1979年12月版。

黄锦思还回忆上级首长确定攻打东沟之后，部队充分认识到了打好这一仗的重大意义：

> 东沟镇在江苏六合县境内，位于长江北岸，与沪宁线上重镇龙潭隔江相望。它西面五十里是南京的大门——浦口，西北四十多里是六合县城，东北四十多里是仪征县城，正南与长江中的八卦洲相望。这些地方都有日伪军重兵据守，而东沟镇恰在这些日伪据点的中心，构成一个梅花图形。由于东沟镇的地形非同一般，驻着汪伪的王牌军警备十二师的一个营。若要拔除这个据点，就等于敲掉南京的一颗门牙。

为了敲掉南京守敌的“门牙”，我军发挥了不打无准备之仗的优良作风。战斗开始之前，1 营副营长王建中带领全营的三个连长，并且从每连抽一个排长，和五个侦察员一起前往东沟镇侦察了五天。对敌情有了详细的了解：

> 经过侦察证明，敌人全住在镇北首一个兵营里。兵营外围有三道障碍，第一道是鹿寨，用木桩和竹签围住；第二道是水围子，宽有两丈余，正是梅雨季节，沟里水很深；第三道是屋脊形的铁丝网；过铁丝网几米远，便是丈把高的围墙。围墙四角各设炮楼一座，东边的一个最大，是三层的，从上至下都布满了射击孔。整个兵营只有西面有一个不宽的吊桥与外面来往。

1945 年 6 月 1 日深夜战斗打响时，我军正是按照侦察的结果进行了战斗部署。该营营长率 1 连攻打吊桥南首；王副营长率 2 连攻吊桥北首；黄锦思作为教导员率领 3 连包围敌兵营的东南方向，阻击敌人突围逃窜，并警戒黄摆渡方向的援敌。

在黄锦思的回忆之中，战斗持续了好几个小时。到天快要亮了的时候敌人据守的大碉堡还没有攻克。伪军的营长躲在碉堡之中带着部下负隅顽抗。独立第 4 团的团长彭思忠此时下了三道命令：组织一、二连的火力集中射击大碉堡的枪眼，压制敌人火力，掩护突击队逼近碉堡；挑选四名勇敢、机智、经验丰富的突击队员，将手榴弹捆好，代替炸药包炸掉碉堡底层的机枪；炮手打出最后剩下的一颗炮弹，将碉堡的顶掀掉。而他下达的这三道命令很快就确保了战斗取得完全胜利。在黄锦思的回忆里，东沟战斗的最后阶段是这样的：

> 天大亮时，远处隐约传来枪声，大概是敌人的援兵来了。突然，一声巨响盖住了一切声音，这是我们最后的一发炮弹（我们一共只有五发炮弹）在敌人的大碉堡顶上开了花。
>
> “打得真准!”我们几乎是同时欢呼起来。随着炮弹爆炸的硝烟，我们四名爆破手将成捆的手榴弹塞进了碉堡，又是几声巨响，敌人再也猖狂不起来了，碉堡里只稀稀落落地射出来几发子弹。我军数百名战士乘势向大碉堡冲去，杀声、枪声震撼大地，最后消灭敌人的时刻到了!
>
> 在火光弹雨中，人群里五六名战士抱着一棵大树干向碉堡大门冲去，“通通”几声就把大门撞开了。敌军见大势已去，援兵又不到，才纷纷缴械投降。
>
> 我见敌人已投降，便指挥三连进碉堡抓俘虏，打扫战场，这前后也不过二十分钟。

黄锦思的回忆里展现了我军摧毁敌人坚固工事时，确实像金刚钻一样无坚不摧。敌人苦心经营的据点，最终，还是在新四军的攻势之下被粉碎。

这一辉煌的胜利，载入了这一支英雄部队的军史。前述沈阳军区编写的战史资料之中，以军事史的研究视角，详细而具体地将独立第4团官兵一举夺下东沟镇的经过进行了完整回溯。可以与黄锦思生动的回忆进行对照阅读：

> 1945年夏，日军败局已定。为了广泛开展对敌攻势，给敌人以沉重打击，上级命令该团于5月31日攻克东沟镇据点。
>
> 东沟镇位于江苏六合县境内。敌据点四面环水，据点四周筑有3米高的土围墙，墙上筑堡12个，在东北、东南角和西侧各筑有3层大炮楼，每个炮楼配有迫击炮1门、重机枪1挺，墙外设有3道铁丝网，构成了较坚固的防御体系。
>
> 团里接到命令后，决定以1营主攻，2营、3营打援，采取偷袭与强攻相结合的战术实施攻击。战斗打响后，敌人依托精良的武器装备和天然障碍，负隅顽抗。但实施攻击的全团指战员，用灵活的战术动作，越战壕，翻围墙，顶着呼啸的子弹剪断敌人的铁丝网，用土地雷和手榴弹炸毁了敌碉堡。1连连长王国斌带领突击排，迅速搭人梯翻过围墙。1连、2连主力均投入纵深战斗，如同两把尖刀直插敌人心脏。敌遭到袭击，顿时大乱，争相逃命。激战40分钟，敌人大部分被歼。就在该部官兵以破竹之势向前推进的时候，敌人三座炮楼里的机枪一齐喷着火舌，以极强的火力把战士们压在一段残墙的后面。这时，2连立即组织10余名战士抬着大木头，在火力掩护下，以压倒一切敌人的英雄气概，将炮楼大门撞开，攻击炮楼，生擒了敌7连残部。此时，1连向东南角炮楼猛攻，迅速歼灭敌8连。各连乘机对两侧炮楼展开政治攻势，令俘虏喊话，迫其投降。敌无投降的表示，各连随即将土炮转向西侧，对准炮楼做好射击准备，残余之敌待援无望，最后全部缴械投降。这次战斗全歼敌人1个营，毙伤80余人，俘敌400余人，缴获82迫击炮3门、掷弹筒9具、重机枪3挺、轻机枪27挺、步枪300余

支、炮弹 140 余发、子弹 5 万余发。此仗的胜利，打出了士气，打出了声威。

在六合县东沟镇取得的这次辉煌的胜利，同样也是发生六合这片土地的光荣史实，于是这次胜利也永远载入了六合的史册。前述《抗日、解放战争时期我县境内发生的战斗录》之中对新四军第四次攻打东沟有这样的记述：

一九四五年六月一日：四攻东沟。

汪伪警卫三师九团三营，盘踞东沟，深沟高堡，层层设防，为夺取沿江战略重镇，拔掉江岸敌伪据点，以利全面反攻。我东分区司令部命令独四团攻击该敌，在分区司令罗云同志指挥下，由一营主攻，采取偷袭与强攻相结合的战术，攻克了东沟镇。除毙伤该敌八十余人外，生俘伪中校营长余万昌以下二百余人。获曲射炮一门、掷弹筒九个、九二式重机枪三挺、轻机枪九挺、步枪二百余枝、炮弹一百四十余发、子弹五万余发。我军负伤四十余人，牺牲八人。由于战果辉煌，获新四军二师师部奖给“金刚钻团”锦旗一面，并编有《攻克东沟镇》歌曲一首传唱至今。

按照这一记载，我军以较小的代价，单次战斗歼灭伪军成建制的一个营。这是继羊山头伏击战之后，我军在六合的土地上再次创造的完整歼灭一个营伪军的战绩。

尤其令后人们感到振奋的是，沈阳军区编写的战史资料之中，还回溯了独立第 4 团荣获“金刚钻团”称号，被师长罗炳辉颁发奖旗的经过：

战后，该团在张公铺大李庄操场召开了祝捷大会。全团指战员面对战利品，排着整齐的队伍，更显得英姿勃勃，斗志昂扬。师长罗炳辉在讲话中高度赞扬了1营在攻克东沟镇战斗中善攻巧攻，英勇顽强，不怕流血牺牲的战斗作风，尔后宣布了关于授予该团“金刚钻团”荣誉称号的决定，并将一面绣着“金刚钻团”四个大字的红旗亲自授给该团。全团指战员顿时沸腾起来，欢呼声、口号声，此起彼伏，响彻云霄。

6月2日取得胜利之后，南京城内的敌人深感震惊。时任新四军参谋长的赖传珠，在当月4日的日记里记载：“敌伪以警一师全部、警二师1个团、警三师开六合，企图报复东沟战斗之失败”。但是，色厉内荏的伪军虽然在六合县投入重兵，但最终也未敢向新四军发动进攻，更没有敢对新四军刚攻克的东沟镇实施反扑。

东沟镇被我军收复之后，我军已经兵临与南京主城区仅仅一水之隔的长江北岸。日伪势力已经无力阻挡我军在东岸一带江岸渡过长江。我军往来长江南北两岸更为快捷。渡江反攻南京的计划更进一步提上议事日程。

而荣获“金刚钻团”荣誉称号的独立第4团，其后发展成为华东野战军第4纵队第11师第31团、第3野战军第23军第68师第202团。该团在解放战争之中再立新功，先后参加了鲁南战役、莱芜战役、淮海战役和渡江战役，将胜利的旗帜插到上海市，为争取人民解放作出了重大贡献。

新中国成立后，在抗美援朝出国作战之中，该团于1952年9月入朝参战。当年12月，该团调归第67师建制，改番号为步兵199团。

步兵199团在朝鲜战场多次投入重要作战之中，一直战斗到了停战协议签订。这个在抗日洪流之中从地方自卫武装发展起来的团，带着在六合荣获的“金刚钻团”称号，就这样在一次次征战之中延续着光荣。

六、1945 年 8 月：六合成为兵临南京的前进阵地

1945 年夏，中国人民抗日战争到了夺取胜利的最后阶段，日本帝国主义的失败已成为定局。在艰苦卓绝的全面抗战之中，六合敌后军民英勇奋战，让胜利的旗帜一直飘扬在这片和日伪在华统治中心只有一江之隔的土地上。

新四军第 2 师师长罗炳辉曾经在报告之中明确指出“我们处在敌人心脏地区，敌人时刻在企图如何拔除这把刺在他背上的利刃。”因此，他告诫根据地的党员干部、部队官兵和各界人士：“我们必须提高警惕，严重的局面随时都有到来的可能！应该深刻认识：假使战争失败，则根据地无法坚持，党、政、军、民都会陷入严重的情况。”在这样高度紧张的斗争环境里，六合所在的津浦路东地区经过数年浴血坚持，让这一把刺在敌人心脏地带侧背上的“利刃”更加锋利。而六合是津浦路东地区各县之中距离敌人心脏——南京城区最近的一个县，堪称是这把“利刃”的刀尖。

因此，抗战的伟大胜利，六合也成了重要的历史见证地。南京北部郊区六合县敌后军民在城郊的长期奋战，其实也是南京这座城市决不屈服于日本帝国主义的表现之一。而在 1945 年 8 月 15 日日本帝国主义宣布无条件投降之际，六合见证了淮南敌后抗日根据地的新四军部队从六合划子口渡江后，兵临南京城下的壮举。

（一）胜利即将来临

抗日战争时期的南京，发生了震惊世界的南京大屠杀，是遭受日本军国主义蹂躏最为惨痛的地区之一。而南京沦陷后也成了日伪势力在华统治中心。但是，在抗日战争胜利之际，南京成为最终见证侵华日军投降的重要“胜利地”之一。回溯南京地区的抗战史，苦难与荣光形成了一首来自历史深处的浑厚交响。

而在抗战胜利前夕，新四军在南京以北的六合县境内的抗日武装斗争，已经逼近了日伪势力在华统治中心，直接为夺取抗日胜利做出了重要贡献。

1944 年是中国人民抗日战争胜利的前一年。1944 年 1 月起至 1945 年 9 月抗战胜利这一历史时期，被党史学界归纳为江苏抗战史上最后一个阶段：“这一期间，江苏抗日军民在中国共产党领导下，开展攻势作战，实行局部反攻，巩固和发展了抗日根据地，夺取了抗战的最后胜利。”[①] 笔者新发现的日伪史料显示，日伪军自己承认 1944 年时南京四周大片区域都属于新四军的活动范围。例如：1944 年 6 月 8 日，汪伪国民政府考试院院长江亢虎发表所谓《反共方案》里承认“新四军已遍布江淮，京沪一带均受威胁”，扬言汪伪政权为了配合法西斯轴心国，要于“首都近郊”[②] 和新四军作战。这一记述从汪伪高官角度承认了新四军已经攻入南京近郊。

侵华日军第 61 师团从 1943 年起逐步承担南京警备。其下辖的步兵第 149 联队直接承担了守卫南京以北浦口至蚌埠之间津浦铁路的警备任务。而步兵第 149 联队战史《战记：甲府联队》里，承认 1944 年起

① 江苏省中共党史学会编：《江苏抗日战争史》，中共党史出版社 2007 年 10 月版，第 9 页。

② 《申报》1944 年 6 月 8 日。

该联队警备区内新四军等敌后武装的反攻呈现“活发化”（日语里表示活跃化）局面。为此，该联队年初出动部队在南京以北的滁县、定远等地与新四军激战。11 月又一次在“江北路西地区”[①]（即南京以北淮南敌后抗日根据地的津浦路西地区）和新四军作战。这些地区都是在六合的周边。值得注意的是，作为侵华日军在南京江北一带地区唯一的机动部队，步兵第 149 联队战史之中没有记述 1944 年、1945 年在六合境内有过作战。因为自 1943 年金牛山战斗受到重创之后，日军已经无力再在六合和新四军进行争夺。六合一带主要是伪军分散在县城和部分集镇之中“苟延残喘”。正是因为这个原因，汪伪政权方面对新四军活动于南京周边的六合县则有更详细的记录。

1944 年年底，汪伪国民政府内部“军事考察班”公开发表了关于其首都警卫部队的报告[②]。这份收录于汪伪军事刊物《同袍》里的报告出于向汪伪军官介绍当前战局的考虑，详细列出了南京周边新四军的战斗地域。该报告之中明确记录：伪军警卫第二师驻扎于“京畿各县”。其防区直接面对新四军的阵地。按照这份报告的记录，南京北部郊区的“六合县”，包括“四合墩、马家集、竹镇集、施官集”等地都是新四军建立的根据地。并且，伪军警卫第二师承认一直在和新四军作战：“该师防区内，因匪势猖獗，故历次剿共战役颇多”，“匪共不时利用机会，实施其偷袭工作”。

在最后胜利即将来临时，六合敌后军民也积极投身到对敌人的攻势作战之中。在 1945 年的夏季攻势里，新四军淮南军区津浦路东军分区独立第 4 团就一举夺取了江畔的东沟镇，从此掌握了在这一带江岸渡江的主动权。这也为 1945 年 8 月新四军在抗战胜利时成为第一支兵临南京城下的中国军队奠定了基础。

今天，在回顾抗战胜利之际六合的史实时，除了早已在六合家喻户

① 参见《战记：甲府联队》，产经新闻社昭和五十三年版。

② （汪伪）陆海空军同袍社：《同袍》1944 年第二卷第二、三期合刊，1944 年版。

晓的新四军在日本投降之后，击破顽抗拒降的敌人而收复六合县城，更重要的是认识到从六合出发的新四军，成为当时唯一兵临南京城下的中国军队。

（二）侵华日军记载新四军兵临南京城下

1945 年 8 月 15 日，日本天皇向日本民众宣布无条件投降时，国民党主力军队还都在大后方，与南京隔着较远距离。当时，南京城下唯一的中国军队就是新四军。并且，新四军在日本无条件投降前后进行的全面反攻里，也一度曾经将“接管南京”作为目标之一。

新四军第 2 师驻扎在六合县的部队，距南京市区只有一江之隔，在日军投降时立即兵锋直指南京城。

对于新四军在抗战胜利时兵锋直指南京城的史实，日方记录更有明确的记述。并且从这些记述之中可以看到，日本宣布无条件投降时，南京郊区的新四军发动的攻势已经直接震动了日伪势力在华统治中心南京。

笔者近期最新收集到的日本侵华老兵回忆录《战旅回想》一书里，收录了 1945 年 8 月在日军驻南京的金陵部队受训的高桥四郎的回忆。这份回忆从侵华日军的视角，展现了日本宣布无条件投降时南京城的情况。

高桥四郎是在 1945 年初从日本国内被派到中国大陆，到达江苏省后被编入日军独立步兵第 48 大队。不久之后他经过几次考试，被选为甲种干部候补生，1945 年 5 月受命入编南京金陵部队，接受预备士官学校的教育。

高桥四郎曾经这样回忆在日本无条件投降之际的情况：

> （1945 年）8 月 12 日，我们乘坐卡车去南京郊外进行野外实弹射击演习，从步枪（三八式）、轻机枪（十一年式和九六式）、到榴弹，全部实弹演练了一遍。住了几天野外营帐后，于 14 日晚紧急归队。

次日15日晨部队紧急集合，我们分乘卡车被带往南京市中心总司令部附近的大环岛处。

侵华日军中国派遣军总司令部位于南京市区鼓楼附近。高桥四郎回忆之中的“环岛”至今仍然存在，就是在今天鼓楼转盘环岛的位置。

在中国派遣军总司令部的附近，高桥四郎和其他日军接收到的命令是：“新四军正前往南京，必须死守此地。”高桥四郎随即想起这几天野外射击演习时，曾经看到对面山峰棱线上有不知来历的军队，枪口朝着日军与其对峙。他这个时候才想起这应该是新四军的部队。

高桥四郎回忆就在防备着新四军攻城的时候，有日军士兵赶过来“刚才在侨胞处，听到中午天皇陛下的广播，说日本无条件投降了，我们今后该怎么办啊？”说着说着就哭了起来。其他日军士兵半信半疑，顿时陷入惊慌之中。随后，高桥四郎看到的景象是：

大家听了都说“什么!! 你这个臭小子在瞎说什么！你这家伙是中了敌人的诡计了”，打算一起围殴他。

不久，区队长来了：“没错，日本的确是无条件投降了”……

我们一下子泄了气，周身被难以名状的无力感侵袭。我想，我们是不是要和白虎队[①]一样落得切腹自尽的下场呢。

日本宣布无条件投降当天，南京城内的日军部队因为新四军迫近市区而慌忙部署“死守”南京的上述史实，此前并不为中国抗战史学界熟悉。这一日军亲历者回忆史料的发现，丰富了1945年8月15日日本投降日当天新四军向南京进军以及城内日军惊慌失措的史实细节。日本近些年解密的二战档案之中，也明确记述了在1945年8月新四军到达南京东部

① 日本历史上的“戊辰战争”，效忠会津藩主的“白虎队”队员在战败后自杀，从此成为日本武士道精神象征之一。

郊区。日军登集团（即侵华日军第 13 军）参谋部在日本投降后不久的报告里，记录新四军 500 人此前已经“侵入”了南京郊区龙潭北方地区，而在南京以东的镇江至高资之间地区则更是有约 7000 名新四军“侵入”[①]。

而新四军当时兵临城下、计划占领南京城区的军事压力，让南京的日军将领也是颇为惊慌。1945 年 8 月 21 日，赴湖南省芷江洽降的侵华日军中国派遣军副总参谋长今井武夫，曾经向国民党方面叙述新四军正有占领南京之势。当天会谈之中，今井武夫将战斗在苏皖地区的新军统称为“延安军”，提出“在徐州、蚌埠、芜湖附近尚受到延安军的攻击”。今井武夫还特地指出江北的新四军“其中一部分要求占领南京城”[②]。其实，这一支部队就是距南京城最近的新四军第 2 师的部队。

（三）我方对胜利时兵临南京城下的记录

对于日本宣布无条件投降的时候新四军已经兵临南京城下的史实，我方战史此前主要记载的内容是：“淮南军区新组建的江南第 1 支队（又称南京支队），在支队长陈雨田、政治委员张登（沙文汉）率领下渡江南下，攻克龙潭、栖霞山等地，兵临南京城下”[③]。如前所述，实际上，日军的军事档案和士兵回忆里确实有对新四军这一军事行动的叙述。

那么，我方的各类记述之中，有没有这一军事行动的更多史实细节？南京支队政委沙文汉，此前是中共淮南区委城市工作部部长兼宣传部部长。作为带领先遣部队渡江挺进南京的主要负责干部之一，他个人的有关资料之中留下了若干细节，可以让今天的人们知道我军从六合出

---

① 参见日本二战档案侵华日军登集团参谋部《延安军的不法行为状况》，1945 年 9 月 1 日。

② ［日］今井武夫著，《今井武夫回忆录》翻译组译：《今井武夫回忆录》，上海译文出版社 1978 年 5 月版，第 412 页。

③ 《新四军战史》编委会编：《新四军战史》，解放军出版社 2015 年 8 月版，第 456 页。

发，渡江直抵南京城下的情况。

新中国成立后，沙文汉曾经在自己的自传之中记下了这样的一段回忆：

一九四五年八月日寇投降时，派我任南下先遣队政治委员，率部队及干部队渡江至南京东面的山区，一面打残敌开展郊区及农村工作；一面布置南京工作。①

沙文汉的妻子陈修良，曾经也对这一史实有过明确的回忆：

华中分局派了一个支队去占领南京，任沙文汉同志为政委。这个支队到达紫金山附近，本来打算先接管日军的投降事宜，我军随即进入南京城。②

《沙文汉陈修良年谱》之中，则明确记述沙文汉带领部队是从六合县划子口渡江，在对岸的栖霞山下登陆的：

日寇正式宣布无条件投降。沙文汉任南下先遣支队政委，奉命带领城工部干部和支队从驻地冒雨急行军，在六合县东沟南划子口连夜飞渡长江，抵达南京郊外栖霞山地区，准备配合新四军第二、六师大军，从日寇手中接管南京。③

《沙文汉陈修良年谱》之中还记述了“行军途中，遇到大雨，他豪

① 华东师范大学中国当代史研究中心编：《沙文汉工作笔记（1949—1954 年）》，东方出版中心 2015 年 8 月版，第 386 页。

② 中国人民政治协商会议浙江省委员会文史资料研究委员会编：《浙江文史资料选辑》第 19 辑，浙江人民出版社 1981 年 8 月版，第 212 页。

③ 马福龙、沈忆琴主编：《沙文汉陈修良年谱》，上海社会科学出版社 2007 年 11 月版，第 32–34 页。

情满怀地作诗三首……三首诗反映沙文汉当时精神振奋、豪情满怀，以及抗战队伍士气高涨，迎接胜利的激昂斗志。”

而今重读沙文汉写的三首诗，我们可以看到这其实是以诗句的形式记述了新四军部队冒雨从六合县出发，在划子口渡江后攻入南京以东龙潭的整个过程：

雨中行军

倏然霹雳破山鸣，闪闪刀光掠野明。
敌垒不摧壮士志，岂云豪雨阻吾行。

夜渡长江

月黑天低浪势汹，健儿待战兴方浓。
百舟一令齐飞渡，十里长江驰怒龙。

夜袭龙潭

运筹既定意方倓，且共挑灯作笑谈。
忽听炮声起未久，前军已拔入龙潭。

实际上，沙文汉带部队从六合渡江抵达南京城下之后，一度还曾经登上南京城边的山峰（可能是栖霞山或紫金山），鸟瞰南京城区的景象，对敌情进行侦察。前述侵华日军士兵高桥四郎的回忆之中称在南京郊区的山峰上有军队和他们对峙，对照敌我之间的记述，很显然这些军人就是登上山峰俯视南京的新四军官兵。

带着胜利之际进抵南京的壮志豪情，沙文汉在山顶写下了一首《鸟瞰六朝古都》[①]，并且标注写作日期为 1945 年 8 月：

① 徐洪章、张宝康主编：《铁军诗韵：新四军将士诗词选》，中共党史出版社 2009 年 3 月版，第 217 页。

山临故阙万家春，江走芳源百里银。
狐鼠豺狼休自得，到头天下属人民。

而新四军第 2 师特务团政治部主任、南京籍贯的方志明，当时也被编入南京支队。他的回忆之中也保留了若干有关南京支队的细节。他回忆道：当时是新四军 2 师师长兼淮南军区司令罗炳辉将军，在组建南京支队的会上，宣布了支队领导成员之后，曾经向支队领导班子说："把张浩（现名张婉如）调来和方志明成家，这样好掩护到方志明家乡南京去做受降工作……"

在这一喜气洋洋的气氛之中，方志明回忆自己和领导们有这样的对话：

张登（支队政委、淮南区党委城工部长，即建国后任浙江省长的沙文汉）说："这好，我们来办。"

陈雨田（支队司令、淮南区党委城工部副部长）、童浩生（支队副司令、2 师特务团政委）、李文彬（支队参谋长、特务团参谋长）这几位已是成家之人，都开起玩笑了："方主任双喜临门，好哇"，"快点调来，我们等着要吃南京糖哩"，"吃糖、吃糖。"

我抑制着满腔喜悦："南京糖多得很，包请。"

罗师长严肃而风趣地说："你们不要开玩笑了，这是为了南京受降工作。人家俩抗战初期就好，相持到鬼子投降，也该成家嘛。要吃糖，叫张浩到南京多买些，让吃个够。"

大家捂嘴而笑。

方志明的上述回忆，也给我们留下了新四军南京支队的更详细干部名单——除了前述的支队长陈雨田、政委沙文汉、政治部主任方志明，另有新四军第 2 师特务团政委童浩生担任了支队副司令，特务团参谋长李文彬担任了支队参谋长。

方志明后来回忆自己成家经历时，还记述了南京支队从六合渡江之后在栖霞的驻扎地是上前村：

> 会后，南京支队飞渡长江，进驻南京城郊栖霞山一带展开受降工作。不久，身在华中建设大学研究班的张浩和大批干部组成的南京工作队，跨江与南京支队汇合了。
>
> 一个晚上，在栖霞山下的上前村南京支队司令部驻地，没有任何仪式，一床布被合成了家。一对青年男女，早在 1939 年冬，就相识于新四军，饱尝烽火，重重封锁，七个春秋终成眷属。

像支队政委沙文汉留下了回忆的诗句一样，方志明也在 1945 年 8 月 15 日写下了一首《叫我成家去受降》。在这首充满了战地色彩的打油诗里，方志明将抗战胜利和结婚成家的喜悦心情融在一起，给后人留下了这段美好的回忆：

> 忽报鬼子齐缴枪，“神行太保”点兵将，
> 指看南京中华门，叫我成家去受降。
> 飞兵渡江栖霞山，不讲仪式没喜糖，
> 七个春秋弹雨过，一床布被俩成家。[①]

上述抗战胜利时新四军从六合渡江兵临南京城下的史实记载，有以下两个方面的意义：

第一，为佐证敌后战场的历史地位提供了又一新的证据。中国共产党领导的八路军、新四军和敌后解放区战场，在八年全民族抗战中作

---

① 徐洪章、张宝康主编：《铁军诗韵：新四军将士诗词选》，中共党史出版社 2009 年 3 月版，第 84 页。

出了卓越的贡献。它们的发展对于夺取抗日战争的胜利起了决定性的作用。新四军为夺取抗战胜利，长期坚持敌后抗日，是敌后战场至关重要的革命武装。

上述来自敌我双方的史料，揭示出新四军可以在日本宣布无条件投降时将兵力从六合直接部署到南京城下。让城内的日军感到惊慌失措。这充分显示了新四军部队一直都战斗在日伪势力在华统治中心南京的周围，是在围攻敌人的统治中心时迎来了抗战的胜利。这让我们又从一个新的视角看到了敌后战场对于抗战最后胜利的意义。

第二，为后人了解新四军抗日的伟大历史功绩又提供了新的历史细节。日伪军内部这些记录和我方的各类资料进行对比，以敌我对史实叙述互证互照的形式，展现了当日本宣布无条件投降时，日伪势力在华统治中心南京城下唯一的中国军队是新四军。

于是，这从另一个角度看也是对新四军所取得的抗日战绩的一种间接肯定。通过敌我记录对照的途径，雄辩证实了新四军是华中抗战的长城，也凸显出南京以北六合的新四军部队对于夺取抗战胜利的重大意义。

期盼这些有关记录，可以让人们今后在纪念抗战胜利时能够充分认识到：包括六合在内的南京周边新四军部队在南京敌后战场的英勇战斗，才是南京能够成为抗日战争一处“胜利地”的关键因素。

第三部分

迎接解放

抗日战争胜利后，国民党反动派发动内战，与南京一江之隔的六合县随即成为战场。经过三年的反复争夺，六合的土地逐渐回到人民的怀抱。1949 年 4 月，六合全境解放，成为而今南京各区之中第一个全境解放的区。而解放了的六合人民，又积极支援渡江战役前线。六合随后成为人民军队跨越天堑长江、解放国民党“首都”南京的渡江出发阵地之一。在迎接解放的这段波澜壮阔的史实之中，六合有着重要的历史地位。

一、1946年：首挫敌“御林军”第74军

国民党整编第74师（前身为第74军）在孟良崮战役里被人民军队全歼的史实，是革命史册之中家喻户晓的著名篇章。鲜为人知的是，有蒋介石的“御林军”之称的第74军，在渡江离开南京正式投入对解放区的进攻之后，首次被人民军队在反击中击退，就发生在六合程桥。

而第74军改编为整编第74师之后，首次以这一番号再受到我军反击作战的打击，也是在六合的沿江地区。

（一）历史背景

艰苦卓绝的抗日战争取得最后胜利时，全国人民都有同一个期盼：愿祖国从此走上和平发展的道路。然而，就在社会各界齐心协力恢复日本侵略者留下的战争创伤时，以蒋介石为代表的国民党反动派却在美帝国主义的支持下，采取了反革命的两手策略：蒋介石一方面致电延安，邀请中共中央毛泽东主席到重庆进行和平谈判；另一方面又继续加紧调兵遣将，阴谋部署反共内战。中共中央进行反复研究，决定提出和平、民主、团结三大政治口号。毛泽东主席接受邀请赴重庆谈判，同时人民军队做好进行自卫战争的各种准备。经过谈判，国共双方于1945年10月10日正式签署会谈纪要，即著名的《双十协定》。

但是，即使在达成《双十协定》之后，毫无和平诚意的国民党政府其实仍决心占领解放区和消灭人民军队。在1946年6月下旬全面内战

打响之前，国民党军在多地向解放区发动过进攻，企图在军事上伺机对解放区施加更大的压力。

此前，日本帝国主义 1945 年 8 月 15 日宣布无条件投降之后，新四军第 2 师部队迅速包围了六合县城。随后，通过攻城战斗一举消灭了拒绝投降的敌人，光复了沦陷已久的六合县城。与此同时，我军还收复了葛塘集一带。前述重要资料汇编《抗日、解放战争时期我县境内发生的战斗录》之中，记载 1945 年 8 月 20 日攻打葛塘集、李家凹的战斗结束以后，“六合全境首告解放”：

> 一九四五年八月二十日：攻打葛塘集、李家凹。
>
> 日军宣布投降，新四军淮南东分区独立四团，在罗炳辉师长统一指挥下，奉命南下江浦，转攻葛塘集、李家凹之敌。以锐不可当之势，迅速攻克该两处伪军据点，歼灭伪军两个连，生俘一百五十余名，获轻机枪三挺、步枪一百五十余枝。至此，六合全境首告解放。

抗战胜利之际，六合全境都被新四军部队解放。因此到 1946 年上半年国民党政府开始从大后方重庆“还都”南京时，与南京城区仅仅一江之隔的六合就是人民军队驻防的解放区。这让国民党统治集团觉得如芒刺在背。

1945 年 12 月下旬，国民党军“即拟定江北清剿计划”，狂妄地表示“决击灭匪于东台、高邮、天长之线以南地区”。而在这一计划的“军队部署”之中，国民党军又决定“以七十四军之五十八师向六合攻击”。

（二）敌第 74 军侵入六合

国民党制定前述计划之后，国民党军驻防南京的所谓“御林军”第

74 军，出动第 58 师从 1946 年初开始组织部队渡江北进，多次袭扰和侵占六合以及周边地区。敌人大举踏入六合的土地之后，肆意抓捕杀害解放区的干部，并且也放纵士兵对人民群众烧杀抢掠，在六合一次次犯下了罄竹难书的罪行。

当时，我军为了和平大局考虑，暂时只在忍让之余取自卫之势，随后依据客观情况对国民党进行了严正抗议。《新华日报（华中版）》1946 年 2 月 17 日对敌人进犯六合有过报道：

> 国民党七十四军施中诚部之五十八师蔡仁杰部 2 个团，于 1 月 9 日以飞机 4 架配合占我六合城后，即不断向我城外乡村骚扰。停战令下后，该师师长蔡仁杰以停战令为借口，擅自将我解放区之六合县境，以六合城为中心将四乡划入计 1400 余平方华里为该师防区。气势汹汹，并谓若不遵守，则将大兵征讨等语。22 日，五十八师一七三团 2 个营即分两路向六合城北二十里程驾桥我军阵地进攻。以一路经新集北上，直攻程驾桥，以一路直攻我程驾桥东约三里之杨山头。我仅一个排在该地，经苦战后，大部为其歼灭。该部占杨山头后，我程驾桥部队被迫撤出。此役我伤亡 40 余人。

报道之中提到的国民党军五大王牌主力之一的第 74 军（1946 年夏改编为整编第 74 师），当时就是按照蒋介石的要求进攻南京周边的解放区。

全面抗战中，该军在军长俞济时、王耀武、施中诚率领下曾经参加过多次对日作战。在全民族一致抗战时，该军曾立下过战功，又成为第一批换装美械的部队。日本帝国主义投降之后，1945 年 8 月，第 74 军第 57 师临时配属新 6 军，被空运至南京之后，承担南京以及周边的警戒。随后，第 74 军第 51 师、58 师也陆续被从后方运至南京。第 74 军长施中诚还兼任了南京的警备司令。

该军抵达南京时吞并了汪伪的中央警卫军[①]，收编了汪伪国民政府驻扎南京的警卫第 1 师、第 3 师的各一部分（含伪中央军校学生总队）和伪独立第 15 旅 4000 名左右的士兵[②]。这其中还包括曾在六合等地与新四军作战过的伪军部队。

在蒋介石发动反人民的内战之时，美械装备的第 74 军立即沦为了参与内战的“急先锋”。而我军后来对这一敌手的评价之中，认为该部队“该敌系蒋军五大主力之一，部队骄横”“其官兵对蒋甚为信仰，且骄横自大”。

这支不可一世的“御林军”从投入内战之后，到 1947 年 5 月中旬在著名的山东孟良崮战役里全军覆没之前，其实已经在解放战争之中屡次受到人民军队的沉重打击。而第 74 军渡江离开南京，正式大举进攻解放区之后受到的第一次较大反击，就是在六合县境内的程桥发生的。

（三）程桥战斗击退第 74 军

当时，国民党第 74 军分布于从浦镇到六合县城、东沟、大河口的一线区域，准备从南京的长江以北地带向淮南解放区全面推进。六合县境内的我军官兵，在忍无可忍的情况下，按照自卫作战的计划，在 1946 年 1 月下旬曾经向第 74 军在六合程桥一带的阵地发起了反击。而我军的反击作战，成功迫使国民党军第 74 师的部队向后撤退。这在当时一度挫败了国民党军继续侵占六合解放区的阴谋。

来自敌人的作战电报里对此有明确的记录。1946 年 1 月 24 日 18 时 40 分，国民党徐州绥靖公署主任顾祝同，向重庆的蒋介石发来了“即刻到”的紧急电报。而在这份电报之中，记录了该公署副主任兼第

① 江苏省中国现代史学会编:《中华民国史文集》，1984 年 11 月版，第 283 页。

② 参见《国家人文历史》2017 年第 10 期，第 63 页。

1 绥靖区[①]司令官汤恩伯转来的第 74 军第 58 师第 173 团受到持续反击之后，放弃阵地被迫向后撤退（敌人为了掩饰失败称其为“转移”）的情况：

汤司令官恩伯子马电：

（1）七四军子篠戌[②]电：铣巳[③]共军五六团向我程驾桥（六合北）守军五八师一七三团第五连攻击。激战至午，我伤排长一，亡

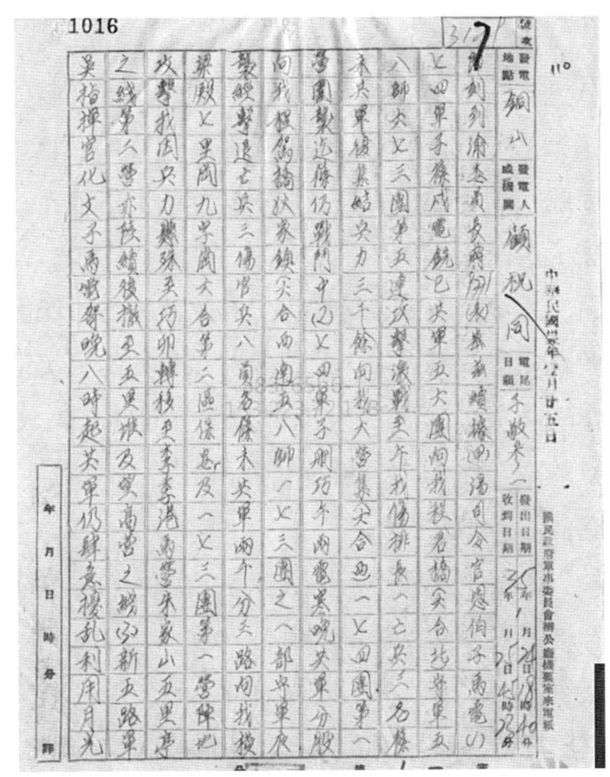

国民党徐州绥靖公署主任顾祝同发给蒋介石的电报

---

① 国民党军的绥靖区是接近集团军的编制。当时第 1 绥靖区司令部驻无锡，第 74 军归该绥靖区下辖。

② 这是电报韵目代日的表示形式，结合上下文指的是 1946 年 1 月 17 日下午 19 时至 21 时。下同。

③ 指的是 1946 年 1 月 16 日上午 9 时至 11 时。

兵三名。篠未共军复集结兵力三千余，向我大营集（六合西）一七四团第一营团围袭，迄篠仍战斗中。

（2）七四军子删、巧午[①]两电：寒晚[②]共军分股向我程驾桥、狄家镇（六合西南）五八师一七三团之一部守军夜袭。经击退，亡兵三，伤官兵八员各。篠未[③]共军两千分三路，向我横梁殿、七里冈、九子岗六合第二区保安及一七三团第一营阵地攻击。我因兵力悬殊，至巧卯[④]转移至李季港、马营、朱家山、五里亭之线。第二营亦陆续后撤至五里堆及望高营之线。

这一份来自国民党历史档案之中的文献，是迄今为止发现的国民党军第 74 军部队在渡江离开南京进攻解放区之后，首次被击退的记录。因此，六合程桥的这一成功实施的反击战斗，实际上也从作战的角度打破了国民党军第 74 军作为五大王牌主力之首的自诩“常胜军”的吹嘘。而尤为珍贵的是，这份历史文献的记述可能因为当时部队在数年长距离转战之中资料丢失，此前未能在我方的史实记录之中保留下来。对应的作战细节，此前 70 年来党史学界也从未发现过。因此，通过该史料还原的战斗结果，也填补了我军在六合对敌斗争战绩的一个重要的历史空白。

此后至 1946 年春夏之交，在敌我双方的作战记录里还有多次在六合被人民军队反击的记载。1946 年 4 月，张灵甫成为第 74 军军长兼南京警备司令。当时，蒋介石继续积极调动军队，准备实施大举进攻淮南解放区的部署。而我军在顾全和平大局的情况下，也对敌人的步步紧逼予以坚决反击。《抗日、解放战争时期我县境内发生的战斗录》收录的

---

① 指的是 1946 年 1 月 15 日凌晨至 1 时、18 日中午 11 时至 13 时。

② 指的是 1946 年 1 月 14 日晚上。

③ 指的是 1946 年 1 月 17 日下午 13 时至 15 时。

④ 指的是 1946 年 1 月 18 日上午 5 时至 7 时。

资料之中，就专门记述了以下几个重要战例：

一九四六年二月二十二日：马鞍苏家岗反击。

我淮南独立旅四团九连于马鞍山北苏家岗下警戒。蒋军一七三团违背停战协定，夜里潜去偷袭，战斗打响后，我军独四团全体指战员于苏家岗投入战斗，自晨至午后，击毙、伤敌一百余人，我军亡四十五人，伤一百余人。

一九四六年四月五日：（清明）八百桥马山追击。

蒋军七十四师五十七旅一部，袭击我马山乡政府，活埋我乡指导员，枪杀乡干十数人，并大肆掳掠。我淮南独立旅四团一部闻警驰援，追敌数里，伤敌十数人，俘敌数名。

一九四六年四月五日：八百石星王击敌。

蒋军五十七旅一个营，经横梁偷袭我驻木匠周的新篁区公所和区队。我哨发觉，即鸣枪报警，区队向八百方向突围，敌紧追不放，住石星王的我县大队三连闻讯迎头击敌，因敌众我寡，我三连边打边撤，敌继续尾追，驻在大营郝的我分区独立营闻枪声驰援，正激战中，我独四团一部在参谋长朱明庆带领下也投入战斗，敌见我军围攻，慌忙撤退，我军合力猛追，共毙伤敌十余名，获轻机枪一挺，子弹十余箱。

一九四六年五月七日：攻取王子庙。

蒋军一七三团一个排占我王子庙。我淮南新二师独立旅四团一营，奉命攻击，敌负隅顽抗，我军攻至午夜，全歼该敌。

也正是在这一时期，刚执掌了第74军的张灵甫曾在电报之中向

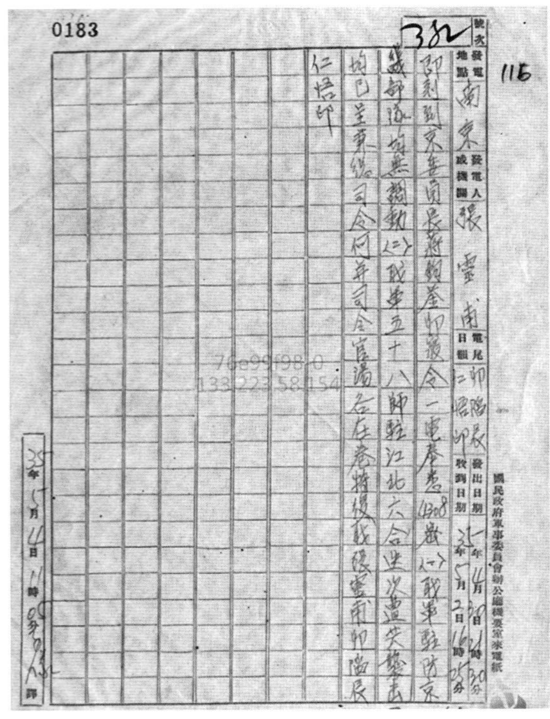
國民政府軍事委員會辦公廳機要室來電紙

0183

我第五十八師駐江北六合迭次遭共襲擊，均已呈兼總司令何並司令官湯各在卷

张灵甫向蒋介石报告在六合“迭次”遭袭的电报

蒋介石报告“职军五十八师驻江北六合迭次遭共袭击，均已呈兼总司令何[①]、并司令官汤[②]”。

而张灵甫在给蒋介石的电报之中，不得不承认，其麾下按计划“向六合攻击”的第58师，在六合境内屡次受到打击。从这个细节也可以侧面看出，张灵甫当时确实是在六合被“打痛”了，因此，这份历史文献反过来也是人民军队在六合自卫战斗战绩的重要佐证。

（四）我军在六合沿江打击整编74师

1946年春季，国民党的军队开始整编，并于1946年3月上旬公布了整编完成后各部队的番号。当时一度取消军一级机构，把“军”改编为“整编师”[③]。当年的夏季，第74军也按照整编计划而改编为整编第74师，张灵甫成为整编第74师师长（部队实际上还是原有一个军的规模），他麾下的师则对应改为对应番号的“整编旅”。

① 指国民党军陆军总司令何应钦。

② 指汤恩伯。

③ 这一整编其后未能完成，导致国民党军同时出现了整编师和未整编的军并存的状况，其后国民党军在1948年取消整编师的编制，重新启用了军一级建制番号。

改编进行的同时，张灵甫率部继续进攻六合解放区。而敌人这一刚刚改番号为整编第 74 师的“御林军”，6 月中旬又在六合沿江的大河口、东沟等地受到了人民军队的反击。整编第 74 师刚刚改了番号，又以新的番号而首次受到了沉重打击。

我军的这次反击发生在六合沿江江岸附近，是敌人眼中的“首都对江”。因此这次打击整编第 74 师的战斗也震动了南京城。国民党《前线日报》1946 年 6 月 15 日专门以《首都对江共军攻仪征六合》为题对此战斗进行了报道：

納遜自臨沂返青島
據陳毅說不再進攻
共軍進距濟南以南十五公里
首都對江共軍攻儀徵六合

国民党《前线日报》1946 年 6 月 15 日以《首都对江共军攻仪征六合》

> 苏北方面，共军一千余人于十二日午后起，向大河口（仪征西十公里）猛攻，另有一千余，同时向东沟镇（仪征西十五公里）猛攻。十三日午后四时，复有二千余人，向梁县店（六合东十公里）猛攻。以上均在激烈战斗中。尚有共军二千余，于同时猛攻雷官集（六合西二十公里），现该集联络中断，情况不明。

我方留下的记录显示，这次反击作战是夜袭战斗和打援战斗结合起来实施的。前述《抗日、解放战争时期我县境内发生的战斗录》资料之中曾分别叙述了夜袭和打援的详细经过：

> 一九四六年六月十三日：六攻东沟。
>
> 蒋军七十四师五十八旅一七三团一个加强连二百余人，于六月

上旬占据东沟，并不断向北骚扰。新四军淮南军区司令员周骏鸣、政委肖望东，采取围点打援的战术，命令独立四团一部夜攻该敌，同时以六旅十八团于长塘营伏击援敌。独四团一部激战大半夜，攻下敌西部碉堡二座。拂晓前，划子口、大河口之敌来援，我军因已完成预定歼敌任务，奉命撤回冶山一带休整。

一九四六年六月十三日：横梁长塘营打援。

蒋军五十八旅一七三团三营百余人去援东沟之敌，于王子庙附近之长塘营遭我六旅十八团伏击。在李木生团长、廖成美政委协同指挥下，全歼该敌一百余人，生擒二十多人，获六〇炮一门、重机枪一挺、轻机枪六挺、卡宾枪、汤姆式冲锋枪百余枝。敌中校营长凌云亦被击毙。

我方的记述里明确记载了 6 月 13 日的打援战斗之中，新四军第 6 旅第 18 团曾在李木生团长、廖成美政委的指挥下予以重创，并且击毙了敌人的中校营长。这一记录也有敌方档案资料的证明。当时刚刚接替顾祝同而在 1946 年 5 月成为徐州绥靖公署主任的薛岳，在 6 月 21 日给蒋介石的电报之中报告，整编第 74 师第 57 旅的“营长凌云、连长梁连枝”在六合沿江的作战之中战死。这是在敌人绥靖公署主任一级（此前的战区司令）的将领给蒋介石的报告之中，首次承认整编第 74 师有营长一级的军官被击毙。这份电报从一个侧面显示，我军当时在六合沿江的攻势作战，让国民党军的将领心理上受到了震动。

人民军队在六合重挫国民党军第 74 军的战绩，是六合革命史上值得纪念的一页。

虽然后来在敌强我弱的形势下，我军主力部队最终从六合境内撤走，但这一战绩仍是解放战争在六合境内的重要历史印记。

二、1948 年 3 月：我军主力部队曾重返六合

（一）历史背景

1946 年下半年，我军主力部队陆续从两淮（淮南和淮北）解放区逐步撤离，渡过运河之后向北撤入山东。曾任新四军军长的陈毅为此写下了誓言大部队终将打回来的诗句：

诱敌何妨让两淮？贼军到此好椎埋。
运河不是鸿沟界，会见狂潮卷地来！①

我军主力部队从撤走之后，包括六合在内的津浦路东地区陷入白色恐怖之中，但是本地党员干部和地方武装继续在六合及周边坚持游击作战。六合人民也在盼着主力部队可以早日打回来。

仅仅过了一年多，1948 年上半年，自从此前我军主力撤出两淮解放区之后，第一次又有主力部队重返六合县的境内。这支部队是华东野战军第 12 纵队第 34 旅。时任该旅旅长的廖成美，后来曾经详细回忆过这支部队重返六合之前的组成和建制情况：

---

① 《让两淮》，见《陈毅诗词选集》，人民文学出版社 1977 年 4 月版，第 118 页。

华东野战军第十二纵队三十四旅，是1947年4月由华中第十纵队六旅改编的。旅长廖成美，副旅长李木生，副政委兼政治部主任张雷平，参谋长余佩洲，政治部副主任王善甫。同年9月，李世炎任政委。该旅下辖两个团，一〇〇团团长霍波凌，政委张文宏；一〇二团团长陈大海，政委郑从政。同年6月，增加了一〇一团，团长朱敬德，政委黎竞平。

三十四旅编成后的主要任务是坚持苏北五分区根据地。从1947年4月正式改编至1948年2月奉命进军淮南止，三十四旅在苏北区党委和十二纵队领导下，依靠人民群众以积极的战斗行动牵制敌人、消灭敌人，对巩固和扩大苏北解放区、对配合华野主力在山东主战场的作战，起了重要的作用。①

第34旅政委李世焱

华野12纵队第34旅原先就是在淮南敌后根据地长期坚持斗争的老新四军部队。官兵之中有许多人在津浦路东地区战斗过。例如该旅的政委李世焱就曾在抗战期间担任过淮南军区路东军分区政治部主任、副政治委员。

而该旅还有部分官兵也在北撤之前参加过保卫六合的战斗，例如时任该旅副旅长的李木生。抗战胜利之后，国民党军整编第74师刚刚改番号之后首次被击败时，他正是参战我军的指挥员之一。在他的生平事迹记述里有这样的段落：

在解放战争初期，李木生按照毛主席的运动防御战术打击敌

① 廖成美：《第十二纵三十四旅在苏北的斗争历程》，《江苏党史资料》1990年第1期。

人，充分发挥了自己的指挥才能，仗打得很好……1946年6月15日，李木生率部在六合县东王子庙、长塘营打了一仗，消灭了敌74师58旅171团一个加强连的大部，击毙其营长凌云以下30余人，俘敌60余人，缴获火箭筒2个，机枪4挺，冲锋枪14支，卡宾枪1支等美式武器。[①]

此前，忍痛撤出淮南地区之后，该旅官兵也日日夜夜期盼打回淮南。因此，接到南下恢复淮南解放区的任务之后，官兵们士气高涨、斗志昂扬。1948年2月15日起，第34旅第101团、102团长途南下，进军淮南之后重回津浦路东地区。此前曾前往淮北地区的100团随后也主动出击配合作战。

（二）第34旅一度重返六合

在第34旅旅长廖成美的回忆里，1948年2月下旬到3月上旬部队在淮南津浦路东三战三捷之后，"整个淮南津浦路东根据地已恢复到抗战时期的局面。"他还回忆在此之后"为了配合大别山地区的刘邓大军作战，调动敌人兵力，我旅直插六合县竹镇一带寻找战机打击敌人，威逼南京，震撼了蒋介石的老巢。"他这一回忆对应的史实是：第34旅第101团、102团在旅长廖成美、旅政委李世焱的带领下，3月中旬起攻占六合的东旺集、马集、竹镇，并在竹镇进行短期休整[②]。在国民党军队侵占六合县一年多之后，六合人民终于又迎来了曾在这里坚持过抗战的老新四军部队。

第34旅南下打回六合的壮举，载入了南京革命史的史册。在中共

① 中共吉安县委党史工作办公室编：《将星辉耀金庐陵：中国人民解放军吉安县籍将军传》，2007年6月内部出版，第342页。

② 吴炎武、孙明开编著：《皖东革命斗争史》，安徽人民出版社2007年版，第388页。

党史出版社 2005 年出版的《新四军与南京》一书中，对这支老新四军部队在解放战争之中重回南京北部郊区的功绩，有这样一段专门叙述：

> 第 100 团推进到金牛山、八百一带，第 101、第 102 团于 3 月解放竹镇及其以东地区，民心士气大振。正在南京上演伪“国大”选举总统丑剧的蒋介石惊恐万状，急调 13 个团的主力对淮南路东进行长达 43 天的大“扫荡”。华野第 34 旅一部在竹镇一带给国民党军以较大的杀伤，粉碎了国民党军的“扫荡”，解放了广大农村。

华野 12 纵队第 34 旅南下淮南地区时，正在津浦路东地区坚持游击斗争的中共盱（眙）来（安）嘉（山）工委委员保晴，后来也以亲历者的视角回忆过第 34 旅作为主力部队重返六合的情况：

> 为了牵制敌人兵力，配合刘邓大军在大别山地区作战，三十四旅决定直插六合、竹镇一带，以威胁国民党老巢——南京，引诱和拖住国民党主力部队，分散敌人正面战场的力量，减轻刘邓大军在大别山地区的压力。如敌人不上钩，就准备攻打六合县城和来安县城再进一步威逼敌人。
>
> 这一招很灵，在我们部队到达竹镇地区的两天后，南京国民党政府得到了消息，十分惊慌，果然很快做出反应。他们把驻守在安庆的黄百韬第二十五军调来了。二十五军由长江水运到浦口，兵分三路向我进攻：一路由敌一八〇师经六合、竹镇直插汉涧、张公铺、马坝等地；二路由一〇四师经滁县、来安、半塔一线向我进攻；三路由敌六十三师两个旅从明光、涧溪一线出击。另外，敌广西军四十六师一一八旅五六三团又从滁县、张铺郑、自来桥一线，与敌六十三师连成一片，攻打我军。还有敌青年军二〇三师两个团，天长交通警察总队和保安团等。敌人气势汹汹向我扑来，牵制

敌人的目的达到了。[①]

在保晴的上述回忆之中，第 34 旅到达六合县境内后，以给南京施加军事压力为作战目标。而且，我军还考虑过敌人若是“不上钩”，那么就攻打六合县城和来安县城，以此在南京的北部施加更大的军事压力。但是，我军主力部队刚到六合境内，南京随即感受到压力，敌人也立即从四面八方调集重兵包围过来。第 34 旅出现在六合的行动，至此是给刘邓大军等其他正面战场减少了压力。

第 34 旅政委李世焱，则在后来回忆自己率部恢复淮南路东根据地时，“在竹镇一带，我又击退了敌二十五师一〇八旅的进攻”。在他的记忆之中，竹镇战斗的胜利是进军淮南之后的第四个捷报：“我军连续取得铜城、十里长山、古城，竹镇战斗的胜利，对南京蒋介石老巢震动很大。”[②]

而翻开前述《抗日、解放战争时期我县境内发生的战斗录》这份资料汇编，可以看到李世焱回忆里的战斗发生在 1948 年 3 月 21 日：

一九四八年三月二十一日：竹镇赵家岗战斗。

为大力开展敌后武装斗争，我军淮南军区三十四旅一〇一、一〇二团，由淮河南渡，几经战斗后，三月十八日解放了竹镇，进驻我县乌石狗屎庄一带。每天派侦察员了解敌情，准备攻打六合。二十一日，蒋军二十五师一三团由六合开往竹镇，敌占据竹镇赵家岗有利地形，我军即从竹镇上木桥向敌冲来，在赵家岗北，与敌短兵相接，激烈异常。敌不支。退回盘山。计毙敌十多人，伤敌二十多人。我军亦伤数十、亡六名。我军战后向汊涧一带转移。

---

① 中共江苏省委党史工作办公室编：《难忘的历史瞬间》，中共党史出版社 2014 年 8 月版，第 204 页。

② 中共金湖县委党史办公室编：《金湖革命传统教育资料》第 2 辑，1986 年 6 月内部出版，第 75 页。

蘇北戰事互有進退
六合外圍展開激戰
膠濟綫我勁旅收復章邱白泉鎮
淄川爭奪戰慘烈進行

《益世报》(上海版) 1948年3月22日对六合的报道

按照我方的这一记录，竹镇的战斗是一次短兵相接的激烈战斗。而我军长途行军刚到六合不久，就一举击退了敌人一个团。

我军重返和南京城只有一江之隔的六合，并且在此打了胜仗，直接威胁到了国民党的所谓“京畿重地”。当时的国统区报纸甚至臆想我军进抵六合竹镇的部队是“南京支队”。从报道中的字里行间看到敌人的惊慌失措：

> 六合附近，刻又有匪军发现，廿日上午十一时，六合外围之马家集竹镇等处，为匪军十二纵队南京支队，向守备之交警第七中队攻击，当即展开激战，六合城郊十里地区，沈家桥亦有匪军窜扰，与地方团队接触，国军调派大军增援扑灭中。

按照这一报道的记述，我军在3月21日击退敌人一个团之前，20日还曾在竹镇、马集一带向敌人的交通警察部队发起进攻，并且在六合县城郊区袭击敌人的地方保安团队。这更进一步吸引和牵制了敌人从其他战场调回南京周边的大批兵力。

国民党的交通警察部队是“挂羊头卖狗肉”的军统特务武装。1946年初，国民党军整编部队时，军统特务头子戴笠将特务武装都改编成为使用美械武器的交通警察部队，这样“既不与正规部队争编制，又保持并加强了军事实力”[①]。因此，1948 年 4 月 22 日，我军第 34 旅在六合的土地上发起的战斗，是打击了军统的特务武装。

敌人的《前线日报》为了安抚士气，在 1948 年 3 月 23 日报道了“六合及皖边之匪，亦经国军新增得力部队严予监视”。这一份历史文献的发现，其实是从敌人的视角里，再次证实了我军南下的第 34 旅部队打回六合的行动已经牵制了敌人的大批兵力。

（三）六合军民继续斗争

我军主力部队一度重返六合，也鼓舞了六合本地党员干部和地方武装的士气。六合以及周边的游击斗争更加如火如荼地开展起来。

第 34 旅第 101 团、102 团随后继续吸引和牵制着敌人向淮北方向转移。而第 34 旅第 100 团则按照“地方化、分散化”的原则继续在津浦路东地区坚持斗争。从此以后，战斗在六合以及周边的我军游击部队一度都是主力部队 34 旅留下的一个团和地方武装合编而成的部队，战斗力有明显的提升。

第 100 团的 1 营改编为盱（眙）嘉（山）支队，副团长王明担任司令员，胡坦为政委；该团 2 营改编为来（安）六（合）支队，团长顾玉清担任司令员，李锐为政委；而 3 营则改编为天（长）高（邮）支队，副团长章明担任司令员，徐速之为政委。

第 34 旅第 100 团团长顾玉清

不久，盱（眙）嘉（山）支队与来（安）六（合）支队又合并到一起，成立

① 《长沙文史资料》第 6 辑，1988 年 6 月内部出版，第 190 页。

了盱嘉来六支队。第 100 团团长顾玉清继续担任司令员，胡坦为政委，继续在包括六合在内的津浦路东地区牵制和打击国民党军。

第 34 旅打回六合县的作战之后，津浦路东地区的游击部队在六合境内的作战有以下几个较大的战例：

一九四八年五月下旬：袭扫四合镇土顽。

五月下旬，我军南下部队来六支队经过休整，经菱塘桥到达东南县委所在地。晚，于仪征陈集宿营。当夜奔袭四合镇土顽。拂晓前活捉匪镇长毛连奎及其自卫队十多人。获轻机枪一挺，步枪十余枝。

一九四八年夏：袭击竹镇张王营。

蒋帮来安、六合部分区、乡顽干，集中于张王营开联防会议。我淮南支队一部得悉，从远地驰袭。由于行动神速，顽于们受击即垮，纷纷□逃。我俘地主分子三人，自卫队员一人，镇压了来安县党部特务一名。

一九四八年八月二十九日：袭击龙袍匪乡公所。

我敌后东南三工委武工队长王金田带领两个队员，长途奔袭到划子口匪龙袍乡公所，活捉乡长王启金，获步枪十余枝。

一九四八年九月初：二袭龙袍匪乡公所。

武工队长雷千山，带领武工队员数人，二次奔袭匪龙袍乡公所，活捉继任乡长孙传道，获步枪十余枝，接此，又歼灭了匪方山，新篁乡自卫队，俘其九人，获长短枪八枝。紧接，三工委大队又夜袭了匪长岗乡公所。活捉乡队副董德高，获枪十余枝。

一九四八年九月十三日：泉水广佛寺战斗。

敌六十六师五五五团一营，于乌石山企图伏击我军，该敌三营趁机去广佛寺一带抢掠。我盱、嘉、来、六支队在军分区艾明山司令和雷平政委指挥下，与该敌激战五小时，毙、伤敌五十多人（内伤毙敌连长各二人）俘敌十余人，获轻机枪两挺，步枪十余枝。此战民心振奋，积极支援我军。

一九四八年十月十五日：夜攻八百桥。

蒋军二〇三师的宪兵三团盘踞八百桥。我东南支队、盱、嘉、来、六支队联合夜攻。由于我军民协同作战，声势浩大，敌系少爷兵，一击即逃，当场被我军伤、毙三十多人。该敌突围逃至途中沈桥时。又遭我军伏击，又伤、亡三十多人，被俘三十余人。我获轻机枪三挺，冲锋枪三十多枝及大批弹药。自此，蒋帮前沿阵地压缩在六合县城。

一九四八年十一月中旬：东庙马庄战斗。

天长县还乡团头目应哲夫、叛徒何百川，纠合二百余人，死不悔改，坚决与人民为敌。某日，该部窜往东庙企图袭击我四合区队。不料四合区队在洪兆岑书记带领下，当晚已转往大井赵、薛庄。而我县大队六十多人则由东向西于夜间进驻东庙北之马家大庄，敌到时与我县大队遭遇，我县大队机枪一响，敌众吓得东逃西散。我军共俘敌二十余人，镇压了首恶分子。

从上述战例可以看到，我军在六合县城周边的不同方向持续开展攻势，迅速将敌人掌握的区域压缩到县城周边。

与此同时，还有一些较小的战斗也在六合的土地上持续进行着，起到“积小胜为大胜”的作用。现在还可以从一些党史书籍之中找到零散的记录。例如前述的六合泉水广佛寺战斗的前一天，1948 年 9 月 14 日上午 9 时，盱来嘉六支队还曾经“在六合县六（合）马（集）公路以西乌石山阻击由马集出扰之国民党军六十六军一个连，毙伤敌 3 人，缴子弹 43 发。”①

而这些战斗也打击、驱退了在六合驻扎和侵扰的敌人，渐渐地让六合的一片又一片土地回到人民的怀抱之中。当时担任盱嘉来六支队政委的胡坦，后来曾经回忆在这一时期的斗争形势。而他的回忆之中也可以看到多个六合的地名：

> 扫掉了大井赵、新街、八百桥的土顽武装，大井赵、四合墩都成了我们的后方。建立了东旺庙、马集、四合等区政权。这里也成了我们从西山到东南的通道。这样使竹镇、汊涧更加孤立了，又陷入了我人民包围之中。②

随着津浦路东地区斗争形势的好转，各个县都先后成立了临时工委，准备接受县城。六合县当时也成立了六合工委。在第 34 旅重返六合不到一年之后的 1949 年 1 月，六合县城就宣告解放，六合的人民革命史又翻开了崭新的一页。

① 滁州市新四军历史研究会:《皖东解放战争史》，2001 年内部出版，第 474 页。

② 《安徽文史资料选辑》第 11 辑《解放战争时期史料专辑》（上），1982 年 10 月内部出版，第 114 页。

三、1949年初：解放军第34军进驻六合

1949年1月，六合县城和大部分区域解放，大部分地区的六合人民翻身做了主人。此后至渡江战役打响前，六合全境仅有沿江一带的部分地区尚未解放。而随后六合县全境解放的史实，也伴随着更大的一次重大事件而在南京革命史的历史画卷上增添了浓墨重彩的一笔。这就是1949年4月20日打响的渡江战役。

（一）六合县城的解放

1948年底，随着三大战役的展开，国民党军队在多个战场呈现兵败如山倒的局面。南京何时解放只是一个时间早晚的问题。在“首都”防御日趋吃紧的背景下，而国民党方面也把六合视为“拱卫首都”的要地之一。国民党中央喉舌《中央日报》1948年11月17日刊登一篇名为《今日六合》的文章，以官方视角明确阐述了六合对南京城区的重要地位，将六合称为“介于江淮之间的枢纽”，“确保首都或进取江南的必经之径”：

当战乱进入最艰苦阶段的今天，展开地图来看，位于首都对岸直北的重邑六合，是应该给予更重要的估价了。在军事由左向右它与巢县、全椒、滁县、扬州相平行，像似一只巨擘上五根指头分散在江北地带，而距离掌心最近的则莫过于六合……

六合自古就是兵家必争之地，俗话“守江必先守淮”。而六合

今·日·六·合

田家

《中央日报》1948 年 11 月 17 日刊登的《今日六合》，阐述六合对南京重要地位

却正是介于江淮之间的枢纽，就以民国以来历次长江流域的战事来说，攻守这一据点，为确保首都或进取江南的必经之径。

但是，1949 年 1 月初淮海战役的胜利，让长江以北的一大批国民党军像惊弓之鸟一样，再也无心盘踞在江北沿江地区。

此时，我军地方游击队在六合县境内也十分活跃。1 月下旬，国民党在六合的驻军仓皇南逃。六合县政府也紧跟着逃到南京城内。国民党的最后一届六合县长周君轸在《六合县政府撤离辖境前后情形报告》之中，记述“国军撤离后”，“各机关驻县人员”也离开了六合县。

国民党军政人员逃跑之后，在县城里的工商界及开明士绅召开了紧急会议。1948 年 12 月就秘密入城的我军江淮军区第一军分区侦察参谋赵忠义在会议上分析了当前敌我斗争的形势，阐明了共产党对工商业者的政策，号召大家做好迎接解放军进城的准备，要求天明后照常营业，为维护城里秩序、稳定民心起带头作用。

而在《抗日、解放战争时期我县境内发生的战斗录》的资料之中也记述了六合解放的前因后果：

> 至此，六地顽匪见大势已去，纷纷躲进六合城内。又因大势所趋，一九四九年一月二十七日夜间，城内匪军被迫弃城而逃。二十八日晨，城内群众见蒋匪军政人员逃走一空，即推工商界代表魏冠三等开车去马集迎接我江淮一地委书记陈雨田、分区司令员艾明山等进城。六合又告解放。

1945 年抗战胜利之际，六合县城曾经第一次解放。而 1949 年初六合县城第二次解放，是这座古城永远回到人民怀抱的开端。

当时，开着车迎接解放军江淮军区第一军分区部队入城的魏冠三，担任的是六合县商会理事会监事（解放后曾任六合县人大常委会副主任）。后来，他对六合解放时的热烈情景有着详细的回忆：

> 我们借了两辆卡车，草草吃了点东西，就乘着挂了大红欢迎横幅的汽车，带着全县人民的心意，出北门，过马鞍、盛岗、马集一直往北去，寻找亲人解放军。当我们到达马集与汊涧之间的余洼子时，站在第一辆卡车上的赵忠义，手指前方高兴地喊道："来了！艾司令、陈政委他们来了！"果然，不远处有四个解放军策马缓缓而来。在前面坐骑上的是艾明山司令员，接着是陈雨田政委，后面是两个警卫员。相距约十多米，双方停车勒马。赵忠义跳下车，就直奔过去喊道："司令员，政委，可找到你们了！"走到跟前，他又把我们一一作了介绍，互相握手致意。两位首长详细询问了情况后，决定立即进城，安定民心。
>
> 下午 4 时，汽车至北门外，老远就看到大红横幅遮天，五彩小旗遍地，人声鼎沸，笑语喧哗。有人高喊着"来了，来了！"一时北门外沸腾了：锣鼓阵阵，口号声声，鞭炮震耳。夹道欢迎的各界

人士及群众约一千多人，迤逦排列至文昌街。汽车缓缓前行，人流滚滚随后。同时进城的还有一个警卫排和一个通讯班。稍后，由团长张达率领的前卫团也进了六合城。

欢迎会场设在商会的大院内，我们到达时，一切已布置就绪。在热烈的掌声中，陈雨田政委讲了话，他首先对六合人民和县城各界的欢迎表示感谢，接着号召各界人士坚持生产，正常营业，维护社会秩序，积极支持人民解放军打过长江去，解放全中国。会场上欢声笑语，非常活跃，尽管天气冷得滴水成冰，但人们心里却是热乎乎的。陈政委的讲话不时被掌声和口号声打断。傍晚，人们才相继散去。

第二天，也就是 1949 年元月 27 日，中共六合县委组织部长张锦芝召集了工商界全体人员及知名人士大会，进一步宣传了党的城市政策，要求六合人民团结起来，安心生产，严防匪特造谣破坏，协助政府搞好治安。

这天天气晴朗，虽是初春季节，人们已感到春意盎然。商店开门，工人上班，放了寒假的孩子们满街欢蹦乱跳。街上走的，商店门口站的，都是提篓背袋从四乡八集赶来采购年货的人们，六合城又恢复了生机。

接着六合县委、县政府迁来县城，并相继建立了各级政权机构，陆续颁布了发展生产、维护社会秩序的各种文告。六合城民心安定，秩序井然。

人们终于如愿以偿，过了个太平年，迎来了解放后的第一个春天。①

六合县城解放之际，六合北部和中部的大部分地区也随着国民党驻军的南逃而解放。六合全境仅剩下沿江一带还有敌人重兵把守的个别

① 中共南京市委党史资料征集编研委员会办公室、南京市档案馆编：《南京党史资料：纪念南京解放 40 周年专辑》，1989 年 4 月内部出版，第 192—194 页。

“桥头堡”。而六合县绝大部分地区在 1949 年初成为解放区，也为这片土地可以成为渡江战役时我军一个整军的驻扎地和重要渡江阵地，提供了重要的前提条件。

（二）三支英雄部队合编而成的解放军第 34 军

我们现在看到的这份渡江战役打响之前的重要作战电报，是解放军第三野战军司令员兼政治委员陈毅、副司令员兼第二副政治委员粟裕、第一副政治委员谭震林、参谋长张震联名，在 1949 年 3 月 20 日向中央军委呈报的《关于预攻浦口部队情况呈中央军委电》。在这一份电文之中，第三野战军首长详细报告了第 8 兵团下辖的各个军战前的部署情况：

> 预定攻占浦口之八兵团部（滁县）、三十四军（六合西北程驾桥）、三十五军（乌衣镇）距敌不足一天行程；二十六军（全椒）、二十五军主力（含山东北赤镇）距敌一天半行程。如先一天开进，第二天即可发起战斗。①

按照这一历史文献的记录，渡江战役的史实之中，六合和人民解放军第 34 军这个光荣的番号紧密联结在一起。

渡江战役期间，从六合地区渡江的人民解放军部队主要是第 34 军下辖部队。渡江战役打响之前，该军也是一个全军曾成建制进驻六合的部队。

此前的 1949 年 2 月 9 日，解放军第三野战军根据中央军委 1949 年 1 月 15 日决定，将起义的第 77 军部队与解放军江淮军区下辖的第 34 旅、独立旅，合并改编为中国人民解放军第 34 军，编入第 8 兵团战斗序列。该军组建时师以上主要干部名单如下：

① 江苏省档案馆、安徽省档案馆编：《渡江战役》，档案出版社 1989 年 4 月版，第 58 页。

军　长　何基沣	军政委　赵启民
第一副军长　饶子健	第二副军长　过家芳
副政委　吴　宪	参谋长　张秀龙
第 100 师师长　孙名泉	师政委　王学武
第 101 师师长　叶道友	师政委　杨汉林
第 102 师师长　李木生	师政委　廖成美

其中，第 34 军政委赵启民，抗战时期的 1939 年曾任新四军第 5 支队参谋长，亲身经历了开辟包括六合在内的津浦路东地区为敌后抗日根据地的斗争。渡江战役前，他又一次率部来到了这片自己熟悉的红色热土上，开始为了渡江解放江南大地而奋斗。

1. 从淮北和淮南走出的独立旅、第 34 旅

江淮军区独立旅、江淮军区第 34 旅的前身，都是有光荣革命斗争经历的部队，曾经在苏皖交界淮南淮北土地上坚持过长期的敌后抗战。

其中，江淮军区独立旅前身一部分是苏北的地方抗日武装：江苏省邳县、睢宁、铜山三个县的县大队，一部分是新四军淮北军区的地方武装。另有一部分是著名的新四军第 4 师骑兵团一部。这些部队经受过敌后游击作战的考验，有着在艰苦环境之中持续斗争的经验。

而江淮军区第 34 旅建制上的前身就是新四军第 2 师第 6 旅，战士们有很多本身是淮南敌后抗日根据地的子弟兵。有多位负责干部抗战期间也在津浦路东地区的六合县境内和日伪军战斗过。例如：曾任第 34 旅副旅长的李木生，在 1943 年六合桂子山战斗时是新四军第 13 团参谋长，在战斗里中弹身负重伤；曾任第 34 旅第 100 团副团长的顾玉清，桂子山战斗时是新四军第 13 团 1 营 3 连连长，战斗之中冲锋在前和日寇拼杀……第 34 旅第 102 团的前身则是新四军第 2 师 6 旅 18 团。该团曾经多次在六合境内参加战斗。

何基沣

赵启民

饶子健

过家芳

吴　宪

张秀龙

孙名泉

王学武

叶道友

杨汉林

李木生

廖成美

中国人民解放军第 34 军师以上主要干部

到了解放战争期间，国民党军占领了两淮地区的解放区。我军为此专门组织了有力部队，分别打回淮北、淮南的老根据地实施游击作战，担负重建解放区，牵制敌人的兵力，配合我军其他战场的任务。后来组成江淮军区的上述 2 个旅都是在这个背景下南下的。其中，江淮军区独立旅原为淮北挺进支队。

1947 年 1 月，华中野战军第 9 纵队，奉命以 77 团、81 团和骑兵团的两个大队以及部分地方武装组成淮北挺进支队，饶子健任司令员兼政委。支队成立后，按照华野首长“打回淮北，以洪泽湖为依托，坚持敌后斗争，重建淮北解放区”的指示，立即渡过运河，重返洪泽湖畔，深入被敌人侵占的原淮北解放区。在其后至 1947 年底的近一年之中，淮北挺进支队和坚持斗争的当地地方武装一起进行大小战斗数百次，歼敌近 7000 人，缴获轻重机枪 100 挺，步枪 3500 余枝。在斗争之中重建了 8 个县、56 个区、300 多个乡的人民政权，收复了淮北解放区 1/3 的地区，解放了淮北 100 余万人民。次年初，该支队继续向敌人发动攻势作战，仍在逐步收复淮北解放区。1948 年 3 月 28 日，淮北军区重新成立。淮北挺进支队改番号为淮北军区独立旅。

江淮军区第 34 旅，则是前文详细述及的华东野战军第 12 纵队第 34 旅。1948 年 2 月淮南军区成立后，华野 12 纵队第 34 旅在次月也改番号为淮南军区第 34 旅。该旅曾经一度打回过六合县，震撼了南京城里的敌人。

此时，在苏皖交界地区淮河两岸的我军敌后坚持斗争的部队之中，淮北军区下辖的唯一来自主力纵队的部队是独立旅，淮南军区下辖的唯一来自主力纵队的部队是第 34 旅。

随后，华东军区为了统一淮南和淮北各地区的军事斗争指挥，决定合并淮北军区和淮南军区，统一成立两淮军区。1948 年 5 月 29 日，军区的党政组织在泗南县张塘正式成立时，又改名为江淮军区。原淮北军区独立旅、原淮南军区第 34 旅都归入江淮军区的建制序列之中（军区另下辖五个军分区的地方武装），番号对应改为江淮军区独立旅、江淮军区第 34 旅。

江淮军区成立后，副司令员饶子健带领部分机关人员组成了前方指挥部，统一指挥独立旅和第 34 旅进行机动作战。1948 年 6 月至 9 月，华东野战军进行开封、济南战役时，江淮军区独立旅和第 34 旅曾经在津浦、陇海铁路路段附近转战，牵制国民党军的兵力。三大战役之一的淮海战役打响后，江淮军区独立旅和第 34 旅又投入作战，在这一次宏大的战役之中屡建功勋。

淮海战役结束后不久，华东野战军改编为第 3 野战军。1949 年 2 月 9 日，刚改编的第三野战军根据中央军委 1949 年 1 月 15 日的决定，将江淮军区副司令员饶子健领导的前方指挥部及其下辖的第 34 旅、独立旅，与淮海战役中起义的第 77 军合并。部队合并之后，按照全军统一番号的顺序，改编为中国人民解放军第 34 军，编入野战军第 8 兵团的建制序列之中。

2. 起义部队第 77 军

而在淮海战役中起义的第 77 军，其番号是为了纪念为全民族抗战揭幕的 1937 年七七卢沟桥抗战。军长何基沣是抗战时期秘密入党的地下党员，同时也是率部 1937 年 7 月 7 日在宛平城打响全民族抗战第一枪的抗日名将。这位曾经叱咤卢沟桥头的抗日名将，他的名字因人民解放军第 34 军也和南京解放这一重大历史事件有了深厚渊源。

何基沣，1898 年出生于河北藁城。1933 年长城抗战时率部抗击日军已经立下过战功。1937 年七七事变发生时，何基沣担任第 29 军 37 师 110 旅旅长。该旅下辖 219 团、220 团，卢沟桥和宛平城即属于该旅 219 团（团长吉星文）的防区。

1937 年 7 月 7 日深夜，面对日本军队以搜寻失踪士兵借口的步步紧逼，驻守宛平城的 110 旅 219 团 3 营长金振中打电话报告旅长何基

守卫卢沟桥的第 29 军士兵英勇抵抗日军入侵

沣:“敌人向我们逼近，距离快只一百公尺了。”何基沣随即向金振中营长下令:“在一百公尺以内立时将敌人全部歼灭。”[①] 历史文献亦是这样记载的:“日本侵略军向卢沟桥一带的中国军队发动进攻，并炮轰宛平城。驻守卢沟桥附近的国民党军第二十九军第三十七师第一一〇旅在旅长何基沣指挥下奋起抵抗。卢沟桥事变爆发，全国性抗日战争开始。”[②] “七七”这个光荣的纪念日也从此举世闻名。

战斗开始后，何基沣公开表示:“廿九军誓死抗战到底；最低限度，我何基沣的防区绝不让倭寇越雷池一步!”[③] 激战至 7 月 15 日，日军仍攻破不了卢沟桥周边的防线。何基沣为此自豪地在向官兵训话时说:“日本军队打不过我们的。卢沟桥到今是我们的防地!”[④] 7 月下旬北

① 《抗敌人物：何基沣师长》，见《火线下三日刊》第 3 号，1937 年 11 月 18 日出版。

② 《毛泽东年谱（1893—1949）》（修订本）中卷，中央文献出版社 2013 年 12 月版，第 1 页。

③ 《抗日英雄特写：何基沣旅长》，《大时代》1937 年第 2 期。

④ 《抗敌人物：何基沣师长》，见《火线下三日刊》第 3 号，1937 年 11 月 18 日出版。

平南苑失守，何基沣率部于7月29日继续坚守阵地，掩护29军大部队向门头沟转移。7月30日，在29军其余各部都撤离北平的情况下，110旅官兵才被迫放弃了坚守24天的宛平城和卢沟桥。

七月八日早上五點鐘。在台上出現的副總隊長何先生的面部的表情是堅定的而又顯示着內心的激動的。他從「諸位！昨晚上發生一件小小的事情。」說起，敘述了一通蘆溝事件的經過，他說道：「……駐防的營長打電話請示說，敵人向我們逼近，距離快只一百公尺了。我命令他們在一百公尺以內立時將敵人全部殲滅。失一寸防地都殺他。」

之後，簡直過了一個禮拜才見到他。那大約是十五日下午七點鐘。被臨時叫齊去操場聽他講前方戰情的。

「……日本軍隊打不過我們的。蘆溝橋到今是我們的防地！……田代這小子自殺了，以後他們還

《抗敌人物：何基沣师长》中记述的相关史料

“七七抗战”之后的1937年9月初，29军主力扩编为三个军：77军、59军、68军。其中77军是以七七事变中曾与日本侵略军殊死搏杀过的原37师和132师为主力编成的。三个军的番号的数字加起来，正好均为十四，是“双七”之数，其实均有纪念“七七抗战”之意。而77军其番号更是直接取自“七七”，这是缘于该军主力是“七七抗战”里的主力部队。

扩编后，何基沣担任77军179师师长，继续辗转于华北平原进行抗日，有力地阻滞了日军的推进。1937年11月中旬，何基沣率部守卫河北大名，与攻城日军展开了激战。敌众我寡的情况下，何基沣誓死不撤退，被副官和警卫员五个人硬架出了城。

大名失守后，何基沣痛心于国土沦丧的局面，悲愤于自己报国无门，奋笔写下“不能打回北平过元旦，无颜以对燕赵父老”之后拔枪自戕。多亏拔枪时被副官发现拽住手臂，虽击穿左胸但没伤到要害。随后他被送到河南开封抢救，三个月后才可以坐起。经历过这次自戕，何基沣苦闷中痛定思痛，开始寻找救国之路。伤愈后，何基沣开始和中共党组织联络，并且秘密访问延安。在延安，何基沣受到毛泽东、朱德等的接见，聆听了革命的道理，又看到这里的军队和人民如同一家人。他后来回忆“我看到了光明，对抗战的前途不再悲观了”。

何基沣返回抗战前线后，担任了 77 军副军长兼 179 师师长，率部在鄂西抵抗日军。在这一历史时期，何基沣曾经与鄂豫两省的新四军多支部队密切配合，多次予以日军沉重打击，并且支援新四军枪支弹药和军费。

1939 年，中共豫鄂边特委秘密发展何基沣为党员。从此，这位抗日名将以中共特别党员的身份率部在鄂西坚持抗战，多次挫败日军的进攻，一直坚持到抗战胜利。1945 年 8 月 15 日日本宣布无条件投降后，何基沣部迅速推进，收复了鄂中平原上的大片土地。

1946 年 7 月 7 日，是抗战胜利后的第一个“七七”纪念日，何基沣重返卢沟桥参加七七事变纪念会。当时的新闻界对于予以广泛关注，发出曾经“亲自指挥卢沟桥战役”的何基沣时隔九年回到卢沟桥战地的报道。何基沣回到北平后，将殉难的赵登禹和 29 军抗日阵亡将士忠骸移到卢沟桥畔，实践了“卢沟桥是二十九军坟墓”的誓言。

但鲜为人知的是，此时的何基沣愤恨于蒋介石发动内战，心底正涌动着率部投入人民怀抱的愿望。

1948 年 11 月 8 日，77 军大部在老军长何基沣（当时升任国民党第三绥靖区副司令长官）的率领下，在徐州贾汪光荣起义，有力支援了刚刚打响的淮海战役。

1948 年 11 月 19 日，淮海战役第一阶段围歼黄百韬兵团的战斗正如火如荼进行的时候，毛泽东主席致电第二野战军、第三野战军主要将领刘伯承、陈毅、邓小平并粟裕、谭震林，指出：“北线何、张起义是第一个大胜利。今后数日内歼灭黄兵团全部，将是第二个大胜利。”[①]

被毛泽东称为“第一个大胜利”的“何、张起义”，是指时任国民党军第三绥靖区副司令的何基沣、张克侠于 11 月 8 日率部起义。而第一个大胜利发生之前，淮海战役之中的敌情正发生着惊心动魄的变化。而在这一瞬息万变的战局里，何基沣、张克侠所部选择合适时机的光荣

---

① 毛泽东：《关于阻歼南线敌人的部署》（1948 年 11 月 18 日），《毛泽东军事文集》第 5 卷，军事科学出版社、中央文献出版社 1993 年 12 月版，第 241 页。

起义具有重大意义。后来编入人民解放军第 34 军之中的第 77 军，在起义的时候就为淮海战役的胜利作出了重大贡献。因此，这里有必要详述这段历史——

1948 年 9 月 25 日，毛泽东起草的《军委关于同意举行淮海战役的指示》里指出“我们认为举行淮海战役，甚为必要”的同时，也明确要求：“你们第一个作战应以歼灭黄兵团于新安、运河之线为目标。”① 10 月 11 日，毛泽东又再次电示华东野战军：“本战役第一阶段的重心，是集中兵力歼灭黄百韬兵团，完成中间突破。”②

淮海战役打响以前，国民党军黄百韬担任司令的第 7 兵团驻守位于京杭大运河以东的新安镇（今属江苏省新沂市）一带地区。华东野战军起初也以这一区域为歼敌时的主攻目标。

10 月 28 日华东野战军上报中央军委的《关于围歼黄百韬兵团的作战计划》里，我军计划于新安镇歼灭黄百韬兵团。计划里几次分析了“会攻新安镇”的部署。而 11 月 4 日华东野战军最终确定的淮海战役攻击命令里，分析黄百韬兵团“似仍图以主力固守新安镇、瓦窑地区，一部控制新安镇以东之高潭沟、前后古墓、阿湖地区，维护修复新海铁路”。为此，华东野战军下令以 1 纵、6 纵、9 纵、鲁中南纵队、特种兵纵队等五个纵队的主力部队“围歼瓦窑、新安镇地区守敌”，11 月 6 日起开始分别进军，8 日夜间统一发起战斗。

1948 年 11 月 6 日，淮海战役正式打响。6 日当天，我军按照原计划分别进军的时候，敌情突然发生了重大变化。11 月 5 日，蒋介石安排顾祝同到徐州进行部署。与徐州“剿匪”总司令部将领一起召开会议。据国民党军徐州“剿匪”总司令刘峙后来的回忆，会上决定驻守新

① 《毛泽东年谱（1893—1949）》（修订本）下卷，中央文献出版社 2013 年 12 月版，第 349 页。

② 《毛泽东年谱（1893—1949）》（修订本）下卷，中央文献出版社 2013 年 12 月版，第 358 页。

安镇一带的黄百韬兵团“主力于 11 月 6 日撤退”。而随顾祝同一起前往徐州的地下党员郭汝瑰回忆，11 月 6 日国民党军补发军令，将黄百韬兵团的“清剿”作战范围定为“运河以西地区”，对该兵团西撤的原因，军令之中掩饰为“确保运河西岸”。

我军计划为 11 月 8 日夜间统一发起战斗。11 月 7 日的作战部署里仍要求“保障运河以东各部攻歼黄百韬兵团”。然而，从 11 月 7 日起，黄百韬的第 7 兵团开始陆续向徐州撤退，至 11 月 8 日的白天，该兵团其实完全撤离了新安镇一带，不久后即可向西渡过运河。

如此，我军围歼黄百韬兵团计划面临了重大挑战。如果黄百韬兵团撤入徐州和敌人其他部队会合，那么原计划里分割包围黄百韬兵团的构想就会落空。而且，敌人兵力合到一起，也会对今后“各个击破”产生不利影响。

面对发生重大变化的敌情，11 月 8 日上午 9 时 30 分，华东野战军代司令员粟裕、参谋长陈士榘和副参谋长张震，向华野山东兵团第 7、10、13 纵队发出军令“迅速全力南下铁道线，使敌无法西撤”。

此前，从山东解放区南下参加淮海战役的山东兵团大部分被部署在鲁苏交界处，第 7、10、13 纵队分布于台儿庄、韩庄、贾汪以北的运河岸边。我军山东兵团和敌人黄百韬兵团西撤徐州的路线之间隔着运河和不老河两条较宽的河流。淮海战役打响时，我军的敌情分析里记述，原为西北军的国民党第三绥靖区“主力仍控制台儿庄、韩庄、贾汪、宿羊山、利国峄地区，守备运河沿线，一部守备临城、韩庄、临枣线及峄台（儿庄）线”。于是，淮海战役发起时，华野第 7 纵队被赋予的作战任务是“由万年闸及其东西地区渡运河直扑贾汪，如发现敌向南收缩则歼灭之，力求围攻贾汪冯治安总部”；第 10 纵队从韩庄渡河南下，“沿津浦路及东侧地区向利国驿、柳泉扩张攻势，并协同七纵向贾汪地区之敌攻击”；第 13 纵队任务则是“由台儿庄以西至万年闸间渡运河直扑汴塘、宿羊山，寻歼守敌，切断台儿庄及以南运河沿线守敌退路而歼灭之”。

我军这三个纵队原先的作战计划都是从 11 月 8 日起一边渡过运河，一边和国民党军第三绥靖区进行战斗。而进行战斗势必要耽误时间。但是在 11 月 7 日黄百韬兵团已经开始撤退的情况下，我军按照原计划攻破第三绥靖区的防线后才可以继续前进，肯定难以在两天之内就连续通过运河和不老河，切断黄百韬兵团撤向徐州的退路。

而在淮海战役以前，中共华东局社会部交通巡视员朱林、华野第 13 纵队政治部联络部部长杨斯德等先后作为中共代表，秘密前往第三绥靖区联络张克侠、何基沣，沟通和策动部队起义。最后，张克侠、何基沣确认了 11 月 8 日夜间解放军进攻时在驻地贾汪一带举行起义，让出运河防线。

11 月 6 日淮海战役打响时，张克侠被软禁在徐州，第 59 军的部分主要军官对是否举行起义犹豫不决。为避免该部起义失败影响大局，8 日凌晨 1 时，何基沣赶赴第 59 军军部稳定军心，并且亲自在军令上签名，下令 59 军部队按照起义计划进行开拔。11 月 8 日凌晨 4 时，张克侠也终于摆脱软禁返回部队，共同领导起义。59 军起义的同时，77 军第 132 师、第 37 师第 111 团也一起举行起义。另有第三绥靖区前线指挥部直属部队、绥靖区干部训练班等，也受何基沣直接率领而加入起义行列。

国民党军的“绥靖区”是等同于兵团级的独立战略单位。何基沣、张克侠率第三绥靖区 2.3 万余人举行起义，成为解放战争里国民党军第一次兵团级规模的起义。而起义也让战局立即产生对我军极为有利的重大变化。1948 年 11 月 26 日，朱德总司令在分析战局的讲话时专门评价此次起义“正适合时机”。

就在贾汪起义举行的 8 日深夜，毛泽东电令华东野战军代司令员粟裕、参谋长陈士榘和副参谋长张震：“应迅速分割包围黄兵团，否则该敌可能西移。”①

① 《毛泽东军事文集》第 5 卷，军事科学出版社、中央文献出版社 1993 年 12 月版，第 180 页。

运河北岸奉命截断黄百韬西撤徐州路线的我军部队，立即利用贾汪起义所造成的有利条件，渡过运河继续进军。

而针对何基沣、张克侠部起义，国民党军徐州“剿匪”总司令刘峙其后在其回忆录里评述说“使运河及不老河全行开放”，解放军“遂由黄河侧背，直下运河”，黄百韬兵团“最后演成碾庄被覆没的悲惨结局”。

时任华野第 13 纵队司令员的周志坚回忆，起义部队让开防区，该纵队第 38 师“乘机抢占运河大铁桥。刚过运河，便迎面遇到向北开进的起义部队”。而据华东野战军司令部 1948 年 11 月 8 日《淮海战役阵中日记》的记述，当天夜里第三绥靖区起义各部队开拔后，华野第 7 纵队第 21 师立即前进，占领第三绥靖区前线指挥部驻地涧头集，第 19 师则渡过运河占领贾汪。第 10 纵队也连夜组织一部分部队从新闸子、韩庄渡过运河后急速进军，尾追没有参加起义而南逃的敌军。

我军后来的记录显示，11 月 10 日，黄百韬兵团部已位于距离运河西岸、不老河南岸约十几公里远的“碾庄圩”，第 100 军位于碾庄西北的“小刘庄”、第 64 军位于“碾庄以东”、第 25 军位于“碾庄以西”。从敌我双方行动日期来看，黄百韬兵团西渡运河的当天，我军通过贾汪起义让出的防区也能够同时南渡不老河，随后先敌一步截断其退路，宝贵战机随着战局的发展确实堪称稍纵即逝。

后来，粟裕曾对贾汪起义的意义有个评价：“只要我们在贾汪多待 4 小时，我们的战机就丢失了。”从这个意义而言，正是淮海战役的第一个大胜利时机十分合适，从而确保了第二个大胜利可以达成。

不久之后即将成为人民解放军第 34 军军长的中共地下党员何基沣，毅然率领有着光荣抗战历史的第 77 军阵前起义，就这样再一次为淮海战役的史册书写了第一个大胜利的光辉篇章。

据起义之后担任解放军第 34 军第二副军长的过家芳回忆，部队起义之后，解放军通过防区堵截黄百韬兵团时，曾有一位副团长说：“你们的行动是正义的。由于你们的起义，我们渡河很顺利，大部队主力已迅速南进，直插曹八集、大许家，截断黄百韬与徐州的联系，逼近徐州，歼灭黄百韬兵团的日子不远了。”①

该军起义部队奔赴解放区后，一度仍继续沿用了直接取自“七七抗战”的77军的番号。

在解放区之中，77军官兵看到了“人民与军队是一体，战士和百姓是一家”的动人情景，深受教育，开始学习解放军的纪律和作风。何基沣后来回忆，部队整编期间“和老百姓开联欢会，改善军民的关系”。这支部队渐渐开始走上了新生。

随后，走入解放军行列里的77军部队奉令开赴山东省诸城百尺河一带，阻击青岛国民党军窜犯。1949年1月，该军又奉令移驻章丘县旧军镇，准备堵击从平津南逃的国民党军。至2月，新77军部队从山东省南下到和南京郊区浦口距离不远的来安县一带，准备重新整编。

就是在这次整编之中，起义的第77军部队与解放军江淮军区第34旅和独立旅一起合并改编为中国人民解放军第34军。三支曾经在抗日战争时期为民族建立过功勋的英雄部队，至此将各自的军史融入一起。

（三）第34军进驻六合的历史背景

我们看到的这幅军事地图，是渡江战役之前我军原计划从几个方向会攻浦口时绘制的。这份形成于1949年3月4日的《攻占浦口作战预案图》，也从历史文献的角度保留下了六合和人民解放军第34军的一个重要的渊源。从图中可以看到，渡江战役筹备时34军（A为军事术语里“军”的代号）驻地就是与南京一江之隔的六合县。

前述这三支抗日英雄部队合并改编为中国人民解放军第34军后，全军三个师之中，第100师师部由起义的77军下辖132师的师部组成，

① 中国人民解放军历史资料丛书编审委员会编：《解放战争时期国民党军起义投诚：沪苏皖浙赣闽地区》，解放军出版社1994年6月版，第465页。

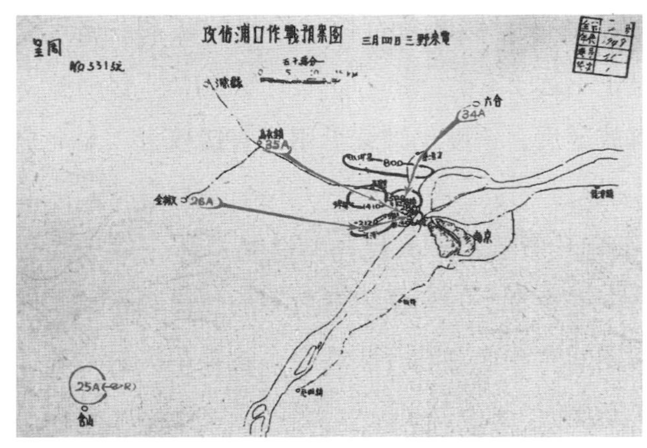

《攻占浦口作战预案图》标示解放军第 34 军驻地就是六合县

另再补充了第 77 军军部部分人员；101 师师部由江淮军区独立旅的旅部组成；102 师师部由第 34 旅的旅部组成。第 34 军组建之后有兵力 2.6 万余人，全军可以用于直接随时投入渡江一线步兵部队，是三个师下辖的 9 个步兵团有 6 个团来自第 34 旅、独立旅，3 个团来自何基沣部起义部队 77 军。

该军成立时正值新年之际，34 军部队官兵编了歌曲表达解放南京的决心：“今年是个胜利年，全国胜利在今年。同志们再努一把劲，打到南京过新年。”[①] 而部队进行渡江战役之前的思想动员时，何基沣向部队讲述了西北军的历史命运，又讲了华东战场上国民党内部钩心斗角、混乱失败情绪和罪恶活动。军政委赵启民后来回忆，何基沣军长的讲述“很有鼓动作用和教育意义。经过回忆历史，提高了对国民党反动派本质的认识”。

在这样的气氛之中，第 34 军全军迅速移驻到六合境内。这也是六合历史上第一次有如此规模的人民军队进驻。

前述第三野战军首长们呈送给中央军委《关于预攻浦口部队情况》的电报之中，明确记载了第 34 军军部驻扎在六合程驾桥。而第 34 军政委赵启民晚年写过一篇《回顾第三十四军在渡江战役中的思想政治工作》。这篇文章后来收入中国人民解放军历史资料丛书编委会编纂的

① 这首歌是时任 34 军 101 师 302 团 2 营副教导员的李剑锋用民歌旋律填词编写的。

《渡江战役》一书中，成为珍贵的军史见证。就在这篇文章里，赵启民政委回忆部队进驻六合程桥后进行了渡江之前的思想教育。

而跟随着何基沣军长起义的原第77军第132师第396团副团长贾宗周，晚年时也回忆起义之后“到102师304团任团长。在六合程家桥，营以上干部集训，对旧社会进行了控诉”。贾宗周还回忆在六合程桥集训结业后，“重新分配到100师298团王作，参加了渡江作战，于4月23日攻占龙潭，从此在中国共产党领导下走上了新的征途”[①]。在他的回忆之中，六合成为他跟着党走上新征途的出发地。

《关于预攻浦口部队情况》的电报里写到的地名“程驾桥”就是而今南京市六合区的程桥街道。据《南京地名大全》的记录，这里在唐代以前名为程家港。清代光绪年间的《六合县志》记载称“程家港，在县西二十里，水自北入滁河”。传说程咬金曾在此架桥迎接唐太宗，故名程驾桥[②]。历史上的这个传说是虚无缥缈的。但是，在渡江战役即将打响之前，这片土地真真切切地成为人民解放军第34军的出征之地。

渡江战役是人民革命史上浓墨重彩的一页，在政治上有着非同寻常的意义。同时更是人民军队发展壮大过程中的里程碑式事件，在军事上也有着极其重要的地位。自1927年8月1日南昌起义打响了人民军队武装斗争史的第一枪之后，1949年4月下旬的渡江战役，堪称是人民军队武装斗争史之中的一次空前壮举。“渡江战役，是由江河进攻战、陆地追歼战、城市攻坚战三种作战类型融为一体的战略性战役，其战场范围之广，参战兵力之多，阶段转换之快，都是中国人民解放军历史上前所未有的。”[③]时任第三野战军代理司令员的粟裕，回忆录里曾经指出

① 《安徽文史资料选辑》第11辑《解放战争时期史料专辑》（上），1982年10月内部出版，第20页。

② 单树模主编：《中华人民共和国地名词典：江苏省》，商务印书馆1987年2月版，第36页。

③ 《中国人民解放军第三野战军战史》，解放军出版社2017年7月版，第306页。

渡江战役“作战地域之广、战役纵深之大、参战兵力之众为解放战争以来所未有。”[①]渡江战役时任解放军兵团级指挥员的郭化若，战前也曾有过豪迈评述，见于《战役指导》开篇：“此次渡江作战，是中国人民第一次拥有三百万装备精良、技术优越的大军，从三千里正面上以数万帆船与汽艇横渡长江，直捣反动统治阶级的巢穴，围歼其残兵败将于江南。这无论在性质上或在规模上说都是中国历史上空前的……我们能参加这一空前的壮举，肩负这一伟大的任务，应引为无上的光荣。”[②]

人民解放军第 34 军，整个建制共计 26000 余人，在渡江战役之中全军进驻六合境内。战役打响之时，全军在六合境内渐渐向长江北岸展开，自西向东，从六合的划子口至仪征土桥口的漫长江岸线起，以宽大进攻正面而渡江南进，参与解放了江南的广大土地。

渡江战役之时，我军能够部署整整一个军进驻六合县。在县境之中有如此规模的人民军队兵力投入作战，这在六合革命史上可说空前。而六合一个县就可以有一个军进驻，正是因为渡江战役是人民军队战史上投入参战兵力最多、战役正面涉及最广的一次战略性战役。

1948 年底，随着辽沈、淮海和平津三大战役的依次打响，人民军队和国民党军队之间的实力对比发生了戏剧性的变化。至渡江战役之前，自建军以来，我军首次可以确保在一场战略性战役里，参战兵力在全局范围下都对敌人有着压倒性优势。

因此，在叙述人民解放军在渡江战役之中，整军驻扎与过境六合一县的背景前，有必要详细回溯渡江战役之前人民军队编制上的一次极为重大的变化。

1949 年 2 月，渡江战役尚未打响，人民解放军按照 1948 年 11 月的计划整编了编制序列，将野战部队编成 17 个兵团。

从军事学角度来看，这次整编是对我军组织编制层级的重大升级，

---

① 《粟裕战争回忆录》，知识产权出版社 2005 年 1 月版，第 405 页。

② 《郭化若文集》，军事科学出版社 2004 年 8 月版，第 250 页。

优化了军队规模结构。这意味着在渡江战役打响之前，“兵团”（对应集团军建制）终于成为我军进行战略性战役的基本战役单位。

军事学者在研究军队规模结构时指出：“军团、兵团、集团军等不同名称或不同译名，表示的都是同一级建制单位，由2—6个军及各种战斗、勤务保障部队组成，是基本战役军团。它是近代战役的产物。在近代战役中，一个或数个军团（兵团、集团军），展开在几十或几百公里的宽大正面和纵深上，根据统一的企图和计划，实施协调一致的一系列交战、战斗”①。自人民军队建军以来，在组建兵团（集团军）一级建制的道路上经历过许多曲折。只有明白这些阶段所历经的坎坷，才能知道渡江战役之前我军能够以“兵团”作为战略性战役的基本战役单位具有怎样重大的历史意义。也才能懂得我军渡江战役时在六合一个县就能够投入整整一个军的部队，是多么重大的一次变化。

建立集团军编制的构想，红军在土地革命战争时期早已有之。在1930年颁布的《中国工农红军编制草案》之中曾经规定：指挥员等级里的高级等级划分为四级，分别为师参谋长和独立团团长、军参谋长和师长、集团军参谋长和军长、集团军以上首长，分别在领章上缀锐角朝上的红色棱形星1、2、3、4颗。其中构想的红军集团军的编制，后来在实践之中改称“军团”。从此，红一军团、红二军团、红三军团……这一个个“红色”军团成为我军军史上赫赫有名的番号。

然而，受限于实际兵力与武器装备等客观条件，红军初建时，“军团”番号实际只能对应军一级的建制，这一编制的常备人数通常在一万人至二万人。而红军设立的“军团”作为对应集团军一级的建制，在其之下原计划下辖有军一级建制。彼时红军的兵员规模远远不足，无法编成集团军，根据实际情况，该计划不得不取消。1933年6月15日颁布的《中国工农红军暂行编制表》指出因为“在实际战斗中感觉到计算兵

① 朱建新：《军队规模结构研究》，高等教育出版社2004年12月版，第20页。

力麻烦，使用兵力不便”，改成军团直辖师一级的编制。而红四方面军成立后，则并未使用“军团”番号，方面军按其兵力下辖的都是军一级的番号。

中央红军开始长征时，作战部队序列上虽然编有第1、3、5、8、9军团等5个军团的番号，但一共只有12个师，36个团的建制。其中，红一军团辖第1、2、15师3个师，兵力约1.8万；红三军团辖第4、5、6师3个师，兵力约1.5万；红五军团辖第13、34师2个师，兵力约1.2万；红八军团辖第21、23师2个师，兵力约1万；红九军团辖第3、22师2个师，兵力约1.2万。从以上数据可以知道，所谓“兵团”的实际兵力更接近于军甚至是师，而非军团一级建制。

在漫漫长征路中，长途跋涉与作战还会对兵力不断进行损耗。因此红军一部分“军团”番号还曾经按照实际兵力情况，变成对应师一级的编制，出现了军团直辖团一级部队番号的情况。1935年2月10日颁布的《中革军委关于各军团缩编的命令》，红三军团就撤销第4、第5师师部，改为军团直辖第10、第11、第12、第13团。中央红军在1935年9月13日俄界会议后再次进行了整编，依据实际的兵力又把原来的军团建制缩编为纵队、大队建制。正因为如此，在红军时期，“军团”这一对应集团军的创设构想，在现实里一直是可望而不可即。

1937年全民族抗战打响后，随着第二次国共合作的实现，红军整体上被整编为一个集团军的建制——也就是国民革命军第十八集团军。抗战期间因为需要实行敌后游击战，我军实际上并没有真正意义上的野战军团。甚至在困难时期还对主力部队进行了大规模的地方化。1945年8月日本帝国主义宣布无条件投降后，中央军委颁发《关于目前军队编制的决定》，要求“为了最后消灭日本侵略者及其走狗，各战略区应就现有兵力迅速抽出二分之一到五分之三编为野战兵团”。为了能够在较大范围里实行机动作战，我军重新尝试组建野战兵团。但是这一时期的“野战兵团”以及对应概念“地方兵团”还没有按照集团军级编制来组建。当时，中央军委参谋部第一局遵照中央军委《关于目前军队编制的决定》精神，拟制了野战兵团编制草案，规定“野战兵团按三三制编组,3 至 5 个旅（或师）编成一个纵队。”[①]野战部队的番号单位“纵队”是军一级的建制单位。而要建立正规的集团军一级的兵团，应该是首先完善“军”一级军事建制。军事史研究之中认为这是一种“过渡”措施:“当时的我军由于较长时期处在游击战争状态，各解放区的自然条件与经济状况不同，各大军区所属部队不仅武器装备杂乱落后，而且后勤供给千差万别，连军装的制式和颜色都无法统一。在这种情况下组建严格意义上的正规兵团，当然是不切实际的。既要组建正规兵团，又不能太严格，就只有采取一种过渡的办法了。人民解放军在解放战争历史上的野战纵队，就是在这样的大背景下诞生”[②]。解放战争伊始，我军就尝试编成“军团”建制单位，而野战纵队也由各战略区部队先后整编而成。陕甘宁人民解放军野战集团军曾经于 1947 年改为西北野战兵团。此后，随着战局逐渐向前推进，我军各部队兵力得到大规模补充，“兵团”番号历经艰难，终于出现。华北军区成立了第 1、2、3 兵团，华东军区成立了华东野战兵团、山东兵团、苏北兵团；东北民主联军（后为东北野战军）成立了第 1、第 2 兵团。但上述兵团下部队番号还不是“军”，一般是下辖若干个纵队，有的兵团还直辖若干个师、旅。1948 年 11 月 1 日，中央军委发布《关于统一全军组织和部队番号的规定》，对全军的组织编制、番号进行了统一规定。全军共定 20 个兵团的番号。其次序为：西北为第 1 至 2 兵团；中原为第 3 至 6 兵团；华东为第 7 至 11 兵团；东北为第 12 至 17 兵团；华北为第 18 至 20 兵团。野战部队的纵队改称为军，军以上设兵团和野战军两级，军以下各级一般按三三制编组。

自 1948 年 11 月起，至 1949 年上半年为止，中国人民解放军耗时

---

① 袁占先、高月泽编:《血沃中华：抗日战争亲历记》，白山出版社 1995 年 4 月版，第 24 页。

② 王稷:《中国人民解放军的纵队》,《军事史林》2008 年第 11 期。

数月，前后共有 16 个兵团被组建（第 1 至 20 兵团的番号之中，第 6、11、16、17 兵团番号空缺，另在 5 月份将铁道纵队扩编为铁道兵团），最终完成整编，统一全军。在整编期间，我军野战纵队也陆续改番号为“军”。这是我军正规化整编的里程碑。各个兵团下辖 3 至 5 个军，已经达到了对应“集团军”一级的建制。

在各级建制单位编制齐整、兵源充实的前提下，各个兵团被正式组建。兵力一般可接近 10 万人，个别兵团甚至超过 10 万人。

下辖“军”一级建制的兵团，第一次成为对应集团军的建制单位。辽沈、淮海和平津三大战役结束时，整编已然完成。渡江战役成为我军建军以来第一次能够完全以“兵团”为基本战役单位而实施的战略性战役。

因此，从普遍运用战术级编制单位“师”执行战役任务，到单次战役可以投入多个战略战役建制单位“兵团”，这是我军革命战争史上的重大转变和升级。近现代大规模战争之中，最基本的战役单位都是集团军一级的军队组织。换言之，只有集团军或对应集团军水平[①]的兵力的作战集团才能遂行战役一级任务。而在我军建军前期，战役规模较小，执行战役任务的大多是师甚至团一级建制，所采取的作战形式一直以来也都是游击战和小规模运动战为主。

我军在渡江战役之中第一次以“兵团”为基本战役单位，并且投入了第二、第三野战军、第四野战军多达 8 个兵团的建制。在我军给下辖各军一级建制部队的作战命令与政治工作指示中，第一次出现了“兵团”和“战役”等词语，这是因为兵力达到集团军规模的“兵团”为基本战役单位才能做到的。

渡江战役中，我军单次战役的参战兵力达到了 120 万人，其中包括 8 个兵团以及地方部队，兵力规模超过百万，可谓空前。第二次世界大

① 有一些发达国家的“军”已对应了集团军兵力。

战时期一般的陆军战役规模为投入兵力为10万人以上。而渡江战役达120万人，是普通战役规模的12倍。这是经过多年革命战争洗礼之后，人民军队实力空前强大的重要表现。而其后国民党军队再也无力在战略性战役里组织大规模的顽抗，革命战争史上也再未出现类似渡江战役这种单次达到超过百万以上兵力规模的战役。渡江战役之中我军在投入百万以上兵力时运用的各类军事谋略，具有填补历史空白和昭示后人的重要意义。

1949年2月我军兵团一级建制的组建和完善，是人民军队从小到大、从弱到强的必然阶段。渡江战役打响之前，兵源规模上得到的迅速补充，也是我军能够发起这场空前规模的进攻战役的重要条件。在战役部署的过程中，出现了许多前所未有的变化，这其中第一个变化就是战役进攻正面宽度的大幅延长。

第34军在六合短暂驻扎和训练之后，全军沿着六合至仪征的长江岸线展开部队，按照一线"宽正面"部署。1949年4月11日，渡江战役即将打响之际，解放军第三野战军第8兵团下达《京沪杭战役作战命令》中，给第34军的作战命令之中要求"该军主力应以宽大正面展开于土桥口、十二圩、泗源沟、大河口一线"。土桥口是指今天长江仪征段的土桥河口，历史上这里有一座何家港，为"瓜洲、京口通衢"[①]。大河口是今天南京市六合区龙袍街道大河口社区（滁河入江口）。根据这一初步的作战命令，该军从仪征土桥口至六合大河口的进攻正面宽度达到了25公里以上。在战役正式打响后，因为作战部署的变化，战线的最西端从大河口延伸至划子口，第34军进攻战线的正面宽度长达40公里以上。

战役正面是指战役军团作战部署朝向敌人的一面。通常根据上级意图和敌情、地形等来确定其宽度，一般以公里为单位计算。它是战役规模和战役军团作战能力的指标之一[②]。战役正面在作战里又分为进攻战

① 华强:《太平天国地理志》，广西人民出版社1991年3月版，第47页。

② 杨长林主编:《当代军官百科辞典》，解放军出版社1997年7月版，第38页。

役正面和防御战役正面。

此前我军参与的各类进攻战役中，从未在绵延数百公里的战线上设置进攻正面。因为实际兵力不足，过于宽大的进攻正面反而会分散兵力导致战线薄弱。我军即使投入数以十万计的兵员人数，单次攻坚战役的正面宽度一般仅在十几公里到几十公里的范围。防御战役的正面宽度则一般更小一些。

然而，渡江战役打响时，我军正式从解放战争的战略决战阶段转入战略追击阶段。渡江战役打响之际，野战军兵源充足，下辖若干个兵团，是彼时我军的最高编制，这一编制对应了“方面军”（有的国家如美国、英国，其军队称为“集团军群”）的建制。第二次世界大战之中，苏德战场上出现过比方面军战役的更大规模的战役——“方面军群战役”，这是指投入 2 个以上方面军兵力规模进行的战役。是按照参战的战役军团编制系列区分的战役种类之一。在大中小型战役中属大型战役规模，是此类战役的最高层次。在规模最大的白俄罗斯战役中，苏军曾经投入 240 万人编成 4 个方面军投入进攻。

在渡江战役中，我军在东、中、西三个方向上都投入了突击集团，每一个突击方向上都达到了美国陆军、英国陆军的“集团军群”的作战规模。从战役的宏观全局角度来看，我军在单次战役的进攻作战中，投入了 2 个野战军（方面军）以及其他附属兵力，实际上已经接近在第二次世界大战之中苏联军队实施的“方面军群战役”的作战规模，第一次达到了战争史上战役的最高层次。

而正是因为战役达到如此规模，渡江战役期间，随着长江的北岸岸线，齐装满员的 8 个兵团跨越湖北、安徽、江苏三省，在战役发起的正面展开。粟裕曾经回忆仅第三野战军担负的战役正面，就从江苏南通以西的张黄港至安徽的枞阳，宽 700 余公里。单独一个野战军，正面展开宽度就可以达到如此之广。整个战役的战线最后超过了 1000 公里。为此，总前委在给前线部队的指示里曾经指出渡江战役是“1000 余里的战线”[①]。在革命战争史上，我军单独一次战役的正面战线绵延1000多公里，确实可谓空前的一次壮举。

1949年4月2日，人民解放军第三野战军第8兵团在给第34军的作战命令里，单独提到了第34军军部和三个师的部署位置：“三十四军应以一个师位祝家糟坊至葛塘集公路两侧，并以主力一部南伸至浦镇以北，与三十五军取得直接联系；一个师位六合东南……军部率另一个师位六合及其西北地区。”按照这份军令，第34军军部和一个师驻扎在六合县城以及西北，一个师驻扎在六合县城东南。另有一个师首先驻扎在“祝家糟坊至葛塘集公路两侧”。这一命令之中提到的地名“祝家糟坊”现在已在各类地名书籍之中没有记录了。但民国时期的公路资料上可以看到，扬（州）浦（口）公路客运线的六（合）浦（口）段，“经过祝家糟坊、葛塘集、盘城集、浦镇、而达浦口，全段长三十余公里”[②]。因此可以确认，第8兵团当时下达的这份命令之中的“祝家糟坊至葛塘集公路两侧”，就是指六（合）浦（口）段公路在六合县境内的一段。据此也可以确认，1949年4月初第34军军部和下辖的3个师，全部都部署在六合县境内。

而第34军在六合县驻扎过的史实，还有一些亲历者的回忆可以丰富细节。例如：当时的炳辉县（今为安徽天长市）常备民工运输团第一营成员，后来曾对前往六合县参加第34军的支前任务经历有过这样的回忆：

> 3月中旬末，我营奉命提前出发，向中国人民解放军第三十四军驻地前进。行至六合县马集镇附近的山上时，天已黄昏，又下起

---

① 蔡长雁、施昌旺：《渡江战役史》，安徽大学出版社2010年2月版，第112页。

② 中华全国道路建设协会编：《中国公路旅行指南》第1集《苏浙皖闽赣京沪七省市之部》，中华全国道路建设协会1936年5月编印，第119页。

了鹅毛大雪，我们就地宿营。次日下午赶到六合以西的梅花庄，向三十四军后勤部报到。我营奉军部之命，学习《入城三大公约和十项守则》，我们的文娱宣传队，将三大公约、十项守则编成群众易懂乐听的小调，在营里演唱，还到六合城内进行宣传表演，受到各界人士的热烈欢迎。

3月下旬的一天下午，三十四军的何军长，饶子健副军长在六合城内天主堂前的广场，召开全军营以上（我也参加了）干部大会，发布做好攻打大河口和仪征县城准备工作的命令。我营投入了紧张的军用物资运输，各个连队分别奔赴炳辉、盱眙等地，将大批的军衣、日用品和炮弹、子弹、炸药等运到军后勤部。

解放仪征县城的第二天，江淮一分区支前司令部，通知我营在3日内赶到津浦线南端的东葛火车站向三十五军报到，接受新的运输任务。临行前，三十四军后勤部赠我营“支前模范营”红旗一面和一些医疗药品，并祝贺我营胜利完成了在三十四军的支前任务。[①]

在这份回忆之中，我们可以看到若干重要的细节。比方说，第34军后勤部当时设立在六合县城西边的梅花庄；第34军在六合县城内召开过全军营以上干部大会部署大河口等战斗；而六合县城作为第34军驻地的一部分，部队当时还会在城内进行宣传表演，并且“受到各界人士的热烈欢迎”……从这些细节可以看到，六合县当时作为人民解放军一个军的驻地，正承载着波澜壮阔的史实。

而尤其值得注意的是，这样波澜壮阔的史实在1949年4月之际在六合县的历史舞台里上演，其背后是有更为宏大的历史背景。这是我们应当详细分析和回溯的。

① 滁州市新四军历史研究会:《皖东解放战争史》，2001年内部出版，第397页。

正是因为上述历史背景，渡江战役之前，在六合这单独一个县境内，人民解放军就可以有第 34 军整整一个军的成建制雄厚兵力进驻。这也是六合革命史上人民军队进驻兵力最多的一次。

而在即将开始渡江的时候，进驻六合的解放军第 34 军在六合境内自西向东快速挺进长江沿岸，又可以将起渡的战线拉长到数十公里。一个军的兵力全部沿着六合到仪征的江岸线一字展开。

到实施渡江登陆的时候，解放军第 34 军的 3 个师也未留下其中的一个作为预备队，在宏观上又是从西至六合境内，东至仪征境内的沿岸地区，单独一个梯次在较短时间内渡过长江。

为了印证上述分析，我们现在阅读的史料，就在第 34 军集结在六合之后，按照第三野战军第 8 兵团的作战部署，向该军下辖的各个部队下达的《预备作战命令》。节选有关部队部署的部分如下：

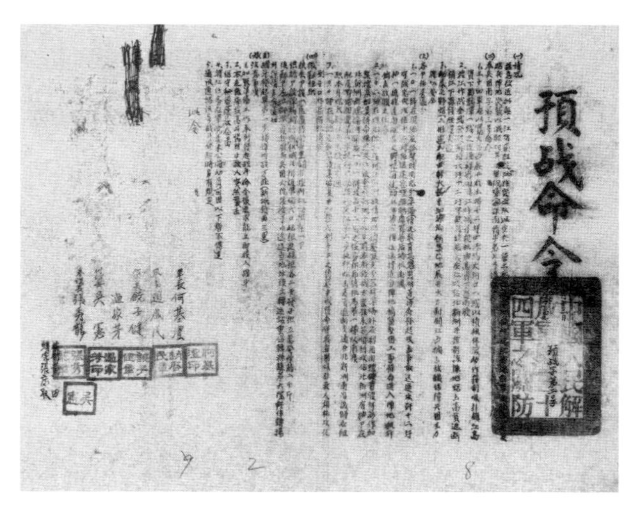
預战命令

解放军第 34 军参加渡江战役的《预备作战命令》

……

（二）奉兵团南字第三号命令

三十四军应以宽大正面展开于土桥、十二圩、四源沟、大河口一线，以积极佯渡动作，钳制吸引镇江、高资、下蜀、龙潭一线之敌，便利准备渡江作战，并视机由高资、下蜀南渡。

渡江作战全线发起后须攻歼十二圩守敌，同时强渡夹江，攻占北新洲并控制该阵地，炮击高资，遮断镇江下蜀段铁道交通。

配属之野炮（二个连）加配曲射火器于泗源沟构筑阵地，展开火力封锁江边、拦击敌舰，保障兵团主力渡江安全。

（三）各部任务区分

1. 一〇一师在现应抓紧时间充分准备（情况教育、思想、器材等）待命发起攻击，争取迅速攻歼十二圩守敌，完成攻占十二圩后，迅速处理组织处置善后，待机南渡。

抽一迫击炮连与配属之野炮（[一]个连）即在泗源沟附近选择适当阵地，构筑坚固工事，待命进入阵地，执行拦击敌舰之任务。

2. 一〇二师在现地除加强对北新洲敌情地形侦察及充分器材准备外，应利用间隙练习渡河动作，加紧搜集船只，待命强渡夹江，攻击北新洲。十八日前应将作战方案报来。

若顺利攻占北新洲，有抽部在北新洲西隅隔河接应一〇一师攻击十二圩之任务。尔后待机为第一梯队南渡。

配属野炮[一]个连第一步执行协助强渡夹江，第二步执行炮击高资、遮断交通。在北新洲南沿，该师应组织本身炮火隔江南击铁道交通。

3. 一〇〇师在现地应加紧搜集船只，并加紧对划子口之侦察警戒，待命佯渡钳制吸引敌人，相机攻占划子口，尔后待机南渡。

以上这些作战的部署细节，都是渡江战役“宽正面”“单梯次”的作战特征在六合境内渡江战场之中的表现。这些细节可以从第 34 军参加渡江战役之前下达的预备作战命令之中领悟到。渡江战役作为解放战争战略追击阶段的序幕，其宏大而深刻的历史背景投影到六合这片土地上之后，就以这样的细节形式呈现出来。而这些“渡江战役在六合”的历史细节，在被逐一从史料文献之中挖掘出来之后，都将成为六合最珍贵的红色记忆之一。

四、1949年春：六合人民支援渡江

在渡江战役这段史实之中，三支英雄部队合编而成的34军，在六合的土地和江面上创造了辉煌的业绩。后文即将详述解放南京的历程里，第一批登上南京南岸土地的解放军部队是从六合划子口一带渡江；第一支进入南京城的解放军部队，渡江前也曾驻扎在六合境内……然而，在今天以宏观的视野来回顾渡江战役在六合的史实时，我们也应该首先认识到，军事上的胜利，首先都是人民的胜利；渡江战役在战绩上的光荣，首先是归属人民的光荣！当时，鼎力支援前线的六合人民，毫无疑问是人民子弟兵飞渡天堑，参与解放南京时的坚实后盾……

（一）珍贵文献引出了“六合支前司令部”史实

当时县境内绝大部分的地区已经解放的六合县，党政机关也组织了支援前线的指挥部，带领全县人民为渡江战役出力。

2020年4月，一份珍贵的历史文献也被捐献给六合区龙袍街道。这份史料是1949年渡江战役时六合支前指挥部发给沿江支前船工的证明书。其中有赵家坝、林摆渡的地名。落款为六合支前司令部正副指挥的任文彬、薛震鲁。渡江战役七十多年以来，这也是第一次发现直接反映渡江战役时六合支前指挥部工作的历史文献。

该文献的内容记述了六合民船参加支前任务的史实。是六合人民支援渡江战役的一份历史明证。

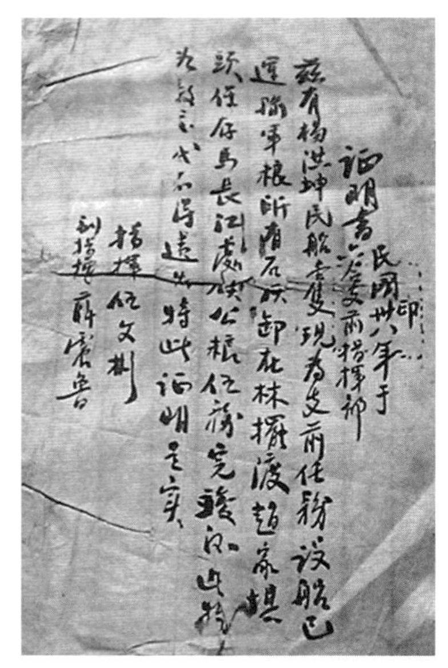

六合县支前司令部指挥任文彬、副指挥薛震鲁开具的《证明书》

证　明　书

民国卅八年于六合支前司令部

兹有杨洪坤民船一只，现为支前任务，该船已运输军粮，所有石灰卸在林摆渡、赵家坝头，任存马长江处。俟公粮任务完竣后，此物为数交代，不得遗失。特此证明是实。

指　挥　任文彬

副指挥　薛震鲁

这份文献之中出现的地名“赵家坝”现为六合区龙袍街道赵坝社区。“林摆渡”则是滁河上的知名渡口，现为区不可移动文物。六合区龙袍街道赵坝社区西蒋组的马永明，是这份文献里写到的“马长江”的孙子。他回忆自己爷爷当时是渡口边开“木材行”的。据此可以推断，当时是有民船参加支前工作，将载运的货物石灰暂时存放在马长江在渡口边的仓库之中。

历史文献上的地名在今天还依然存在，给后人继续诉说着这段让人难忘的支前岁月。

1949 年春，为支援渡江战役，六合县成立了支前司令部。时任六合县长的任文彬（六合人）亲自担任指挥，从山东南下的干部薛震鲁（原为华东支前司令部担架团政委）担任副指挥。

任文彬，原名郑万桥，汉族，南京六合人。1922 年 3 月生，1940 年 5 月参加革命，同年 6 月加入中国共产党。他在新民主主义革命时期履历大部分都是与六合这片土地有关联的——

1940 年 5 月任六合县东旺乡公所助理。1941 年 11 月任六合县东庙乡（镇）乡（镇）长。1942 年 9 月至 10 月淮南行政学院学习。1942

六合县支前司令部指挥任文彬

六合县支前司令部副指挥薛震鲁

年11月任冶山县四合区委会武委主任。1943年3月任东南县四合区委会武委主任兼双灯乡乡长。1943年8月至11月淮南路东地委党校学习。1943年11月任东南县四合区委会组宣科长。

1944年5月任东南县四合区署区长。1944年10月至12月在中共冶山县委整风队整风。1945年1月任中共冶山县四合区委书记。

1945年11月任中共六合县马集区委书记。1946年3月任六合县政府秘书。1946年7月后本地游击坚持期间任工委书记。1946年9月至1947年1月山东军政大学学习，任班长。1947年2月后淮南坚持游击期间任工委书记。

1948年10月任六合县县长，其间在渡江战役时担任六合支前指挥部指挥。1949年5月后历任中共六合县委代理书记、书记。

任文彬革命工作履历里出现了多次“六合县”的地名，而其中“冶山县”“东南县”也都包括了六合而今的一部分行政区划。

副指挥薛震鲁，原名薛训铭，汉族，山东泰安人。1913年12月生，1938年9月参加革命，1940年12月加入中国共产党。他在新民主主义革命时期的履历，则是典型的南下干部的经历——

1938年9月参加山东泰安县抗日救国活动，1940年5月任1纵山纵模范青年团1中队分队长，4中队队长，2营4连连长。

1941年12月任滨海青年大队排长、干事。1943年1月任郯城县挂剑区青年大队中队长、指导员，海干（赣）办事处武委会主任，干（赣）榆县武装部副部长、县委委员。

1948 年 8 月任华东支前司令部担架团政委，后担任六合县支前指挥部副指挥。1949 年 5 月任无锡粮食总站教导员，南京整训队 4 中队队长、指导员。1949 年 10 月任西南服务团干部 4 队队长、指导员，随后参加了从南京进军大西南的行军作战。

他们二人在六合县支前司令部担任正副职指挥。这份历史文献将他们二人的名字展示在一起，其实也是展示了六合本地干部和南下干部团结合作，为渡江战役作出贡献的实例。

（二）部分资料的记述

人民解放军第 34 军进驻六合县时，渡江战役期间六合的支前工作在县支前司令部的统一指挥下行之有效地开展了起来。近些年来刊印的各类史料汇编、党史权威书籍里有一些记述，让今天的人民可以看到，70 多年前六合的人民群众怎样以实际行动进行了支援渡江战役。

江苏省档案馆和安徽省档案馆共同编纂的档案文献汇编《渡江战役》一书中，收录了一份极为重要的史料——《华东支前司令第二前方办事处通知——渡江战役前伤员转运和、粮食的调度》。

这份产生于渡江战役准备期间的《华东支前司令第二前方办事处通知》，记述了诸多重要的渡江战役支前数据和细节，我们从中也可以看到涉及六合县支前的第一手史料内容——前线伤员转运方面，“临时短期担架”（实际上是包括一副担架的运输人员）工作，六合县当时安排了“三百付”，这至少是须数百名轮番搬运的运输人员。并且六合县还和嘉山县一起给江淮军区第一军分区提供了“二百付”空担架。

支援前线部队的粮食方面，“六合向乌衣集中五十万斤，向小河口集中一百五十万斤”。“六合县除完成上述向乌衣及小河口集中二百万斤

华东支前司令部
第二前方办事处通知

——渡江战役前伤员转运和民力、粮食的调度*

（1949 年 3 月 18 日）

下一战役即将开始，对此次战役的伤员转运工作及民力、粮食的调度特作如下布置：

一、民力的调度及分配

甲、临时短期担架——来安县的二百付，六合县的三百付，全部交××[①]军使用；加［嘉］山县的二百付交××军使用，盱眙县的三百付交第二转运总站使用（另外配备 100——200 付常用担架），四分区的二千付担架，拨××军三百付，拨××军二百五十付，所余之四百五十付，全交第一转运总站掌握使用，江浦县已集结的二百付亦交第一转运总站使用。

乙、一分区的四百付空担架的分配——滁县的一百付交××军，来安的一百付交子弟兵团，夹［嘉］山、六合两县的二百付交渤海民工团。

① 源文如此，下同。

丙、挑子的调度与分配——一分区的四千付挑子，除拨东葛粮站及葛塘集粮站各一千付外，所余之二千付全到陈垦子[①]、陡集一带休整待命。四分区的四千付挑子，拨一千付交汤泉镇粮站使用，余三千付在兴隆庵一带集结，由傅恒同志（本处粮食科长）掌握作机动。五分区的一千二百付挑子全部交高旺集粮站，如不足用时，由傅恒同志处拨补。以上调度统限于本月 22 日前到达指定地点及办交接手续。

二、转运总站的设立及任务

第一转运总站由本处转运科长侯文升同志兼任站长，该站暂设乌衣，负责从乌衣到沙河 镇一线的转运（即西线）。第二个转运总站由武永加同志任站长，该站暂设相官集附近，负责从相官集到来安一线的转运。

三、转运总站的组织及领导

为步调一致，行动统一，决定以转运站、卫生机关、担架团、子弟兵团及当地支前机关等单位共同组织转运委员会，由转运站长任主任委员，必要时卫生机关及担架团负责同志可任副主任委员。各转运站直属本处人力部领导。在此次战役中两站的民力调济上原则决定——如第二转运站民力不敷同时，由一站拨补，如一站不足时由本处人力部拨补。

五、民站及茶水站的设立及任务

甲、各转运线的起点（即转运站的所在地）及终点（医院所在地）均设民站，各线的中间设水站（东线设水口镇，西线由县确定）。

乙、民站的任务，主要是负责民工、伤员的粮草筹措供应，民工设营，粮草收拨及动员教育住地群众爱护伤员，爱护民工，提高他们战争观念。茶水站主要是供应过往民工及伤员的烧柴，如当地附近有粮站，所需粮食，直接由粮站拨付（包括民工及伤员）。

① 陈垦子疑为陈郢之误。

四、民站及茶水站的组织及干部，均由当地支前机关负责配备及组织，并限于 21 日前到职办公。根据目前布置，每个民站每日须供应大米三万至四万斤，烧柴六万至九万斤。茶水站每日需供烧柴两万至三万斤。至于干部具体配备及人数，当地支前机关应根据任务轻重，研究确定，如过去配备太弱时，应重新调整，以免影响任务。

四、粮食供应调度方面

甲、一、四分区除照区党委原分配征借粮数，抓紧集中及供应驻军外，根据目前军事需要，首应于 22 日前突击完成，集中以下米数：一分区负责在乌衣集中三百五十万斤，小河口集中一百五十万斤，滁县城集中三百三十万斤，六合集中一百五十万斤，来安集中二百万斤。四分区在全椒之兴龙庵、陈家浅一线集中二百万斤。具体分配：一分区来安县之水口、相官两区向乌衣集中各一百万斤，六合向乌衣集中五十万斤，向小河口集中一百五十万斤，乌衣区本区负责集中一百万斤，滁县本县负责向县城集中一百万斤，来安向滁县城集中一百万斤。四分区定滁县向滁城集中九十万斤，天长向来安城集中二百万斤，六合县除完成上述向乌衣及小河口集中二百万斤外，再由本县集中一百五十万斤，四分区向兴隆庵，陈家浅集中之二百万斤，由分区支前司令部计划分配。

另江浦县应于二十五日前在现有地区内抓紧集中三百万斤，除相机在高旺镇集中一百万（斤）外，余二百万（斤）可根据地区情况，以乡或以村为单位集中掌握，待全县解放后，应继续完成原分配之征借任务。上述指定集中之粮，除下面指明调运时间及地址者，余均待命前运。

乙、待部队作战开始，由一分区负责在葛塘集，东葛镇两处，四分区负责在汤泉镇安设前进粮站，粮食来源，由现集中于六合之一百五十万（斤）运葛塘集，小河口之一百五十万<斤>运东葛镇，兴隆庵、陈家浅集中之二百万（斤）运汤泉镇，江浦县之高旺镇亦即前进粮站，除现即相机集中粮食一百万斤外，并应准备向江浦县城发展。上述各粮站均应于二十二日前配齐干部及粮站用具，一旦作战开始即随部队前去安设，保证战时供应。

丙、运输力量。目前集中粮食，其运力由各运出县、区负责，凡由此粮点运至前进粮站，其运力由已集结之临时民工负责转运。但须于二十二号前充分作好准备，勿碍军需。江浦县由县负责。在部队作战期间，由前进粮站至部队之代运力，由前办统一调集，民工负责代运，暂定每个前进粮站分给一千个挑工，由粮站掌握使用。

丁、为上下掌握粮食情况，便于及时指挥调度，切实保证部队粮食供应，一、四分区及江浦县应每两日向前办列表报告粮食收支存数字一次，并须列明县、区或粮站；每五日报告粮食征借及调度情况一次，此点至为重要，应列为支前中的重要任务去贯彻执行，不得了草视之。

以上布置，基本上与过去布置没有很大变更，希有关部门讨论执行，并注意以下几个问题：

1. 各屯粮点粮站之粮食，既要保证及时供给又要防止粮食霉烂，各分区要根据供应情况的发展，具体掌握集中保存与分散保存的数目。乌衣及兴隆庵的屯粮，原则二十五日前集中到一半，三十号前可大部或全部集中，各分区要根据供应情况灵活掌握。

2. 前进粮站的粮食集中问题，要根据我军推进情况确定，以防遭受敌人破坏及损失（如高旺镇粮站）。

3. 各单位要认真执行回报制度，以克服工作上的被动。

《渡江战役》一书中收录的《华东支前司令部第二前方办事处通知——渡江战役前伤员转运和民力、粮食的调度》

外，再由本县集中一百五十万斤”……这一个又一个数据，都是六合人民对渡江前线部队的一份份心意。

六合县当时属于淮南津浦路东地区。在江苏省委党史工作办公室编纂的《淮南路东人民革命斗争大事记》一书中，对渡江战役时六合人民参加支前工作也有若干概述。

1949年　329

1月25日　六合县城解放。

1月25日　扬州城解放。

2月上旬　江淮第一地委决定，建立中国新民主主义青年团江淮第一分区筹备委员会，负责全区青年团筹建工作。

2月　仪扬县划归苏皖边区第二行政区（同年4月改称苏北扬州专区），仪扬县改称仪征县，甘泉区划归扬州市，炳辉县所属黎城、银涂、北湖3个区划归宝应县，金沟、闵桥、南湖3个区划归高邮县；马坝、东阳两区划属盱眙县。

3月3日至10日　江淮第一地委召开第三次扩大会议，讨论支援渡江战役问题，并安排部署生产渡荒和建党、建军、建政、建群各项工作任务，作出《关于目前工作的决议》。

3月上旬　江淮第一地委提出“生产自救”、“社会互济”的生产渡荒方针，并提出“生产不荒一亩田”、“救灾不饿死一个人”的口号。

3月　为支援渡江战役，江淮第一地委成立第一分区支前司令部，各县成立县支前指挥部。

4月7日　第3野战军第26军一部攻克仪征县城，仪征县城解放。

4月17日至23日　沿江地区十二圩、瓜洲、划子口收复，路东地区全部获得解放。

4月20日　为支援渡江战役，路东地区共动员大小船只455条，随军担架1000副，动员民工29万人次，运送过江大米1050万公斤，还修复公路1000余公里，修复与架设电话线300余公里，修复桥梁200余座。

4月下旬　路东地区盱眙、六合、来安、炳辉、嘉山等县组织1.05万人，组成4个远征担架团，2个挑子团，3个挑子营，随军南下。在两个多月中，运送大米100万公斤，麻袋28250条，枪炮弹药

330　附录　江苏淮南人民革命斗争大事记

1.83万箱，其他物资20.6万公斤，转运伤员1869人。

4月　江淮第一地委、第一专署、第一军分区改称皖北第一地委、第一专署、第一军分区。

4月　中共华中第二地委，苏皖边区第二行政专员公署、华中第二军分区分别改为中共扬州地方委员会、扬州专员公署、扬州军分区。六合县由皖北第一行政区划归苏北扬州专区。

5月下旬　仪征县支前总队自2月中旬到5月下旬的100天中，出动支前民工8.4万人，运输军粮300万公斤，草150万公斤，马料1.4万石，木料1100多根，修复公路213里，架设电话线144里。

8月　滁县专署、滁县军分区部署剿匪工作，成立路东、路西两个剿匪指挥部，路东剿匪指挥部以炳辉县独立团为基础组建，指挥部以半塔为中心，清剿盱来嘉山区残存之匪特。

9月　扬州专署、扬州军分区成立高宝湖清剿指挥部，清剿宝应湖、高邮湖、邵伯湖及沿江地区匪特。

10月1日　中华人民共和国成立。

《淮南路东人民革命斗争大事记》的记述

而在《中共南京市六合地方史》一书里，明确记述六合第一届各界人民代表会议召开时，任文彬的报告中有专门关于回顾支援前线的内容。

这些来自历史深处的记载，让今天的人们可以走近那段烽烟岁月，看到可亲可敬的六合人民对渡江战役作出的历史贡献。

14 第一编 贯彻实施新民主主义建国纲领

供经验。全县的减租工作于1951年春季全面完成。

三、召开中共六合县第一届党员代表大会

1950年2月24日至3月1日，中共六合县第一届党员代表大会在六合县城召开，这是六合解放后召开的第一次党员代表会议，在中共六合地方史上占有很重要的地位。

会议是在新中国成立后不久、各项工作百废待兴的情况下召开的。出席会议的代表265人，是由各党支部选举产生的。会上，县委书记任文彬作了《关于1949年工作总结报告》，总结了1949年在支援前线、生产救灾、城市工作等方面所取得的成绩和存在的问题。组织部长王树林代表县委检查了领导工作作风。县委副书记陆蔚在会上作了《关于1950年春季工作报告》，报告要求全县党员行动起来，发动群众，积极开展生产救灾，搞好春耕春种，克服困难，发展生产，繁荣经济，深入开展剿匪肃特，维护社会治安。

任文彬的报告充分肯定了"中共六合县委从1948年的打游击坚持到1949年的全面胜利，完成了1949年的光荣任务，发展了党的基本力量"。报告没有过多的分析和道理阐述，而是提纲式列举了县委一年来的综合工作，主要是：1.支前工作。县委中心任务是以支前为重，从上到下成立了支前组织，胜利结束了支前任务，组织了支前供应站。2.征收公粮工作。全年征收3次公粮，群众负担比较重。负担政策不公平。造成强迫命令，打人、关人、罚人、逼死人的现象发生，乡村干部有不同程度的贪污浪费现象。3.防汛工作。抢修了80里的长江堤，220里的滁河堤，抢救田亩1100亩，巩固圩田126428亩，但是由于山区干部没有防汛经验，许多地方破圩，浪费了财力、物力和民力。4.剿匪反特治安工作。逮捕持枪

第一章 人民民主政权的建立与巩固 15

抢劫的土匪27名，城区进行了2次户口登记，编换门牌。各区配备了公安机构，破获军统大队一个，逮捕了中统组长高克成。5.城市工作。城区召开各界代表大会，解决了劳资关系并定下劳资合同，开展了对资方的斗争，通过召开工人代表会议，提高了资方的生产情绪。6.生产救灾工作。从县到区成立了生产救灾委员会，并吸收了有生产经验的老农和开明绅士；组成推动全县生产救灾委员会，号召生产节约和社会救济，保证不饿死一个人。7.组织工作。全县有党支部88个（农村72个，城镇16个），党员1229人，组织工作的发展经过了3个阶段，经过反复整纪、整编，支部和党员的状况开始好转，但还是存在着贪污腐化思想和特权思想。8.建团工作。县共青团委员会有了正式机构，现有团支部56个（农村32个，城镇24个），团员1331人，团的发展过程是从城市到乡村，从区委代理到有专职干部，各级党组织对建团有了初步认识。9.发动群众工作。全县已经发动了29个乡260个村，斗争恶霸52人。有52个乡组织了农会，有男会员11118人，女会员4356人。通过发动群众，树立了群众优势。但是在发动群众中也出现了不少问题，一些地方干部随便抓人，形成有斗必捕，造成了被动；有的乡提出"有冤伸冤，有仇报仇，欠债还钱，打死地主"等口号，造成了思想混乱。

任文彬的报告对当时社会形势的分析是客观的，他的报告引起了到会代表的热烈讨论，代表们纷纷对县委下一步工作提出了很好的意见和建议，为做好六合县国民经济初期的恢复工作奠定了一定的基础。由于历史的原因，这次代表大会在称谓上一直被称为六合县第一届党代会。

《中共南京市六合地方史》的记述

（三）六合沿江的军民鱼水情

第34军自西向东进驻和过境六合县的时候，六合已解放的区域里的社会各界人民群众，以满腔热情拥护大军、支援大军。一时间，军爱民、民拥军的动人场景在渡江战役的历史背景下不断上演着。

2020年4月，在纪念渡江战役71周年之际，时为第34军第100师第300团战士的张志远老人接受采访，回顾了自己和战友们71年前在六合区龙袍街道江岸激动人心的战斗岁月，回忆了人民子弟兵和六合老百姓的鱼水深情：

> 老百姓好，我们那么些兵去，老百姓总让你有个房子，稻草一铺，每个人都有一铺一盖，老百姓挺热情的，都挺好的，我们当时

张志远老人接受采访

政策纪律要求也挺严的，离开一个村子的时候，都要求打扫干净，部队纪律比较严，老百姓非常欢迎。

渡江战役中时任江淮军区第一军分区支前副司令的胡坦以及他的战友，在回忆人民群众支援第34军从六合县江岸的“大河口”渡江进抵江南时，曾称“在六合大河口，集中船只，训练水手，培养骨干，以船编组，按组编成梯队。”70多年前渡江战役时，六合沿江的人民群众与人民子弟兵结下了鱼水深情。

2020年夏季，六合区档案馆组织了对龙袍街道大河口等沿岸老人的口述采访。多位老人回忆了1949年4月人民群众支援渡江前线的经历。家住六合区龙袍街道赵坝社区沿东组的王德和老人回忆当时人民解放军在六合江岸的大河口用“小渔船”渡过了长江。他在口述采访时还回忆当时“老百姓对共产党就像是对家人一样”。在他的记忆里是六合县江边的老百姓用人力划着船把解放军送过了长江，送到了江南岸边：

都是打鱼的老百姓弄的，一个拉一个接，大船拉小船。现在都是军舰，那时不是军舰，都是人划的，用大盆挖着划，现在都是自动化，那时没有这个东西，全靠人摇，要一直摇。

而沿江江岸的人民群众和子弟兵之间的军民鱼水情，是首先植根于人民军队秋毫无犯的严明纪律、全心全意为人民服务的作风。在口述采访之中，王德和老人对此有一段深情的回忆：

你要给他吃什么他不吃，他还拿东西给你吃，你不要他也都给你。比如他要水喝，喝水用那个瓢，喝完后，给你票，当时那个一分二分的票，小黄票票。如果他要鸡蛋了，也给你钱，不随便拿东西。如果马上要打仗了，他相关的人要报告，挖的壕沟，在村子里，提前把村长叫过来，马上要打仗了，让我们在那避难，通知我们……共产党是好人，是人民军队，是保护我们的。

王德和老人接受采访

其他一些接受口述史采访的老人，在其对70多年前的回忆之中，都对渡江战役时来到六合沿江一带的人民解放军军纪有深刻的印象。例如现在家住龙袍街道新城社区的王有恒，他回忆解放军“保护老百姓，爱护老百姓，不拿老百姓一针一线的。什么都不拿的”，而形成鲜明对比的是国民党驻军——“国民党来捞[①]鸡啊捞猪啊，什么都搞……国民党就瞎搞，推（搡）啊（向老百姓）拔刀啊，但是共产党新四军[②]来就没有这些脾气。”

在口述史采访者和王有恒的对话之中，还有一段关于人民子弟兵严守纪律、不入民宅的回忆。采访者对此细节几次追问，老人的回答都是这样斩钉截铁，充分显示了解放军官兵为了不扰民而露宿荒野的良好形象，给人民群众留下了永不会磨灭的记忆：

① 方言里指抢、硬拿。

② 六合在抗战期间是新四军的根据地，六合一些老人回忆解放战争时期的人民军队也称之为新四军。

王有恒老人接受采访

采访者：那您还记得渡江战役之前解放军睡在哪里吗？

王有恒：不能睡在老百姓家里，那都是睡在山里面，外面，一般不打扰老百姓。

采访者：一般睡在山里面和外面？

王有恒：嗯，对。就是到了村庄了也不进去，所以睡在外面。

采访者：啊！睡在外面？

王有恒：有村民开门看见解放军睡在外面，我们请他们进去，他们也不进去。

采访者：不随便进老百姓房？

王有恒：嗯，对，是这样。

民心向背，决定了战争的胜利走向。人民军队以自己的实际行动，赢得了六合沿江人民的心。而人民群众也以发自内心的拥护举动，支援了人民军队渡江继续南进。

渡江战役的胜利，是人民的胜利。人民子弟兵正是在人民的支援下，才能从一个胜利走向下一个胜利。

70 多年前的渡江战役期间，六合人民和解放区各地的人民一样，带着热心和热情投入了支援前线的工作。“军民团结如一人，试看天下谁能敌”。六合人民支援渡江的历史细节，同样也是渡江战役在六合的史实之中应当永远让后人铭记的一页。

五、1949年4月11日：六合大河口战斗史实首次被还原

1949年4月8日，人民解放军第34军一部攻克了六合沿江的大河口后，国民党《中央日报》的新闻报道，在大标题之中惊呼大河口失守，可见这次战斗对盘踞南京敌人的心理打击。

大河口战斗是一次我军以极小损失而赢得的全歼敌人守军一个营的重大胜利。在我军即将渡江之际，大河口战斗扫清了敌人在南京江北对岸又一重要的“桥头堡”。其后第34军很多部队都是从大河口渡江，随后在南京东郊登陆的。

戰事迫近沿江據點

三江營大河口失陷

龍窩高橋昨曾發生激戰

黃梅浠水 主動撤離

《中央日报》报道南京对岸的大河口被攻占

然而，长期以来，这次六合境内的大胜仗鲜为人知。前述六合革命史重要的资料汇编《抗日、解放战争时期我县境内发生的战斗录》对此次战斗也完全没有记载。笔者依据新近发现的各类史

料，对此次胜利的细节首次进行考证和还原。

（一）战斗的背景和发起日期

大河口，即六合区龙袍街道大河口社区。因这里是滁河入江口而得名。这里是往来南京和六合之间长江轮渡的重要停泊港口。

当时，敌人为了确保江防和阻止我军渡江，在江北修筑工事，设置了若干“桥头堡”。其中一些重要的“桥头堡”就设置在长江支流河道的入江口。渡江战役之前，敌人在六合境内江岸的大河口、划子口设置了“桥头堡”据点。而我军当时筹措的渡江船只，平时隐藏在支流河道里，渡江时必须通过入江口推船进入长江北岸沿线。于是在发起渡江战役时必须首先在六合拔掉敌人的“桥头堡”。大河口战斗就是我军在六合发起的第一次拔除桥头堡的战斗。

1949 年 4 月 8 日人民解放军一举攻占六合大河口的战斗，在解放军第 3 野战军的历史文献之中有明确的记载。

1949 年 4 月 2 日，解放军第三野战军第 8 兵团下达的作战命令之中，曾对正在执行“钳制南京正面敌之任务”的第 34 军有以下部署要求：

> 三十四军应以一个师位祝家糟坊至葛塘集公路两侧，并以主力一部南伸至浦镇以北，与三十五军取得直接联系；一个师位六合东南，并派部查明划子口、大河口两地情况，待命向划子口、大河口桥头堡之敌发起攻击；军部率另一个师位六合及其西北地区。该军统应于 6 日晚调整部署完毕，尽量搜集船只，作必要时之用，并在通江集迄大河口段佯作渡江活动以吸引敌人。①

---

① 南京市档案馆编:《解放南京》(上)，中国档案出版社 2009 年 4 月版，第 104 页。

在第 8 兵团的这份命令里，向大河口桥头堡之敌发起攻击已是第 34 军准备承担的作战任务。

1949 年 4 月 13 日，第 3 野战军代理司令员粟裕、参谋长张震向中央军委、渡江战役总前委发出《攻击江北桥头堡战况》的电文，其中即报告了“三十四军齐晚攻克大河口，全歼四十五军之三〇六团一个营。”[1] 这里的“齐晚”是电报韵目代日的用法，指的是 1949 年 4 月 8 日夜晚。历史文献之中发现的这一报告，给后人留下了我方有关六合大河口战斗的日期记载。

攻击江北桥头堡战况

（1949年4月13日粟裕、张震向军委、总前委的报告）

我对敌江北桥头堡之攻击已暂告一段落，兹综报如下：

1.我警六旅齐夜突进龙窠口（泰州正南口岸之南）守敌五十一军一二一团率一个营加一个连，在遭我歼约一个连后退守江堤，复于灰黄昏逃向永安州，其以东之龙稍港敌于同时畏歼逃窜。二十军于齐黄昏攻击三江营，佳晨解决，全歼守敌一二一团第二营及土顽金沙荣部。另一部于齐夜从三江营以西偷渡夹江，袭占扬中以西之新老洲，歼敌苏省保四团及七团各一部。警七旅，虞晚攻击三汊河、施家桥，齐晨尽占，歼敌暂四师一个师，齐晚又占八里铺、朱港口、家棋杆（均扬州以南）。二十六军虞晚攻击仪征、泗源沟，齐晨解决守敌五十八师之一七六团第三营及保一、保二团各一部。三十四军齐晚攻克大河口，全歼四十五军之三〇六团一个营。二十四军冬晨克土桥，歼守敌五十五军之二二〇团五个连，冬下午克刘家渡，歼八十八军之四四七团一个连。二十二军寅陷攻占棕阳及其外围，歼敌五十五军独七团两个营，另匪部保二团鹿东雄率七个连投诚。

2.上共克集团据点三个（仪征、棕阳及瓜州以北地区），单个据点六个，江心洲二个，歼敌兵力约七个营、十二个连（包括起义的），俘敌三千余，详细战绩另报。

3.现十兵团境内仅八圩港（靖江南）、八兵团境内尚有虹桥、瓜州、十二圩一线及刘子口孤点并两浦地区，七兵团已全线无敌，九兵团刻尚未得报，据敌反映西梁山、二坝、雍家镇、王家坝等均为我收复，待后补报。

《攻击江北桥头堡战况》的电文

因为我军攻占大河口是在 4 月 8 日夜晚，按照当时报纸的编印环节，等次日消息证实之后 4 月 9 日的报纸已经排版印刷完毕，难以再补上这条新闻。因此，《中央日报》报道的时间是 1949 年 4 月 10 日，报道之中也明确说“八日晚攻陷大河口”：

> **［军闻社讯］** 江北共军陈毅部第二十六军于七日晚攻陷仪征，复向西犯，于八日晚攻陷大河口（龙潭对江西北方向）。自该两地被共军攻陷后，共军之炮火将威胁京沪路行车之安全，但目前在国

① 中共肥东县委党史工作委员会编著：《渡江战役期间总前委在瑶岗》，安徽人民出版社 1989 年 10 月版，第 37 页。

军陆海空兵团严密监视下，共军未能发挥其炮火威力。

敌我之间的记述在日期上实现了互证。但敌人并不知道我军攻占大河口的部队和攻占仪征县城的部队并不是一个军。此前，解放仪征县城的部队是解放军第 26 军一部。但该军随后即向东进发。解放大河口的部队是此前进驻六合县城的第 34 军。

敌人也在新闻之中承认，随着解放军占领大河口（敌人误以为是仪征的解放军部队前往沿江的大河口），炮兵的射程选择已经可以达到都江南的京沪铁路线上，因此，尽管敌人还是吹嘘其“陆海空兵团严密监视”的功效，但仍是担心解放军的炮火将威胁京沪铁路上的军事运输。从这个细节也可以看出我军攻占大河口，炮兵抵达江北江岸，已可以给敌人以更大的军事压力。

（二）我军参战老兵的回忆

渡江战役时担任第 34 军第 101 师第 302 团参谋的魏朝春回忆道，第 34 军成立时他随 302 团“在来安县驻军整训，一直到 1949 年 3 月底移防，驻距六合县西 20 余里处，并且从这里出发，奔赴战场，参加渡江战役开始前的第一仗——打大河口”。

他在晚年时撰写的回忆文章《打过长江去，解放全中国》之中，以“首战大河口”为题详细回顾了大河口战斗的经过，为后人们留下了这次战斗极为丰富的历史细节。迄今为止，这也是唯一一份我方详细记录大河口战斗经过的资料，具有填补空白的历史意义。

魏朝春老人对战斗开始之前部队驻扎在六合境内的部署情况有这样的回忆：

渡江战役开始，我 34 军 101 师 302 团驻在六合县城西 20 里处的几个村子，我当时在该团任参谋。虽然时过近70年了，我对当时的情况仍记忆犹新。

当时，听说部队要打过长江去，解放南京时，无不兴高采烈、精神振奋、喜出望外。

渡江战役时，按我军的部署，我101师的任务是负责清除南京长江北，西从南京大厂镇，东到镇江江北的瓜洲沿江地区内的敌人。尔后，作为渡江第二梯队。我所在的302团的任务是首先攻克六合县城东南，江北的大河口，歼灭该敌后，再攻打仪征县南的十二圩，并歼灭该地区之敌。

从当时的情况看，打大河口是一场步炮配合密切，代价小，胜利大的速战速决、激奋人心、开门红的胜仗。

魏朝春在当时作为参谋人员，对大河口一带的地形和敌人的部署也有着详尽的观察和记录。他在回忆文章之中记述：

大河口是位于六合县东南，长江北岸，方山南的一个渔场。该地区北侧有一条东西防江水泛滥的长堤，渔场东有一条南北向的大坝，其东西边，各有直通长江的一条河，故曰大河口。范围有多大呢？从南到北有300多米，从东到西有250米。东南角临江处有一个大庙，名方山寺。

庙殿有5间以上大瓦屋，院内朝西是敌一个营及渔税单位所住。圩西沿河从南到北是渔场（收鱼集卖场），宽约30多米，上有瓦、棚覆盖，内里是渔场和经营住户。圩东部是开阔地带，只种不到一人高的小树。敌除北大堤东西头各有一个子母堡群和外设铁丝网外，大堤整段都是交通沟和射击掩体。圩北距方山处是水稻田，与村相距有500—600米，中间有条东西小河。该处小河中间无路。要过往，得走大堤两头的小路。

魏朝春回忆大河口敌人驻军的营部设立在方山寺之中，其实是年代久远之后将江北的六合方山和江南的江宁方山混淆的情况。大河口以及周边并没有方山寺。并且，六合方山也距离大河口较远，中间还隔着其他村庄和集镇。我军不可能是从六合方山向大河口发起进攻。

大河口一带的老人回忆，解放军部队实际是在大河口东北以及紧靠大河口的龙山头（今为仪征青山镇的龙山风景区，龙山头是当地的俗称）集结之后向大河口发起进攻。例如，家住六合区龙袍街道大河口社区泗圩王庄的孙家勇老人，在 2020 年夏季接受口述史采访时就回忆，解放军部队是从仪征小河口绕过来的。按照这些老人的口述进行实地比对，魏朝春的回忆里提到的“方山”其实均应该是大河口附近的龙山。

并且，1949 年之前就住在大河口一带的许多老人都回忆，大河口敌人驻扎的寺庙则是一座火星庙。

火星庙是道教火德真君庙的民间俗称，因为寺庙之中供奉火星真君（火德真君）而得名。这座庙也是当时大河口之中最大的建筑。因此，敌人驻军将营部设立在这里。

按照魏朝春老人的回忆，上级在战前为了支援第 302 团的进攻作战，专门拨了 4 门榴弹炮。第 302 团协助炮兵将这 4 门大炮架设在山顶。而据此前口述史采访时大河口的多位老人回忆，解放军的炮兵阵地就设在龙山头的山顶上。

而今若是登上青山镇的龙山山顶，朝西南方向俯瞰，确实可以清晰看到大河口以及附近的江岸。长江对面的龙潭、宝华山乃至远方的栖霞山也都依稀可见。这里视野较为开阔，确实适合炮兵利用

从青山镇龙山山顶俯瞰大河口和长江

地形优势，居高临下对山下的大河口实施“俯射控制”。敌人设在大河口的工事，从这座山头来俯视，几乎都是“无遮无挡”而被我军一览无余地实施定位。

大河口的一些老人们还回忆，解放军的炮兵当时曾经从山顶居高临下炮击大河口江面的敌舰，并且击中了大河口的敌人碉堡和营部驻扎的寺庙。

魏朝春的回忆里确实有从山顶炮击敌船的细节：

> 我们团进入作战阵地时，很顺利。上午除零星枪声外，我团主要进行准备工作。约 10 时许，由南京开来一艘大客船至大河口西南方约三四百米处停下不动。我们估计，可能是来接敌军的。姜副团长讲，不能让它存在，一定要赶走它。随之，炮兵领导商量向其开炮，仅打两炮，敌舰船便开走了。没过半小时，江对岸栖霞山向我炮阵地开炮了，连续 5 炮弹都打在方山炮阵地近处的后侧，幸好无伤亡。这时炮兵发怒了，4 门炮连续齐射，栖霞山敌炮哑火了。是击中了，还是被震慑着不敢打了，不详。反正再没有听到对岸的炮声了。

这段回忆说到我军的榴弹炮在山顶和长江对岸栖霞山一带的敌军炮兵阵地展开了炮战。魏朝春老人回忆我军炮兵阵地在六合方山顶上，但这一位置以当时的榴弹炮射程绝无可能向长江南岸炮击（直线距离达到了 20 多公里）。我军的炮兵阵地只有设置在龙山山顶，才有可能炮击长江南岸。但是前述的龙山距栖霞山的直线距离也达到 14 公里以上，同样超出了当时榴弹炮的射程。据此可以判断，敌我之间的隔江炮战，敌人的炮兵阵地很有可能设是在栖霞山以东的龙潭地区。这里当时距离大河口一带江岸的直线距离在 10 公里以内。国民党方面记述龙潭车站确实是在解放军炮兵的射程范围里。

第 302 团在战前一天的黄昏时出发，夜间行军顺利抵近大河口附近，随后在这一带等待攻击。

前述住在大河口社区的孙家勇老人回忆，解放军部队当时在老百姓向导的带领下接近了大河口。向导接近时说："我这边是埋地雷的。"而解放军战士对向导说："老乡你不要怕，我爬给你看，我们的人老早来过了，把地雷排掉了，就没有事了。"这一回忆展示，我军在此次战斗之前的准备工作十分充分。事前部署专门而人员把敌人阵地附近实施了排雷工作。孙家勇老人的这段回忆也展示了子弟兵对人民群众高度负责的态度——为了能够让担负向导工作的老百姓放心走过这条已经排过雷的道路，我军战士先一步匍匐前进，爬过敌人埋设地雷的区域，以大无畏的勇气亲身试雷区。

我军兵力抵达大河口周边后，据魏朝春老人的回忆，部队在大河口战斗之前制定的分工是：该团第 2 营由团参谋长指挥主攻，打大堤东堡群，由此为突破口攻击；助攻的第 1 营则是打西堡群和阻击西逃之敌；第 3 营作为预备队。魏朝春作为参谋，当时随副团长姜祖岐一起在山顶的炮兵阵地指挥。

按照魏朝春对敌人阵地情况的回忆，敌人战前在大河口修筑的工事较为坚固。大河口的北大堤东端和西端各有一个碉堡群（又称子母堡，防守方在构筑工事时修建多个碉堡以形成火力网）。大堤也被改造为作战时的射击掩体。面对这么坚固的防御阵地，我军在大河口战斗能够以极小的损失而大获全胜，成功的"步炮协同"战术起到了至关重要的作用。

魏朝春老人回忆，战斗是"晚 8 时发起冲锋"。战斗打响之前，他向姜副团长的提议说："我们是不是叫炮兵在冲锋前试射几炮呢？"姜副团长采纳了参谋魏朝春的建议：

姜副团长转身就去找炮兵团政治部主任，指着大堤东敌堡群说:"我意见应该先试射它两炮。"主任说:"好!"随即向指定目标连开两炮,全部命中目标,硝烟上升,覆盖全地堡。朱参谋长一见,立即让爆破手乘势爆破敌设的铁丝网。爆破成功,突击部队趁着浓烟发起冲击。炮兵见之对敌地堡齐射,将敌堡全部炸翻。

我军炮兵摧毁敌人的碉堡群之后,担负主攻任务的第302团第2营部队迅速冲过敌堡的位置,继续向前进攻。守敌从大河口寺庙里一拥而出,通过广场向北,企图对冲入大河口的我军部队实施反冲锋。魏朝春老人回忆,就在这个时候,山顶上的我军炮兵又起到了关键作用:

对准敌人的队伍又两个齐射,敌人大多伤亡倒地,余者转头向庙内奔跑。炮兵对准庙房连续几炮,庙墙打塌,2营冒着炮火一直冲到庙内,全歼守敌。几十个外逃的敌人,也被1营捕获,无一漏网。前后不到20分钟结束战斗,是我团渡江战役的开门红。我2营以轻伤1人代价取得胜利,也是我团步炮协同打得最好的一仗。

大河口一带的多位老人也都记得,解放军的炮兵把那座寺庙击毁了之后,大河口的国民党军都投降了。

大河口战斗之前,我军炮兵驱退了敌人的运兵船,切断了敌人的退路。随后又通过隔江炮战,吓阻了长江南岸的敌人炮兵不再敢开炮支援大河口守敌。到大河口战斗开始之后,我军成功运用炮兵从山顶进行了俯射,第一步击毁了敌人碉堡,第二步拦截轰击敌人反扑的步兵群,第三步击毁了敌人营部。在炮兵的巨大威力之下,敌人再无斗志,只有向解放军第302团举手投降。因此,魏朝春老人将这次战斗称为"我团渡江战役的开门红",是实至名归的。

至今,大河口附近的赵坝社区还留下了大河口战斗之中被我军炮兵机会的碉堡遗迹。当地人大多知道是1949年解放时我军从龙山头开炮,

大河口战斗之中我军击毁的敌碉堡遗迹

“把这个碉堡顶给轰塌了”。而今，六合区龙袍街道赵坝社区的碉堡遗迹已经被定为六合区不可移动文物，在旁边树立了保护牌。

值得注意的是，若是对照南京地区各类近现代历史遗迹的名单，就会发现南京市此前没有收录渡江战役前后的作战遗迹。赵坝碉堡这种带有战斗痕迹的历史遗迹，目前仅仅发现了这一处，这也是迄今为止唯一可以通过渡江战役亲历人的回忆来确认的解放战争作战的遗迹，具有较高的文物价值和历史见证价值。

（三）大河口战斗歼敌情况

在魏朝春老人的记忆里，大河口战斗是一个漂亮仗，我军全歼守敌450多人，有丰富的物资缴获。而战斗取胜之后，在大河口的老百姓生活还没有受到多少影响：

> 战斗结束后，我走到渔场看了一下，群众好像没有受惊的样子，灯火通明，大家正常忙着工作，小孩照常跑来跑去。晚饭时，清查人员向团汇报，共歼敌450多人，缴获敌全部武器弹药、军用雨衣两屋。我团按每人一件分发，仅带少数，余全部交给地方人员管理。

大河口战斗全歼守敌一个营，是继抗日战争时期我军在六合县的羊山头战斗、第四次东沟战斗之后，再一次取得歼灭一个建制营的战果。

那么，在大河口被我军一举消灭这一个营的敌人，又是隶属什么部队呢？

在前文述及的粟裕、张震给中央军委和总前委的这份电文之中，曾明确记录了战斗之中歼灭的守敌是国民党军第45军下辖的第306团一个营。

第45军是此时国民党在其首都南京的“御林军”。1948年春，国民党军为加强首都南京各重要目标的警卫而南京的卫戍司令部下辖的3个警卫团合编成的第45师[①]，其后又被改为整编师。1948年10月，该师改编为第45军，下辖第96师、第102师。当年12月，又增辖了第312师。第45军隶属国民党的首都卫戍司令部，麾下三个师驻防南京市区以及郊区江宁等地。1949年，国民党军的首都南京卫戍司令部副总司令陈沛亲自兼第45军军长，可见敌人对这个“御林军”的重视。

敌人驻防大河口的第306团，是第45军第102师下辖的一个团。第102师的番号此前原属于贵州黔军的部队。抗战胜利后，第102师部队又在被肢解之后逐步被改造成中央军。该师经历过改编和重建，最后从

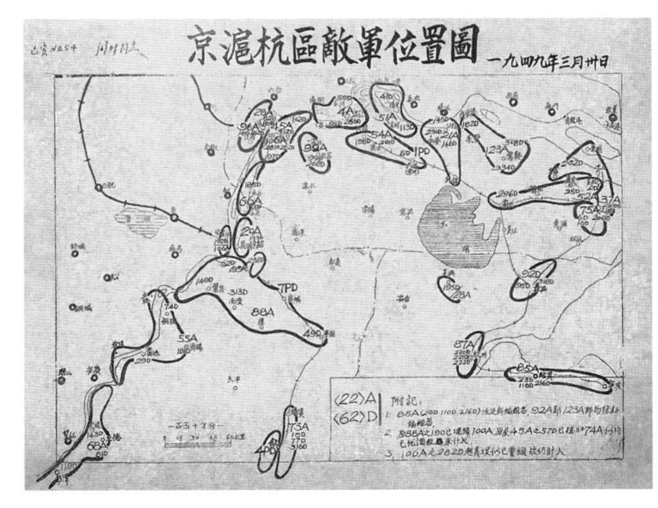

京沪杭区敌军位置图，可以看到六合沿江驻守的敌军是45军102师（即45A102D）一部

① 曹剑浪：《中国国民党军简史》（下），解放军出版社2010年1月版，第1894页。

浙江省专门移驻到国民党的首都南京，归属到新组建的“御林军”第45军序列之中。

从这份在我军渡江战役前形成的国民党军“京沪杭护路司令部”辖区划分要图之中，可以看到六合对岸的栖霞、龙潭区域属于敌人拱卫南京的守备区。而国民党军驻防首都的“御林军”专门选一个营到江北岸的大河口驻守，是为了在我军渡江的江北岸线上打下一个“钉子”，企图以这样一个桥头堡阻止我军渡江船只进入长江岸线。但南京城里的敌人万万没有想到，这个来自其“御林军”的建制营，我军无一人阵亡就在20分钟之中将其全歼。

回顾此次战役取得胜利，魏朝春老人这样总结道：

> 此战在没有直接通讯联络下，能打得如此漂亮，我认为主要是指挥机动灵活所致。如攻击前，炮兵试射，是没有告诉突击分队的。冲击部队能根据炮弹炸的情况适时爆破、冲击，炮兵又能随着冲击部队的发展，适时炮击敌堡群，为部队排除障碍。接着部队占领敌前沿阵地，向内冲击时，敌反击群出动，炮兵又适时炮击敌群。敌向庙回逃时，炮兵又及时炮轰寺庙。冲击部队紧随炮火跟进，致敌无力反抗，迅速被歼。真是一次绝妙的步炮协同战。我终生不会忘记。

我们可以看到，渡江战役即将发起的时候，人民军队从弱到强、发展壮大之后，在武器装备和作战技战术等方面都较以前有了飞跃。渡江战役之中的人民军队，在对敌斗争之中第一次能够以压倒的优势投入作战，这是革命战争史上值得纪念的一次重大变化。而六合的大河口战斗，其实也是这种变化在六合土地上的一次展示。

六、1949 年 4 月 20 日：划子口战斗给六合革命战斗史册画上句号

位于今天南京市六合区龙袍街道的长江岸边的划子口，是六合江岸通往南京城区的主要渡口之一，隔着长江与南岸南京近郊的栖霞山遥望。清末著名地图学家马征麟撰写的《长江津要》里，称此地“前扼长江、后接滁口……为金陵之门户”，并且指出“最为冲要者当即此矣”。

抗日战争胜利之际，淮南敌后抗日根据地的新四军部队组成南京支队，就是从六合划子口渡过长江，兵临南京城下。

而解放战争之中，在渡江战役打响之际解放军第 34 军第 100 师第 300 团发起的划子口战斗，则是六合革命史上最后一次战斗。

（一）作战背景

在《六合县志》一书之中，回顾历史上的“要事”时，对 1949 年六合全境解放经过记载如下：

> 4 月 21 日，人民解放军第三十四军第一〇〇师第三〇〇团一举击溃在划子口至大河口一线设防的国民党第二十八军第五十二师一个团。第二野战军第三十五军第一〇五师，在永利铔厂地下党的

协助下进驻该厂。六合全境解放。[①]

可见，六合本地的地方志之中，早已将划子口战斗视为六合解放的最后一战。从这个角度来说，划子口战斗也具有标志意义。历史上就被视为金陵门户的划子口，也是在历史的宏大背景之下成了见证六合完全回到人民怀抱的地方。

渡江战役打响前，第 34 军与 35 军归第八兵团何以祥参谋长指挥。在兵团下达的作战命令里要求第 34 军准备解放大河口、划子口。

此前 1949 年 4 月 8 日晚上的大河口战斗结束后，人民解放军第三野战军的作战报告里记述了大河口的胜利，同时也曾明确指出划子口是在长江北岸仍被国民党军据守的一个孤立据点。人民解放军第三野战军《夺取与肃清敌在江北岸桥头堡的作战经过》的作战报告之中，有这样的记载：

> 我渡江之前，蒋匪将长江设防的重点配置于南京郊畿及京沪之间……自 4 月 7 日至 10 日分别攻克仪征县城及以南之泗源沟、以西之大河口、扬中对江北岸之三江营及其西南江心之新老洲，并压缩瓜洲、虹桥以北之敌，共歼敌五一军、四军、四五军各一部的四个营。其渡江作战境内，除三浦及瓜洲地区为敌重点设防外，尚有划子口（浦镇东）一孤点。[②]

1949 年 4 月 13 日，第三野战军代理司令员粟裕、参谋长张震向中央军委、渡江战役总前委发出《攻击江北桥头堡战况》的电文之中，也专门在最后的段落里列举详细敌情时写到了“划子口孤点”：

---

① 南京市六合区地方志编纂委员会编：《六合县志（1988—2002）》，方志出版社 2013 年 12 月版，第 980 页。

② 南京市档案馆编：《解放南京》（上），中国档案出版社 2009 年 4 月版，第 139 页。

> 现十兵团境内仅八圩港（靖江南）、八兵团境内尚有虹桥、瓜州、十二圩一线及划子口孤点并两浦地区，七兵团已全线无敌，九兵团刻尚未得报，据敌反映西梁山、二坝、雍家镇、王家坝等均为我收复，待后补报。[①]

对划子口这一六合境内最后的敌人据点究竟在什么日期拔除，也是随着整个渡江战役的军事部署变化而变化的。

1949 年 4 月上旬和中旬，国共和谈也仍然在继续。4 月 10 日凌晨 2 时许，《国内和平协定（最后修正案）》拟定之前的五天，中央军委致电总前委并第二、三野战军，称：“如果此项协定签订成功，则原先准备的战斗渡江即改变为和平渡江。”在此期间，为了等待国民党政府签订有利于人民的和平协定，我军一度对江北敌人的桥头堡和江心洲暂停了攻击。

1949 年 4 月 15 日 5 时，中央军委致电总前委并第二、三野战军，就作战日期下达命令：“你们接到此电，请立即准备好于卯哿[②]确实攻占除了安庆、两浦的一切北岸及江心据点。勿误为要。”

划子口这个孤立在南京城区江对岸的桥头堡，当然也是包括在我军应当在 4 月 20 日攻占的“一切北岸及江心据点”之中。

4 月 17 日 1 时，总前委在给中央军委的电报中说：“夺取北岸敌桥头堡及江心洲，必须与正式渡江紧密衔接，不宜停顿，否则将给敌人以调整部署时间，增加我们的困难。”我军在六合江岸拔除划子口桥头堡的战斗，最后也是按照这一构想而和第 34 军的实际渡江作战日期结合到一起。

① 中共肥东县委党史工作委员会编著：《渡江战役期间总前委在瑶岗》，安徽人民出版社 1989 年 10 月版，第 37 页。

② 卯月是指 4 月，哿则是在电报韵目代日之中指代 20 日。

（二）战斗在 4 月 21 日打响

前文已经分析过，划子口战斗的发起日期是和整个渡江战役的历史大背景结合在一起的。此前的 4 月 15 日，中央军委只是要求第二野战军、第三野战军部队在 4 月 20 日攻取江北余下的各个桥头堡和江心洲，这个时候尚未决定在 20 日就发起渡江登陆的作战。中央军委和我军前线指挥员之间还有互动和交流。

4 月 17 日 3 时，中央军委又致电总前委："20 日以后我军何日渡江，完全由我方选择。"同日下午的 15 时，总前委关于渡江作战部署呈中央军委的电文中，报告计划将最初发起渡江进攻的日期再提前到 4 月 20 日："我们两周来，经过反复研究，并设想种种困难之后，均一致认为，20 日后开始渡江作战，到 22 日全部投入夺取南岸的总行动，以后完全占皖南五个县，均有胜利完成之把握。"

对总前委选择和平谈判最后限期的 4 月 20 日这个日期就开始发起渡江进攻的计划，中央军委于 4 月 18 日 9 时复电，同意 20 日"开始攻击"，并且发出指示"此种计划不但为军事上所必需，而且为政治上所必需，不得有任何的改变。"这就从战略全局的视角，把政治和军事上的需求融合到一起，从而最终确定了战役发起时机。

1949 年 4 月 20 日是中央军委同意的发起渡江战役的日期。当天晚上人民解放军渡江部队的中突击集团按照预定计划，依据渡江前线的实际情况，首先发起了渡江作战。至 21 日晨，中突击集团已有 10 个师 28 个团到达长江南岸，建立了东西 120 多公里、纵深 20 多公里的江南阵地，将敌人此前苦心经营的千里江防拦腰斩断。中突击集团比东、西突击集团提前一天渡江，是为了在敌人防守较为薄弱的江段一举斩断敌人的江防防线，并且进攻敌人防御的侧背，分散敌人的兵力，从而策应东、西突击集团在敌人防守比较严密的江段渡江登陆。

4月21日，东、西突击集团也开始渡江南进。第34军当时属于东突击集团，因此，我军最后是在1949年4月21日发起了拔除划子口桥头堡的战斗。

划子口战斗的实施阶段，我军是以反击战击溃来犯之敌而揭开战斗序幕的。第34军第100师第300团敌3营第9连在划子口战斗之中承担了最为艰苦的作战。前述六合革命史重要的资料汇编《抗日、解放战争时期我县境内发生的战斗录》之中，专门收录了该连连长刘刚提供的划子口战斗回忆。而划子口战斗也是整本《战斗录》之中收入的最后一个战例。这次战斗结束之后，六合这片土地沐浴在了和平的阳光下。

在《抗日、解放战争时期我县境内发生的战斗录》里，刘刚对划子口战斗经过提供的回顾和叙述是：

> 一九四九年四月二十一日：划子口反击。
>
> 人民解放军渡江前夕，蒋军一〇二师三〇五团占据划子口，成为蒋军江北桥头堡，作垂死挣扎。人民解放军三十四军一百师三百团驻扎瓜埠街乡，正准备攻取划子口，不料该敌突然全团向我军驻许桥之九连攻击，我九连连长刘刚，沉着应战，经反复冲杀，在全团部队支援下，击溃该敌。敌退至划子口，我军就势猛攻，敌伤、亡惨重，慌忙登船逃往江南栖霞山。至此，六合全境解放。广大干群兴高采烈，热气腾腾地投入渡江支前斗争。

渡江战役时在9连第1排的老战士张志远老人，20世纪80年代曾经在回忆文章《胜利属于觉醒的人民——渡江前后的回忆》之中，曾经详细记述了自己参加划子口战斗前后的见闻感受。在老人的记忆里，划子口战斗打响之前的情况是这样的：

> 1949年3月下旬，我三十四军奉命从安徽来安，日夜兼程，

向江苏六合县瓜埠地区推进。我连驻扎在瓜埠镇北面的个村子里。

瓜埠附近，有一个名叫“划子口”的地方，地处水上要冲，是滁河入江处，也是我军渡江的水上门户之一，它与长江南岸的栖霞山隔江相望。敌人在这里驻有一个大队的兵力，对江面上的封锁很严，直接威胁我军停泊在滁河上渡江作战的大量船筏，顺利进入长江，解放南京。首长决心扫清障碍，拔掉这颗“钉子”，并指定我连担任这一战斗任务。

我连领受任务后，在全连进行了战斗动员。战士们听说要打仗，个个摩拳擦掌，人人斗志旺盛，纷纷表示：在拔除“钉子”的战斗中，力争多杀敌人，为人民建立新功。战前的各项组织工作，很快安排就绪；战士们焦急地等待着上级的命令随时准备发起冲击。

作为9连连长刘刚带领的战士，张志远老人也回忆了在刘连长的指挥下投入攻取划子口作战时的经过：

夜雾笼罩，万籁俱寂。我连战士，为了战斗的万无一失，紧张地检查着，忙碌着。时间，一分钟、一分钟地过去。大约到了九点多钟，攻打划子口之敌的战斗，终于拉开了序幕。在刘刚连长的带领下，从瓜埠镇悄悄过河，一个多小时后到达划子口。连长迅速按预定作战计划，将二、三排分别布置在守敌的西侧和北侧，一排置于东侧担任突击。

前述《抗日、解放战争时期我县境内发生的战斗录》里收录的刘刚连长回忆敌人向“正准备攻取划子口”的我军发动反扑的情况，张志远的回忆里也有对应的详细细节。从他的回顾之中，可以看到当时战事的胶着，更可以看到9连1排长侯述古等革命战士奋勇杀敌、浴血奋战的感人事迹：

江南栖霞山的敌军榴弹炮，像发了疯一样，向我阵地实施连续的密集轰击。这时龟缩在江边的敌人，也打起精神，重整旗鼓，向我一排阵地反扑过来。

我一排在排长侯述古同志的指挥下，一边依托敌人构筑的工事，沉着应战；一边捕捉战机，力求在近战、夜战中，歼灭来犯之敌。五十米、三十米……敌人渐渐逼近了。眼看反击敌人的时机到了。此时此刻，不容半点迟疑，否则就会丧失战机，丢掉阵地。说时迟，那时快，侯排长猛喊一声："打！"全排步、机枪弹和手榴弹像长了翅膀，闪电般地飞出战壕，射向敌群，打得敌人鬼哭狼嚎，死的死，伤的伤，一窝蜂似的乱碰乱撞，争先恐后地退了下去。可是，敌人并不善罢甘休，组织了一次次的突袭。我一排的同志们，严阵以待，随时准备迎击敌人。这一夜，我排连续击退了敌人的多次反扑。

翌日拂晓前，敌人狗急跳墙，增加了兵力，企图作垂死挣扎。正面之敌已冲到一排的前沿阵地，侧翼的敌人，也从两侧迂回过来，形成了对一排的包围之势。当前形势十分严峻。可是，经过一夜的激烈战斗，部队疲惫不堪，人员半数伤亡，弹药大量消耗，这些不利因素，都对我固守阵地、反击敌人，增加了诸多困难。在我阵地东侧，于副排长率领的一班，战士们的子弹和手榴弹都已打光，正在同围上来的大群敌人顽强地拼着刺刀，几经搏斗，大部伤亡……

这时，在阵地正面坚守并负责作战指挥的一排排长侯述古，身上多处负伤"挂彩"，他带领的两个班，也有不少战士伤亡，战斗力受到了很大削弱；当面敌人近在咫尺，只隔一条五六米宽的河沟，而且敌众我寡，兵力悬殊，因而用生命和鲜血换来的阵地，随时有复失之虞；尽管全排干战仍然充满胜利信心，并已下定与阵地共存亡的决心，但毕竟犯敌人多势众，且已陷于其包围圈内，一排正处在岌岌可危之中。在这千钧一发之际，共产党员和全排战士们，不约而同地喊出了庄严的誓言：“人在阵地在，决不让敌人夺回划子口！”这一气壮山河、铿锵有力的宣誓，表达了革命战士与敌人血战到底的决心，同时也极大地鼓舞了斗志。就在这时，受伤很重的侯排长，蓦地大声高喊：“为解放南京献身的时候到了，同志们拼呀！”我们可敬可爱的战士们，怀着对革命的无限忠诚和对敌人的满腔怒火，颗颗仇恨的子弹，猛烈地向敌群射去。战士小张被敌炮弹爆炸时掀起的泥土埋压在水沟里不能动弹，当他听到同志们的喊声，不顾疼痛，猛然奋力爬起来，向敌投去身边仅有的两枚手榴弹。敬爱的侯排长，拖着受伤的躯体，为巩固胜利，保住阵地，毅然抱起机枪，猛扫狠射敌人，不幸又被敌军罪恶的子弹射穿了胸膛。这位钢铁战士，咬紧牙关，仍然艰难地最后向敌人射出了一梭子子弹。这场争夺划子口阵地的恶战，还在剧烈地进行着。扼守在阵地上的一排战士们临危不惧，正在经受着严酷的考验。

常言道：兵贵神速，时间就是军队。一排的同志们深知，赢得时间，坚持最后五分钟，就是胜利。他们竭尽全力，克服种种困难，忍受着饥饿、疲劳和伤痛，艰苦地鏖战在阵地上。

刘刚连长回忆划子口战斗的最后阶段是“在全团部队支援下，击溃该敌。敌退至划子口，我军就势猛攻，敌伤亡惨重，慌忙登船逃往江南栖霞山。”而在张志远老人的回忆里也有与之对应的内容。他回忆增援部队及时赶到，一举扭转了形势，击溃了划子口的敌人：

这当儿，敌人的反动气焰十分嚣张，张牙舞爪，狂呼乱叫，肆无忌惮地向我再次发起冲击。一时间枪声大作，炮火连天。当敌得悉我排伤亡较大，弹药几乎告罄，更是有恃无恐，步步向我逼近。在这关键时刻，我增援部队疾步奔驰赶到，随即投入战斗。敌在我军夹击下，迅速溃乱，丢盔卸甲，狼狈逃窜。阵地保住了，我们胜利了。但我们的好排长——侯述古同志，却因伤势太重，为解放南京流尽了最后一滴血，光荣牺牲在阵地上。

划子口战斗之中牺牲的侯述古等英烈，被安葬在部队驻扎的瓜埠镇东北山坡上。张志远老人的回忆里，也有战斗结束的次日部队“悼念英烈，誓师杀敌”的经过：

攻占划子口战斗结束的第二天，我们怀着悲痛的心情，迈着沉重的步伐，将亲密的战友侯述古等革命烈士，安葬在六合县瓜埠镇东北面的红土窑山坡上，并隆重地举行了追悼会。连队首长心情沉重地介绍了侯述古等烈士的英勇战斗事迹，号召全体干部化悲痛为力量，学习侯排长和烈士们的勇敢战斗、不怕牺牲的献身精神，在渡江作战中，以勇猛杀敌的实际行动，为烈士报仇，寄托哀思，慰藉忠魂；打过长江去，彻底消灭国民党反动派，推翻蒋介石独裁政府，拯救南京人民，解放全中国。

首长的讲话，抑扬顿挫，时而语调低沉，时而情绪激昂，声声激励军心，句句声讨敌人，斩钉截铁，坚定有力。战士们抑制不住内心的悲愤和怒火，众口同声地振臂高呼：“打倒蒋介石反动派，誓死为烈士报仇！”这庄严的呐喊，道出了革命战士的心声，犹如滚滚奔腾的长江，威武雄壮，震荡山岗。

1981 年 4 月，六合瓜埠人民公社对侯述古烈士墓进行修缮并立碑纪念，现在每年都有六合各界人民群众前来祭扫。2014 年出版的由中共江苏省委党史工作办公室编纂的《江苏省革命遗址通览》一书，将侯述古烈士墓作为重要革命遗址收入其中。

张志远老人的回忆，则为后人留下了烈士的生平：

侯述古同志，是山东省福山县八角乡西侯家村人。抗日战争胜利前夕，刚满十六岁的述古，人小志大，为了穷苦人民的翻身解放，毅然报名参加了我军，牺牲时年仅二十岁。他小小年纪，随队南征北战，在革命大家庭里战斗、成长，由一个普通的农家子弟，锻炼成为意志坚强的我军排长。他立场坚定，爱憎分明，为人民的解放事业，不怕流血牺牲，勇猛战斗，直至贡献了年轻的生命。他的英雄行为，给人们留下了永远的思念。

2020 年 4 月 23 日，南京解放 71 周年纪念日之际，笔者和六合区龙袍街道群众代表一起陪张志远老人祭扫侯述古烈士墓。岁月虽然已过了 71 年，但张志远老人对战友的思念仍长存心底。当又一次站在战友墓前时，张志远老人深深鞠躬，并且绕着墓地缓慢瞻仰，以此表达胸中哀思。

闻讯赶来的附近群众告诉我们，至今每一年都有当地各界人士缅怀祭扫。这里的人们从未忘记解放六合最后一战牺牲的英雄。

2020 年 4 月 23 日，34 军老战士张志远老人祭扫战友侯述古烈士墓

七、1949 年 4 月 23 日：第一支进入南京城的解放军部队

1949 年 5 月 4 日《人民日报》在头版刊发了一篇题为《前线记者报道南京解放经过》的新华社新闻电讯。而正是这篇最早记述南京怎样解放的历史文献，让后人可以通过史实考证和史料比对来确认一个重大史实问题：南京解放时第一支入城的解放军部队，是曾经驻扎在六合县的第 34 军侦察部队。

前线記者報道南京解放經過

《人民日报》1949 年 5 月 4 日头版刊登的《前线记者报道南京解放经过》

（一）《前线记者报道南京解放经过》留下的重要细节

1949 年 4 月 23 日，人民解放军第 35 军从浦口渡江，通过挹江门解放南京的故事已经广为人知。然而，1949 年 5 月 4 日《人民日报》刊登的回顾报道

《前线记者报道南京解放经过》，却是这样叙述解放军部队入城顺序的：

> 二十三日上午，南京城内残匪放火焚烧了若干房屋，在浓烟烈火弥漫中逃窜出城。当日下午，进抵南京东部的解放军前哨部队，由赖长胜营长率领由和平门入城，截获匪军正图运走的大批军用物资。同日下午八时，浦口方面的解放军集中了北岸剩余的船只迅速渡江。

依据这份新华社前线记者写下报道之中的记载，1949 年 4 月 23 日下午在第 35 军部队尚未从浦口渡江的时候，已经有一支解放军部队从另一个方向的和平门进入了南京城。实际上，这一支从南京和平门入城的部队，在时间顺序上毫无疑问是南京解放时第一支入城的解放军部队。而这支部队的入城，也是一件具有里程碑意义的重要历史事件——自 1927 年蒋介石定都南京，发动四一二反革命政变的 22 年以来，人民军队第一次成建制进入南京城内。

那么，这篇来自新华社的渡江前线报道，又带来了几个重要的史实细节有待后人来考证——

1949 年 4 月 23 日下午就入城的这一支颇为“神秘”的部队，究竟是从哪里迅速赶到南京的？在当时从北向南渡江的历史背景下，这支部队又为何会是从东向西进入南京城的呢？

（二）第 34 军侦察部队首先进入南京

渡江战役发起以后的 1949 年 4 月 22 日，人民解放军第 3 野战军代理司令员粟裕、参谋长张震在关于截歼南京地区逃敌的部署里，下令第 34 军“积极设法从镇江、龙潭地区渡江南进”。第 34 军按照野战军首长的部署，胜利登上了长江南岸镇江，以及南京以东栖霞、龙潭的土地。南京郊区的栖霞和龙潭等地成为第 34 军渡江后首先解放的地区。

人民解放军第 34 军军部侦察营营长赖瑞胜

据第 34 军政委赵启民回忆，该军渡江时注意侦察南京到镇江之间的敌情。第 34 军的首长们专门有个部署，让该军军部侦察营前往南京“提早入城侦察”。

4 月 22 日夜间，侦察营化装成国民党军潜渡长江，登上南岸后埋伏于南京郊区龙潭附近的京沪铁路南侧。据该营的老战士回忆，4 月 23 日晨 7 时，该营顺着铁道线已占领了镇江火车站。站内国民党军警们看到解放军如神兵天降，立即丢下枪支，脱掉国民党的制服，如鸟兽散。

第 34 军军部侦察营占领镇江火车站之后，随后又从铁路线上夺取了敌人的火车，于 4 月 23 日下午自东向西抵达南京。

据第 34 军军部侦察营第 2 连指导员方葆琳后来回忆，他们当时是“坐火车到达了南京的中央门”。当时和平门火车站确实位于南京城东的中央门附近。这与《人民日报》的报道实现了对应。

因此可以确认，在解放军第 34 军主力部队鏖战南京东郊时，该军先头部队军部侦察营又成了渡江战役里第一支进入南京市区的解放军部队。

在第 34 军先头部队乘火车直接奔向南京的时候，位于浦口的解放军第 35 军因浦口码头船只均已被敌人拖走，一时难以渡江，故而，第 34 军和第 35 军这两个共同解放南京的部队里，第 34 军的下辖部队得以先一步到达城内，从而成为南京解放时第一支入城的部队。

在当时的部队建制之中，军部侦察营是军司令部的直属部队。在行军和驻扎时若是没有任务，一般是和军司令部一起行动。因此，第 34 军军部驻扎六合县程驾桥和县城时，军部侦察营也一定曾经在这一带驻扎过。六合的土地成为第一支进入南京的解放军部队的出发地。六合人民的支援前线工作也为这支部队的渡江作战提供了有力的支持。

应该单独指出的是，1949 年 5 月 4 日《人民日报》报道里写到的“赖长胜营长”，是当时战事繁忙时记者记录的笔误。笔者曾经采访过渡江战役时担任第 34 军第 101 师第 302 团第 2 营副教导员的李剑锋老人。他当时和第 34 军军部侦察营的营长很熟悉。他明确告别笔者，第 34 军军部侦察营长真实名字应该是赖瑞胜。

（三）入城时有重要战果

赖瑞胜营长是一位老红军，经历过土地革命战争、抗日战争的烽烟。当他带领着侦察营作为第 34 军先头部队抵达中央门时，还有大批国民党军和军用物资尚未从南京城内撤退。侦察营的官兵首先冲入南京城时，出现了颇有戏剧性的一幕。方葆琳回忆，侦察兵穿着缴获来的国民党军雨衣，骑着马来到了南京中央门。国民党的哨兵根本没有想到解放军已经兵临城下，误以为穿着雨衣骑着马的都是自己的部队，竟然还向解放军的先头部队敬礼。第 34 军军部侦察营的官兵利用敌人的误解直接冲入了南京城内。

而这一带有传奇色彩的历史瞬间，也给今天的人们以启示：我军小部分侦察兵敢于在敌人大批兵力尚未完全撤出南京时攻入城内，首先依靠的是一往无前、敢打必胜的信念。我军官兵在战略上藐视敌人，才敢于渡江后直逼敌人的“首都”。同时，也依靠了我军侦察兵在战术上通过事先准备确保把握住时机。无论是渡江时化装成国民党军，还是突入南京城门时再次化装利用了敌人哨兵的误解，都表现出官兵们在敌人千军万马里行动时已有了充分的准备。侦察兵们不仅“胆大”，而且也有“心细”的一面。胆大和心细结合到一起，才能够在各个领域创造出了不起的战绩。

正因为“胆大心细”，智勇双全的 34 军军部侦察营在敌人逃窜过程之中冲进了南京城，从而成功在城门口截获了更多的军用物资。值得一提的是，第 34 军先头部队首先进入南京城后还缴获了敌人的飞机。34 军 100 师副政委杨斯德曾在回忆录里明确记述 34 军部队进入南京“迅速攻占了明故宫机场，缴获了几架飞机”。而方葆琳也回忆他们作为先头部队首先进入南京城后，确实分兵骑马冲入城内的明故宫机场。于是明故宫机场里当时剩下的“运输机 1 架、教练机 1 架”也成为第 34 军首先截获的重要战利品。

据李剑锋老人的回忆，后来，第 34 军接管南京警备任务时，最先进入南京城的先头部队——34 军军部侦察营，又光荣进驻南京总统府，承担了这里的警卫工作，这样一个光荣的守备任务，为这支渡江战役前从六合出发的部队在解放南京里的光荣经历又书写了新的一页。

八、1949 年夏秋之交：从六合驻扎和渡江的 34 军成为南京警备部队

天安门广场上的人民英雄纪念碑碑身北面的碑座，镶嵌着三块内容呼应和连贯的浮雕。正当中的一块浮雕是“胜利渡长江”。这也是纪念碑十块浮雕之中最大的一块。左边的一块浮雕是“支援前线”，右边的一块浮雕是“欢迎人民解放军”。当人们走到天安门城楼时，可以看到这三块浮雕正对着天安门。

渡江战役时我军在人民群众的支援下横渡长江，以摧枯拉朽之势横扫国民党反动派，解放大片国土的史实，是这三块浮雕的背景。而按照这段史实刻画的三块浮雕，也是新民主主义革命取得伟大胜利的重要象征。

从新民主主义革命的开端——1919 年五四运动，一直到新民主主

人民英雄纪念碑上的“胜利渡长江”浮雕

义革命取得胜利之际的渡江战役。六合这片红色热土上热血豪情贯穿了新民主主义革命时期的一始一终。而人民解放军在六合县的江岸线上登船渡江，解放南岸包括南京东郊在内大片区域，最后成为南京警备部队的业绩，也为六合人民革命斗争史册的终篇写下了激励后人砥砺奋进的一页。

（一）第 34 军一部从六合渡江

渡江战役打响之前，人民解放军第 34 军其军部和下辖的三个师都曾驻扎在六合境内。部队也是在六合进行了大练兵。第 34 军第 101 师第 303 团老战士王金山，曾经详细回忆了在六合驻扎期间的练兵经历，给后人又留下了一段渡江战役在六合的史实细节：

> ……我们团就移防到江苏省的六合县城西北的七里营子驻防，来到这里还是等待上级的作战命令。在这等待作战命令期间，开展政治练兵和军事练兵，政治练兵就是进行三查三整，即查阶级成分、查思想作风，查革命斗志；三整是，整顿军容风纪、整顿群众纪律、整顿上下级关系。
>
> 通过三查三整运动，更进一步地提高了全体指战员的战斗情绪，激昂的战斗呼声响遍了整个营区。上级审时度势，紧紧抓住这个时机，根据江南水网地带小桥较多，特别是有许多地方只有一根树棒担着的独木桥，进行走独木桥的训练。我那时是警卫连的事务长，老家在苏北的水网地区，走独木桥自幼就是我的拿手好戏。因此，在开始练习时总是我先打头，两丈多宽的小河，上面担根木棍，我挑着伙夫挑子，很麻溜地几步就跨过去了，炊事班班长叶长虹年龄较大，已经四十多岁，走起来总是有些胆怯。开始让他空着手走，还能走过去，后来他说：当个军人行军打仗是常事，哪能老是空着

走路，他想了个招，开始不挑实物，而是用两个土筐，装上两筐土，头一次因为平衡没有掌握好，掉进水里。接着三四次没走过去，但是他毫不气馁，部队开完了饭，他就去练习，先是在平地上放一根木头，两头稳好，在上面走，一次一次的练，最后终于行走自如，炊事班的全体同志在他的精神鼓舞下，都练得很好。连首长发现我们炊事班独木桥走得好，组织全连的人来观摩我们的练习。

为了广泛的适应水网地带作战的特点，战士们还到河塘里去练习划船技术和克服晕船的弱点。战士们在练习中十分刻苦，不少战士在训练中晕船呕吐，有的战士吐出苦胆水，脸都吐黄了，但是仍在坚持训练，他们提出的口号是：训练多流汗，作战少流血，在训练中提高了本领，在作战中才会有胜利的把握。经过两个多月的刻苦训练，战士们在各方面的技能都有很大提高，在考核中都达到了要求。

……

在六合县，我们住了两个半月，这是我从参军以来，在一个地方驻防时间最长的一次，四月中旬，军政训练结束。“打到南京去！活捉蒋介石！”的口号声响彻整个营区，请战书像雪片一样飞向了团部。①

按照老人的这份回忆，六合县的土地成了第 34 军的练兵场。部队驻地附近河水和池塘，当时也为我军练习渡江和在水网地带作战而作出了贡献。而老人回忆在六合驻扎了长达两个半月，这也充分展示了六合作为第 34 军驻扎地、练兵地和出发地的重要意义。

到渡江战役即将打响之际，第 34 军以六合驻地为出发地，自西向东在六合到仪征的长江北岸展开。按照最终实际渡江的情况，第 34 军渡江

① 辽阳石油纤化公司老干部局编：《难忘的岁月（续集）》，1990 年 9 月内部出版，第 90–91 页。

时的作战正面西起今天南京市六合区的划子口，东至仪征市的土桥口。

此前，历史学界回溯渡江战役期间南京地区的作战情况，一般只是着眼战前只驻扎在滁州和浦口区交界一带地区的解放军第35军，在今天浦口区境内的三浦（江浦、浦镇和浦口）战役，以及从浦口码头渡江到下关码头的情况。实际上，渡江战役前后，解放军第34军在六合区境内的驻扎整训，先后发起大河口战斗、划子口战斗，最后又有大批部队在六合渡江抵达南京东郊的史实，也是渡江战役在南京地区浓墨重彩的篇章。

当时在六合江岸渡江的一些老战士，后来留下了详细的回忆记录。让今天的人们可以看到渡江战役在六合境内的史实细节。前述第34军第100师第300团的老战士张志远，在参加了六合解放的最后一战——划子口战斗之后，又继续回忆了在划子口渡江，一举登上南岸的经过：

> 进军命令下达后，我解放大军在夜幕的掩护下，先后从各自的出发地迅速登上一艘艘木船，架设好机枪，紧握手中的各种武器，趁着强劲的西北风，千帆竞发，快划疾驶，强渡长江；先头部队于21日凌晨，一举突破敌之长江防线，胜利进抵南岸。
>
> 部署在大厂镇以东至六合县一段江岸上的我34军，从六合地区渡江后，截击由南京向上海、杭州方向逃窜之敌……
>
> 当时，我连接到盼望已久的渡江命令后，战士们心情格外兴奋，搭上满载人员、武器的大小木船，像脱缰的骏马，乘风破浪，从划子口飞速渡江。过江后，立即全副武装随全团急行军，径向句容方向追击逃敌。俗话说：“兵败如山倒。”蒋氏反动军队，正是如此。由于我军的强大威力，敌人如同惊弓之鸟，生怕再遭围歼厄运。4月22日夜，南京敌军主力和党政高级官员，见势不妙，纷纷夺路逃窜；逃遁速度之快，堪称风驰电掣。因而，我们只在句容一带追赶上一小股国民党的军警人员。

渡江战役时是第34军第100师第298团炮连战士的郑文彬，和张志远老人是同一个师的战友。他转业在重庆之后，曾经在晚年回忆文章之中写到该师部队是在仪征以西地区登船渡江，在南岸的龙潭登陆。南京东郊的龙潭对岸是今天六合区的龙袍街道。因此可以确认，老人回忆的仪征以西，其实即是指在六合县渡江。

郑文彬老人的回忆文章《渡江战役》[①]，内容较为翔实，细节十分生动，为六合的革命史留下了一份重要的素材。在郑文彬老人的回忆里，渡江之前的部队在六合以及周边驻扎时的情况是这样的：

> 遵照中央军委战略部署，部队从3月份开始，就向长江边的六合县、江都县、仪征县一带聚集。当时，我在三野一〇〇师二九八团炮连当战士。部队通过几天的行军，按时到达指定位置仪征县以西驻防，上级要求部队一边训练，一边加强警戒巡逻。
>
> 4月初部队接到前指命令，要各连抓紧进行渡江前一切准备工作，做好战前动员、发动群众。同时还要求所有参战指战员，每人准备一袋7天干粮（炒米），战士们一边准备干粮，一边打草鞋，各班、排纷纷向党支部写请战书、表决心，要求早日打过长江去，解放全中国，打进南京去，活捉蒋介石。
>
> 4月20日下午，上级传达了国民党政府拒绝在和平协议上签字的消息，广大指战员听到非常气愤，纷纷请求中央军委毛主席下命令，争取早日打到南京去，活捉蒋介石。就在当晚20时，我西路、中路集团各部队在我强大炮火掩护下，以突然而神速动作一举突破敌长江防线。胜利的捷报闪电般传到我东路集团各部队，极大鼓舞了部队士气，增强了渡江的必胜决心。

① 引自中共重庆市委组织部编；丁宗贤主编、顾斌副主编：《激情岁月：重庆市老干部回忆录》第5集，重庆出版社2012年2月版，第80-82页。

在回忆文章之中，郑文彬老人还详细叙述了渡江战役打响后，部队夜间在六合渡江的诸多历史细节：

郑文彬老人

……渡江作战时每个战士左臂绑一条白毛巾为记。每条船上要有一盏马灯，在马灯外面包一层红布，作为联络信号，我就负责提马灯与兄弟船、上级保持联络。

大约在晚21时，部队已经登船完毕开始启程。船老大使劲，战士拼命用木板帮助划船。只见江中万盏红灯闪烁，就像一颗颗闪闪红星照耀我们勇往直前，航船直逼对岸敌阵地。这时敌人发现我渡江船只，就拼命朝我渡江船只开枪、开炮，敌人的子弹在我们头上呼呼直叫，而炮弹在我们船左右爆炸。但战士们不顾个人安危，两眼死盯着前方，拼命划船。战船离岸边越来越近，由于天下起雨，看不见离岸到底还有多远，有的战士急于靠近就往水里跳，敌人听见跳水声音，就盲目往江里射击，造成部队一定伤亡。在我军强大炮兵支援下，只见敌阵地火光闪闪。我部于4月22日[①]1时在镇江以西龙潭成功登岸。首先占领了敌一、二线阵地。这时才发现守敌九十九军已经跑了，只有少数残兵败将等待当俘虏。

（二）我军从六合渡江后解放南京东郊

1949年4月21日划子口战斗之后，六合全境解放，成为南京市而

① 经比照史实，第34军一部其实是在1949年4月22日夜间从六合渡江，在南岸龙潭登陆应该是4月23日凌晨1时。

解放军渡江部队突击队冲上长江南岸

今下辖各个区里第一个全境解放的区。第 34 军部队在当时不仅解放了六合全境，而且，从六合渡江的该军部队还立下了另一个功绩，在南岸登陆后解放了今南京市栖霞区全境。并且，该军有一部分部队还解放了南京东郊的汤山、马群，抵达了中山陵、灵谷寺到孝陵卫一带。有的部队甚至已经接近了南京城墙。南京城区以东主要都是第 34 军部队渡江之后解放的。回溯南京解放的史实可以发现，第 34 军其实是和第 35 军共同解放了今天南京主城区的范围。

郑文彬老人的回忆里专门提到了在“龙潭”登陆。他对其后的作战经过是这样回忆的：

> 我军发扬连续作战作风和英勇顽强战斗精神，以迅猛动作直逼南京。在追歼敌人的过程中，碰到天下雨，南方田坎路很滑，天又黑，一路上有些战士一不小心掉进田里，弄得浑身都是泥水。

4 月 22 日[①] 上午，我部占领南京东一座砖瓦厂，然后又进占玄武湖。

1949 年 4 月 23 日南京解放，我团接到命令，部队进驻下关，负责下关警卫任务，各连要不分白天、夜晚进行武装巡逻，防止敌特的破坏。

以上的这些回忆，不仅丰富了我军在六合渡江时的历史细节，而且也佐证了第 34 军一部从六合渡江后解放南京东郊的史实。郑文彬老人的回忆里说到的进占玄武湖，其实是指我军在龙潭和栖霞山一带登陆后，直接继续向南行军，一直到达玄武湖附近的城墙一带（城墙以内的市区主要是第 35 军接管）。

新華日報

慶祝南京解放！

向人民解放軍致敬

南京解放

國民黨反動統治宣告滅亡

【新華社南京二十四日電】國民黨二十二年反革命中心南京，已於二十三日午夜爲人民解放軍解放。國民黨反動統治宣告滅亡。人民解放軍入城後，受到學生和市民的熱烈歡迎，男女學生們紛紛向解放軍獻花致敬。人民解放軍已布告安民，城內秩序安定，商店照常開門營業。在發起渡江作戰後三天時間內，人民解放軍便攻佔這一全中國第一大城，這說明解放軍威力的強大，國民黨匪軍一觸即潰，已經無法進行有組織的抵抗。

【新華社南京二十四日十七時電】人民解放軍已於二十三日夜十二時由下關經挹江門開入南京。

南京解放消息傳到巴黎、布拉格

和平大會代表狂歡

中國人民的勝利是和平陣營的勝利

經一小時激戰

我軍攻入太原

外圍戰中殲敵三萬多

安慶江陰等城解放

美機續在中國屠殺人民

美仍以飛機軍艦援助國民黨反動派

我在鎮江、江陰段渡江作戰中

戰勝英帝國民黨艦隊聯合進攻

英帝國軍竟直接參加中國內戰

一切惡果英帝政府應負全責

對英艦炮轟解放軍防地

平市人民提嚴重抗議

人民的歡送

破浪前進

《新华日报》关于南京解放的报道

值得注意的是，经过比照史实可以确认，老人的部队是在 1949 年 4 月 23 日凌晨 1 时在龙潭登陆，当天上午即来到了南京以东的砖瓦厂。

2002 年 9 月由方志出版社出版的《栖霞区志》一书，载明了 1949 年 4 月 23 日，人民群众欢迎

① 经对照史实，渡江后到达这里应该是 4 月 23 日上午。

解放军第 34 军渡江登陆南京栖霞境内的长江乡大棚村、大年村和马渡村等地，“至 23 日中午栖霞全境解放”。

此时，第 35 军在浦口码头尚未渡江。栖霞区也因此成为继六合区、浦口区之后南京市第三个全境解放的区。

而南京东郊的重地汤山因为是第 34 军部队渡江后解放，在南京解放时也是直接归第 34 军部队负责警卫。南京市军管会的一份军事上的接管报告里就记述汤山地区的警卫部队为“三十四军的 1 个团，由团长顾玉清率领”。顾玉清时任第 34 军第 102 师第 305 团团长。抗日战争时期他在六合参加过桂子山战斗。解放战争开始后，1948 年上半年时他曾作为第 34 旅第 100 团的团长率部打回六合，并且在六合周边坚持游击斗争。而 1949 年渡江战役打响之前，他又率部驻扎在他早已熟悉的红色热土六合，并且以六合为出发地，渡江南进，担负解放和警备南京的任务。

（三）第 34 军成为南京警备部队

1949 年 4 月 25 日，第 3 野战军第 8 兵团接到上级命令：“兵团部率二十四军及三十四军主力担任南京警备任务。” 4 月 26 日，第 34 军军长何基沣率领军部及直属队进驻南京孝陵卫。第 100 师驻孝陵卫外营房，担负机动任务；第 102 师驻汤山，负责南京东郊的防卫。随后，第 35 军前往浙江作战，第 34 军接管了南京城内警备任务。何基沣又率军部进驻城内原国民党水利局，第 101 师也从镇江赶来接防南京城内各主要单位和地段的警备。

随后，第 8 兵团又按照 4 月 25 日 10 时 30 分第 3 野战军代理司令员粟裕、参谋长张震下达的命令，第 34 军从 4 月 26 日起开始逐步接管南京警备任务。第 24 军则于 5 月 1 日赶到南京，与 34 军共同承担警备任务。第 24 军其后又在 6 月初离开南京。第 34 军从此独立承担南京的警备工作。

第 34 军这支从六合出发参加渡江战役的英雄部队，在南京重获新生之后，光荣承担了城市警备任务。

参加解放划子口，完成六合全境解放的第 34 军第 100 师第 300 团，在随第 34 军各部队一起参加警备南京任务后，又于 1949 年 6 月 2 日成建制改编为南京市公安局警卫团（9 月 11 日又改称南京市公安局公安大队），担负公安机关的警卫和警戒任务。[①]

参加过划子口战斗的第 300 团战士张志远回忆进城后很快从人民解放军战士转变为人民警察："我当时是先进了公安学校，公安学校在清凉山，学习了一个月，我被分配到当时叫五分局，水利厅那个房子。后来就到派出所了。"而公安系统离休干部还有多位第 300 团的老战士。例如，第 300 团老战士齐秉明老人就曾经回忆："我们就到了南京工学院（即东南大学）礼堂，开会宣布，我们到公安局搞警卫团，到派出所去了……把我们这一个团调到南京来维持社会治安秩序。我们是三营七连，一个排分配到水上，二排在下关，三排到浦口。每天晚上巡逻。"

以第 34 军第 100 师第 300 团团长身份改任南京市公安局警卫团团长的黄明铎

直接指挥六合划子口战斗的第 34 军第 100 师第 300 团团长黄明铎，是一位在土地革命时期参军的老红军战士。在率部进驻南京后，也随着该团的改编而担任了南京市公安局警卫团团长。他就此成为南京市人民武装警察的首任指挥员。

从六合出发参加渡江战役的第 34 军，作为南京的警备部队还给历史留下"七七

① 见《南京市公安志》，海天出版社 1994 年 9 月版。

阅兵式里的南京新街口

阅兵”的一页。

1949 年 7 月 7 日，为纪念“七七抗战”12 周年，驻南京市的人民解放军举行了盛大的阅兵典礼。第 34 军作为南京警备部队，组织指战员参加了这次阅兵。

前述第 34 军第 101 师第 303 团老战士王金山，随部队参加了这次纪念阅兵。他对阅兵式有极为详细的回忆：

> 我们步兵 101 师和 303 团全体指战员都参加了这次威武而又盛大的壮举。
>
> 7 日清晨，经过在栖霞山一个多月队列训练的战士们，都穿上了刚发的黄绿色新军装。5 点半钟从栖霞山坐火车到南京中山东路整队待命。我们这些农村长大的战士，都是第一次进南京，一下火车进入城区街道，就都眼睛不够使唤了，想瞅瞅这边又想瞅瞅那

边。但又都不敢多瞅，因为听首长讲过，到南京参加游行就像到战场上参加作战一样，要全神贯注，随时听从指挥。

参加游行的解放军部队，除我们步兵外，还有机械化部队、炮兵部队，骑兵马队和辎重队伍等；地方参加游行队伍的有工人队伍。郊区的农民队伍，商业界队伍、学生队伍、政府机关工作人员队伍。以及秧歌、旱船、高跷、龙灯文艺队伍。参加游行的所有队伍，都是英气勃勃，神采奕奕，包括看热闹的市民群众在内，张张脸上都饱含着胜利的喜悦。

我们解放军的步兵部队，调选出25个尖子连队，组成25个方队，我们303团警卫连也是被选进25个方队的连队之一。方队的战士都配备的是从战场上缴获来的美国卡宾枪，战士们腰间系着子弹袋，肩挎卡宾枪，神情威武，气概昂昂，个个都像虎彪彪的勇士。

9点半钟，盛大游行开始。首先鸣放礼炮。乐队开始通过检阅台，接着就是25个方队向前行进，随后是步兵、机械化部队，炮兵等顺序前进，当方队经过检阅台，指挥员下达向左看的口令时，整个方队120多人几乎在同一秒钟内刷的一下，将齐步换成正步，同时向检阅台行注目礼，接受人民政府的代表和首长们的检阅，那步伐的整齐劲儿就像刀切的一般。

我们这个方队通过检阅台后，按事先指定的路线，即朝鼓楼方向行进，各游行队伍在行进中，敲锣打鼓，都呼喊口号，“打倒国民党反动派！”“打倒帝国主义！”“帝国主义从中国滚出去！”“中国共产党万岁！”等口号声，响彻云霄。腰鼓队的咚咚声、秧歌的锣鼓声和《解放区的天是明朗的天》《没有共产党就没有新中国》等歌声，此起彼伏，在道旁看热闹的广大市民群众亦随着游行队伍唱歌和呼喊口号，整个南京城成了歌声的海洋、口号声的海洋、锣鼓声的海洋；市民们为庆祝南京解放，还准备了很多鞭炮，当游行队伍经过他们的门前，即开始鸣放……

游行队伍所经过之处，人民群众对解放军的军容都赞不绝口，他们说：中央军在南京20多年，没有见过像解放军这样精神焕发军容严整；群众对我军的武器装备亦是赞叹不已，有个中年男子见到炮车上的大炮，连说：乖乖，不得了（江苏地方的口语），这炮口都能钻一个人进去！

……

那天，南京地区从上午到下午，一直是细雨蒙蒙，时令正是暑天，气候闷热，地上泥泞，但游行队伍个个都生气勃勃，轻松愉快，欢天喜地的走着。真是解放了的人民无拘无束，如同蓝天中的群鹰，自由自在地，任意飞翔。

下午3点多钟，我们奔向新的驻防地——南京下关挹江门。经过一天的游行，大家虽然觉得很累，但是一种胜利的自豪感和荣誉感，使我们兴高采烈，到晚上10点多钟了，仍然不想入睡。①

这次隆重的阅兵式举行五天后，据1949年7月12日的第三野战军司令部命令："三十四军（欠一〇〇师）附本部教导师"编为南京警备部队，同时，以该军军部"为基础组成南京警备司令部"。

渡江战役打响之前全军进驻六合县，并且从这里出发的解放军第34军军部，至此正式编为南京警备司令部，于五星红旗下为警备南京和国防建设再立新功。而追溯这段史实，六合作为这支英雄部队的驻扎地和出发地，也是同样带有一份来自历史的光荣。

---

① 辽阳石油纤化公司老干部局编：《难忘的岁月（续集）》，1990年9月内部出版，第97–99页。

后　记

六合区是蕴含着丰厚红色历史文化资源的革命老区，是南京市拥有红色文化资源遗迹最多的一片红色热土。笔者曾多年从事南京市地方志和党史研究工作，在搜集整理红色历史文献中，发现了诸多与六合这片红色热土有关的革命史料。其中，绝大部分来自长期各类研究成果积累，另有一部分来自对六合区竹镇、龙袍划子口等地红色史实的关注。这些史料之中蕴藏有许多此前鲜为人知的史实和故事。在我的眼里，尘封的史料记载着一个个单独的“红色珍闻”，像一朵朵闪耀红色光芒的鲜花，等待着创作者用文字的金黄丝线将其织到一起，组成耀眼的“花环”。随后再将这“花环”捧到纪念碑前，献给光荣的红色历史和不朽的英雄们。

2020年初，受南京市六合区政协的委托，我利用工作余暇，抱着弘扬红色文化的赤诚之心，秉持对历史高度负责的态度，多方查证，精心打磨，终于将历史文献中部分鲜为人知的六合红色珍闻汇撰成书，赶在中国共产党成立100周年之际，为党的生日献礼。

盼望这本书可以让六合区的党员干部、社会各界群众特别是青少年，能够在建党百年之际走近那段荣光的红色岁月，从中汲取精神动力，谱写无愧于历史和时代的新篇章。

六合区政协主席楚琢玉对该书的撰写和修改工作给予了精心指导。江苏省社会科学院历史研究所原副所长孙宅巍研究员、东南大学马克思主义学院国防教育教研部主任陆华教授等专家学者审阅了稿件，在肯定评价的同时也留下了重要修改意见。在《六合红色珍闻》即将付梓之际，一并表达谢意。

因笔者撰写时间较紧、写作水平有限，又囿于资料搜集条件所限，书中瑕疵和疏漏肯定在所难免，恳请读者予以批评指正。

中国作家协会会员　栾　川

2021 年 5 月